Kriegstagebuch

Freitag den 31. Juli [illegible]

[illegible]

[illegible]

[illegible]

3 Uhr. [illegible]

[illegible]

Krieg [illegible]

[illegible]

[illegible]

Bd 1: [illegible]

Liselotte

Vilvorde
Braine

Karten Skizze vom
zum Vormarsch
auf Brüssel
(Belgien)
Russland will

[illegible] den 1. April

Kriegsjahr[illegible]

1915

[illegible]

August
1917
Sonnabend

August 14
31 Tage

insultig u Angst
ffinden. ~~Das gäbe~~
~~es niemand anders.~~
~~Blendet an. Das hallte~~
~~wird so hier überkleistert.~~
~~Emmerich, trostlos~~
~~Katharinas,~~
~~... anders ...~~

31
Samstag
1
Petri Kettf.
AUGUST

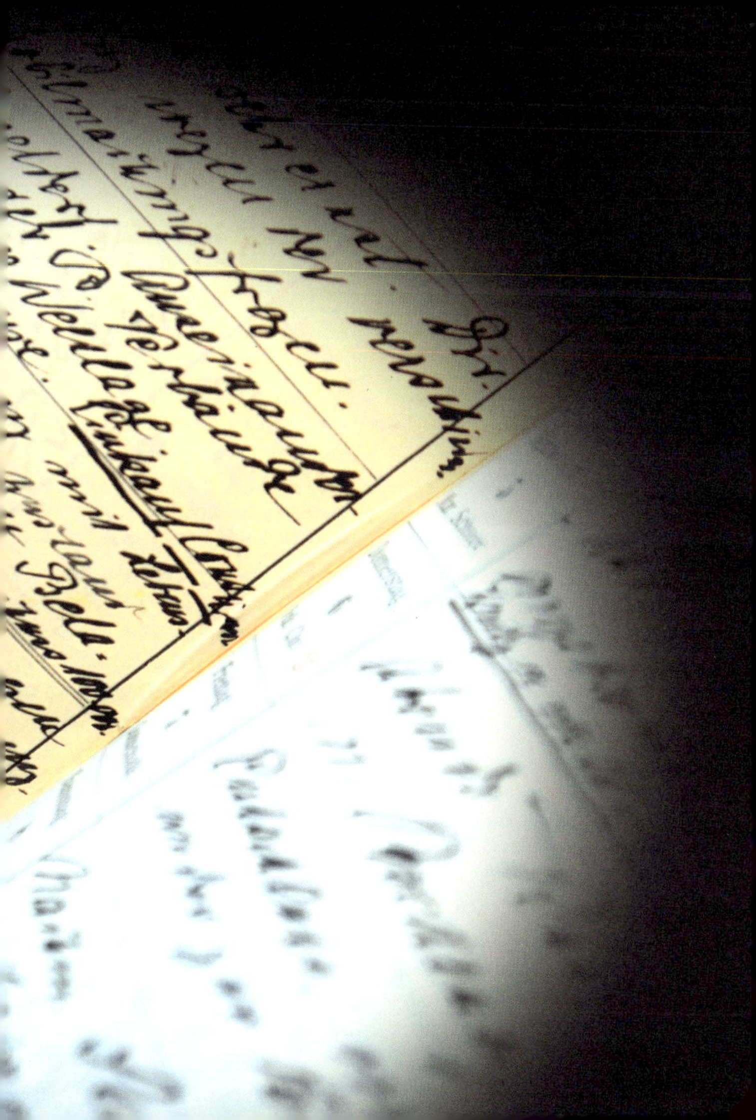

Mai 30

[illegible] Brämer[illegible]
[illegible]
[illegible] 1[illegible]

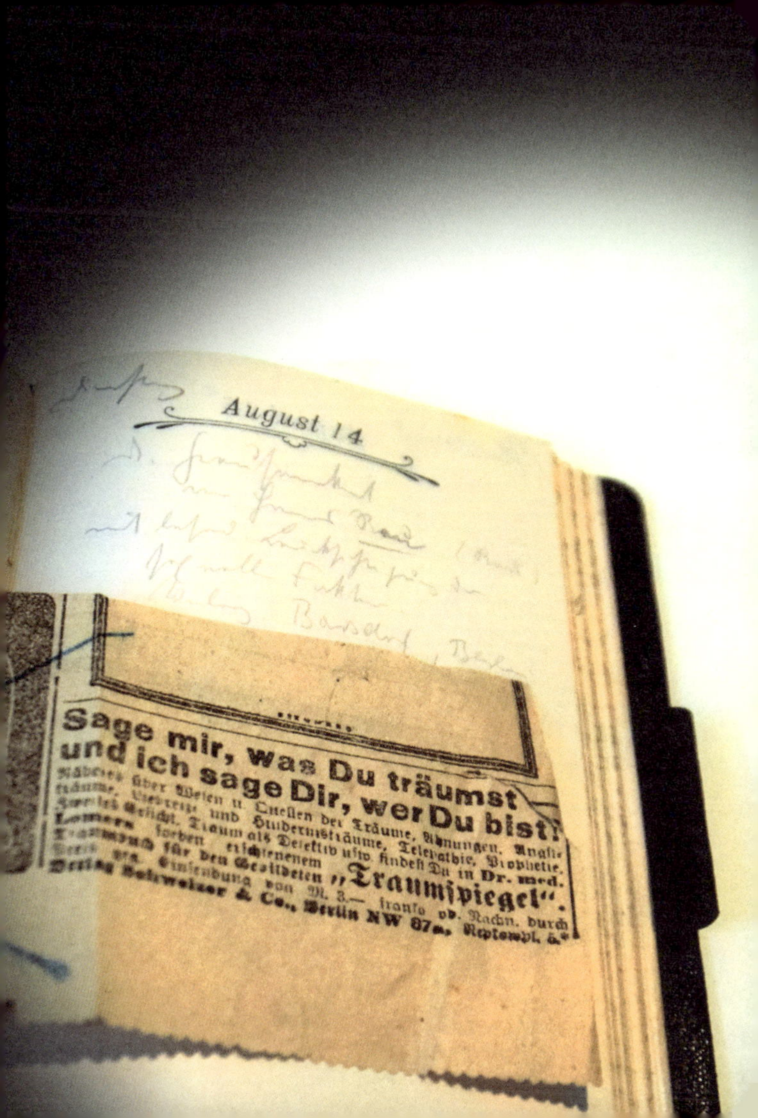
August 14
Sage mir, was Du träumst
und ich sage Dir, wer Du bist!
„Traumspiegel".
Berlin NW 87

Kriegsfreiwilliger Ernst Jünger.
30. XII. 1914

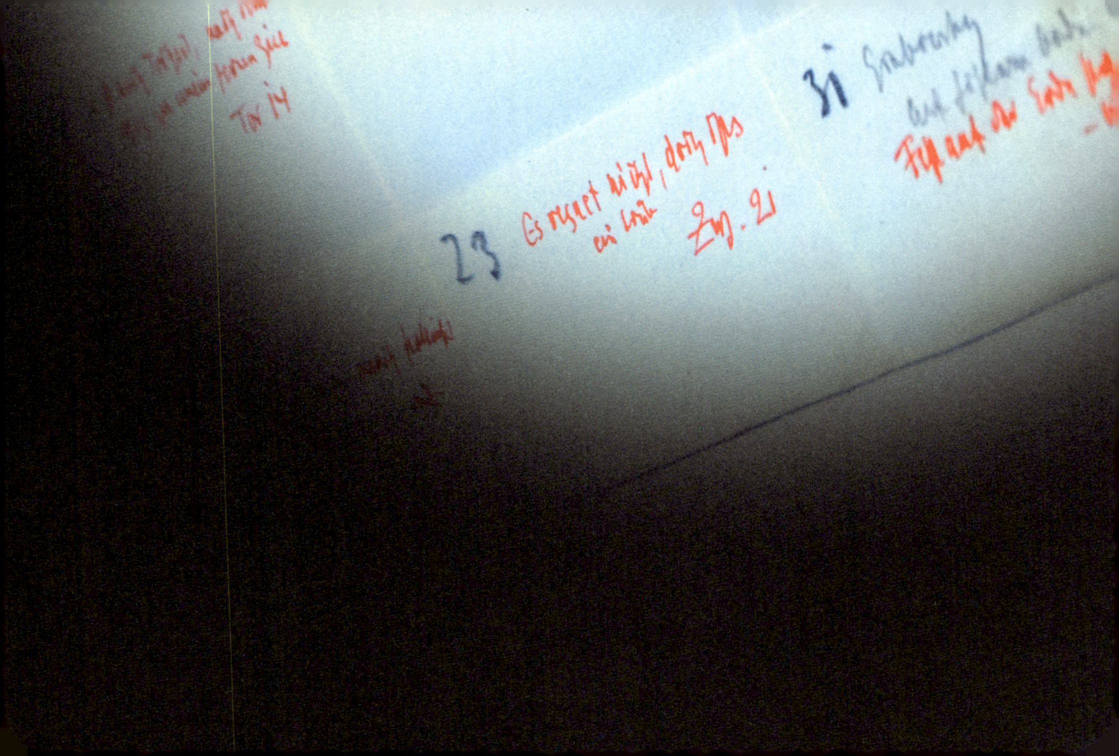
23
Es regnet nicht, doch es
31

20
21
24
30
Warum

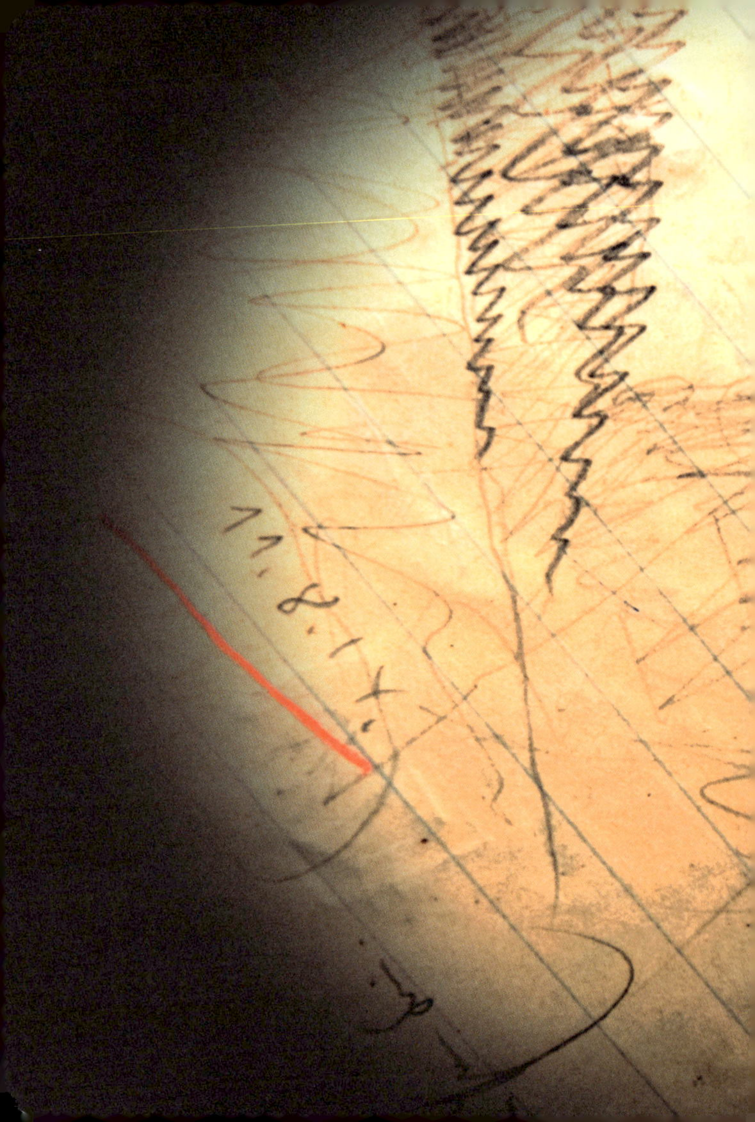

16

15

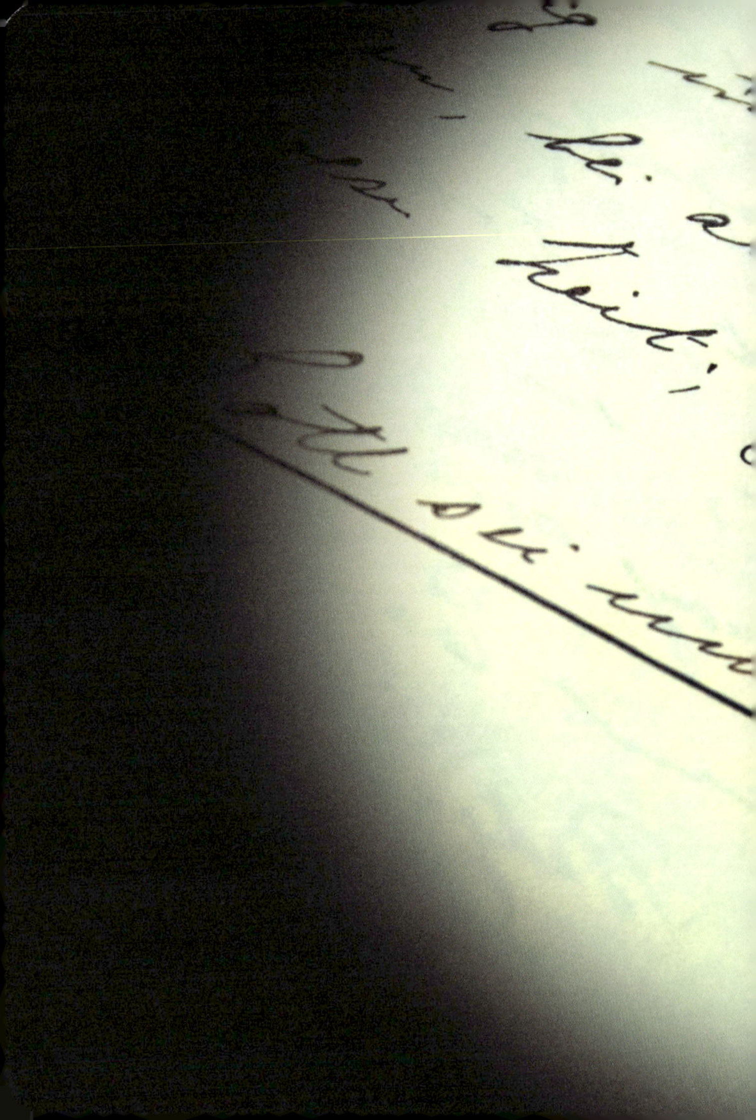

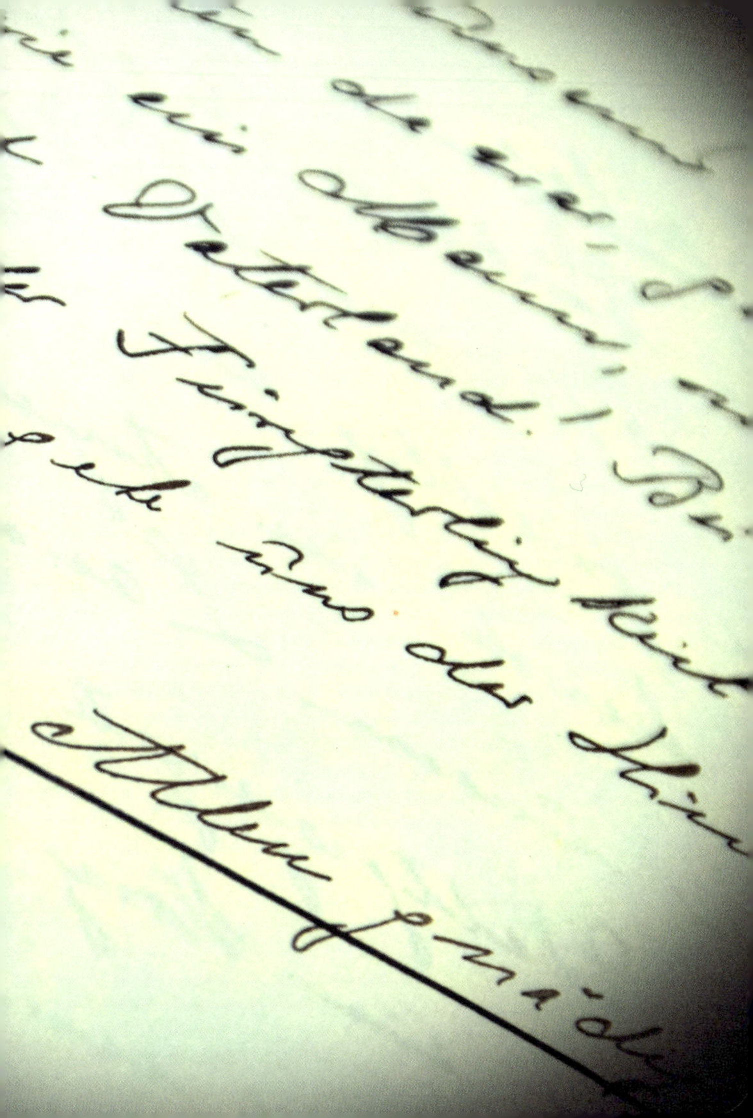
Vaterland!

GUSTAV SACK ARCHIV

marbachermagazin 144

AUGUST 1914.
LITERATUR UND KRIEG

Deutsche Schillergesellschaft
Marbach am Neckar

GRUSSWORT VON RICHARD OVENDEN, ALBERT POIROT UND ULRICH RAULFF

EINHUNDERT JAHRE nach dem Beginn des Ersten Weltkriegs sind dessen Folgen immer noch zu spüren. Die Landkarte Europas ist übersät von den Schlachtfeldern von einst; in seinen nationalen und ethnischen Konflikten bleibt die Nachkriegsordnung von Versailles wie ein verhängnisvolles Wasserzeichen lesbar. George Kennans Wort von der »Urkatastrophe des 20. Jahrhunderts« hat allen Kriegen und Massenmorden der Folgezeit zum Trotz seine Evidenz nicht verloren. Freilich hat sich der Weltkrieg in unterschiedlicher Weise ins Gedächtnis der europäischen Völker gegraben. Während er in Großbritannien und Frankreich immer noch als »The Great War« oder »La Grande Guerre«

erinnert wird und sein siegreiches Ende bis heute einen Platz im nationalen Kalender behauptet, haben im Gedächtnis der Deutschen die Schrecken des Zweiten Weltkriegs, des Holocaust und der Vertreibung die Erinnerung an den Ersten Weltkrieg verblassen lassen. Die bevorstehenden Veranstaltungen zur Erinnerung an die hundertste Wiederkehr der Julikrise und des Kriegsbeginns – Bücher, Ausstellungen, Filme und Symposien – werden diese Unterschiede der nationalen Memorialkulturen erneut hervortreten lassen. —— Als die Unterzeichnenden, Leiter dreier großer Forschungsbibliotheken und Archive, vor zwei Jahren beschlossen, ihre Ausstellungsvorhaben zur Erinnerung an den Ersten Weltkrieg in einen gemeinsamen Rahmen zu stellen, war ihnen bewusst, dass ihnen neben vielen Gemeinsamkeiten im »Leidschatz der Erinnerung« (Aby Warburg) auch manche Differenzen der Überlieferung begegnen würden. Die Gründe dafür liegen nicht zuletzt in den unterschiedlichen Schwerpunkten ihrer jeweiligen

Sammlungen. So verzichteten sie von vornherein darauf, eine gemeinsame Ausstellung zu konzipieren, die von Oxford nach Straßburg und endlich nach Marbach (oder in anderer Richtung) wandern würde. Die Ausstellungsreihe, die jetzt im Oktober 2013 in Marbach beginnt, im Sommer 2014 in Oxford und im Herbst 2014 in Straßburg fortgesetzt wird, besteht aus drei verschiedenen Präsentationen, die durch einzelne gemeinsame Exponate und Autorennamen wie durch rote Fäden zusammengehalten werden. Der »Krieg in den Archiven« ist so gesehen eine Trilogie; man muss sämtliche Tafeln des dreiflügeligen Bildes gesehen haben. —— Die Fortsetzung des Krieges findet am Schreibtisch statt. Wenn das erste Opfer im Krieg die Wahrheit ist, so ist ihr erster Sieger die Druckerpresse. Niemals wird mehr geschrieben und publiziert als in Kriegszeiten. Doch der Krieg der Federn setzt sich auch fort, nachdem die Waffen verstummten; wer im Felde verlor, will wenigstens auf der Buchseite gewinnen. Auch im Schützengraben wird viel geschrieben, die Gefechtspausen gehören den Briefen und dem Notizbuch. Sie gehören auch dem Buch, wie der Umfang der Tornisterliteratur und der Truppenbüchereien des Weltkriegs beweist. Der Erste Weltkrieg ist auch der Große Krieg der Medien, in dem das geschriebene und gedruckte Wort, das massenhaft verbreitete Bild, aber auch die Versuche, die Medien zu kontrollieren (Zensur) und sie zu steuern (Propaganda), zu einer historisch unerhörten Bedeutung gelangten. Dieser Krieg der Geister und um die Geister der Zeitgenossen, den der individuelle Autor, ob berühmt oder nicht, mit seinen Mitteln ebenso führte wie die Propagandaabteilungen der kämpfenden Heere, ist der Gegenstand, dem sich das trilaterale Ausstellungsunternehmen »Krieg in den Archiven« widmet. England, Frankreich und Deutschland waren nicht die einzigen Länder, die mehr als vier Jahre lang, vom Sommer 1914 bis zum Spätherbst 1918, einander bekämpften. Die meisten Nationen Europas, die Türkei, die Vereinigten Staaten, die Länder des Commonwealth und die Kolonien Frankreichs fanden sich in diesen Krieg verwickelt. Aber die genannten drei Nationen waren die ersten, welche die Erfahrung des Erstarrens der Fronten und des Grabenkrieges machten, einer neuartigen Form des Krieges, die als besonders sinnlos erfahren wurde. Wenn wir, Nachfahren der Kämpfenden und Leidenden von einst, uns heute verbinden, um zu zeigen, was unsere Archive vom Gedächtnis des Großen Krieges der Geister bewahrt haben, tun wir dies in der Hoffnung, einen Beitrag zur geistigen Lage der Gegenwart zu leisten. Europa ist nicht zuletzt ein Raum der Erinnerung, der sich seiner Unterschiede vergewissert, um seine Gemeinschaft zu bekräftigen.

RICHARD OVENDEN
BODLEIAN LIBRARIERES, UNIVERSITY OF OXFORD

ALBERT POIROT
BIBLIOTHÈQUE NATIONALE ET UNIVERSITAIRE STRASBOURG

ULRICH RAULFF
DEUTSCHES LITERATURARCHIV MARBACH

HEIKE GFREREIS

ZUR AUSSTELLUNG »AUGUST 1914. LITERATUR UND KRIEG«

DER ELSÄSSER DICHTER ERNST STADLER ist 30, als Österreich-Ungarn vier Wochen nach dem Attentat auf dessen Thronfolgerpaar am 28. Juli 1914 Serbien den Krieg erklärt und einer der ereignisreichsten Monate der Weltgeschichte beginnt: Am 1. August mach das deutsche Reich mobil und erklärt am 3. Frankreich den Krieg, am 4. tritt Großbritannien in den Krieg ein – am Monatsende werden 15 Nationen von Europa bis Japan im Krieg stehen. Doch was bedeutet der August 1914, dieser »Große Krieg der Geister«, für die einzelnen Menschen? Was wird in diesen vier Wochen in den Tagebüchern und Briefen geschrieben, die Teil der riesigen Schreibmaschine sind, die dieser Krieg in Gang setzt?

Mitte Juni 2013 hat der Marbacher Handschriftenkatalog 6612 Treffer für das Jahr »1914« angezeigt, obwohl bei weitem nicht alle Archivalien nach Einzeldaten erschlossen sind. Für den Zeitraum zwischen dem 1.8. und dem 31.8.1914 waren es allein 4229, vom 1.8.1914 bis zum 11.11.1918 18 544. Stadler, der in Oxford studiert hat und im Sommersemester 1914 an der Universität Straßburg eine Vorlesung über moderne Lyrik hält, beginnt am 31. Juli sein Kriegstagebuch: »Vorlesung am Vorabend abgesagt. Morgens Einkäufe: Revolver. Nachmittags gegen 3 Uhr verkünden Extrablätter den ›drohenden Kriegszustand‹.« Am selben Tag, einem Freitag, nimmt der gleichaltrige Franz Kafka in Prag eines von zwei als Tagebücher benutzten Heften zur Hand: »Ich habe keine Zeit. Es ist allgemeine Mobilmachung. K. und P. sind einberufen. Jetzt bekomme ich den Lohn des Alleinseins. Alleinsein bringt nur Strafen.« Kafka hatte am 12. Juli in Berlin die sechs Wochen alte Verlobung mit Felice Bauer aufgelöst und war erst Ende

Juli von Ferien im dänischen Ostseebad Marielyst über Lübeck nach Prag zurückgereist. Wohl am 11. August – demselben Tag, an dem Ernst Stadler 31 Jahre alt wird – beginnt der Jurist, der im Jahr zuvor zwei kleinere Texte veröffentlicht hat, *Das Urteil* und *Der Heizer* (der erste Teil des Romanfragments *Der Verschollene*), mit der Ausarbeitung eines neuen Romans: *Der Prozess*. Auch Stadler hatte über seinen Ende 1913 erschienenen Gedichtband einen absoluten Titel gesetzt: *Der Aufbruch*. Er wird drei Monate nach Kriegsausbruch am 30. Oktober in der Nähe des belgischen Ypern durch eine Granate sterben, Kafka – der sich schon Soldatenstiefel gekauft hatte und im Sommer 1915 beinahe einberufen worden wäre, hätte sein Arbeitgeber es nicht verhindert – zehn Jahre später, am 3. Juni 1924, in Klosterneuburg bei Wien an Tuberkulose. ——
Ernst Stadler und Franz Kafka, die beiden Gleichaltrigen, sind zwei der Autoren, deren Tagebücher und tagebuchähnliche Briefwechsel in der Marbacher Ausstellung wiederholt aufgeschlagen

werden: Der August 1914 wird Tag für Tag aus dem Archiv geholt, der Zeitraum bis zum offiziellen Kriegsende am 11. November 1918 stichprobenartig um einzelne herausgegriffene Tage herum verdichtet. Was ist die ›Zeit‹ an 100 Tagen und 100 Orten für 50 Menschen – für die Soldaten wie Ernst Jünger, Gustav Sack und Harry Graf Kessler, für die Zivilisten wie Marie Luise Kaschnitz, Thea Sternheim, Hermann Hesse und Arthur Schnitzler, bei Kriegsausbruch 19, 28 und 46 bzw. 13, 30, 37 und 52 Jahre alt? —— Tagebuch und Brief sind chronistische Gattungen, kleine Formen des Schreibens in Prosa, die oft und besonders im Krieg die kleinen, taschenfähigen Formate bevorzugen. Sie entwickeln sich mit ihrer Fortsetzung in der Zeit, versprechen die lange Dauer und bewahren dennoch den kurzen, manchmal sogar letzten Augenblick. Sie eröffnen, weil sie die Zeit auf den Punkt eines Tages wie in die Bewegung eines Lebens bringen und ebenso vom Festhalten wie vom Weiterschreiben bestimmt sind, Erfahrungsräume der Zeit. Sie sind linear und räumlich, flach und tief zugleich, Dokumente der Geschichte wie autonome, individualistische Gebilde, die sich mit ihrem unverwechselbaren Stil und ihren ganz eigenen Fiktionen gerade im Krieg – und das heißt: unter den Bedingungen der Zensur – verdeckter und auch deutlicher ausbilden müssen. »Datum, Ort etc. darf nicht mehr geschrieben werden«, erläutert der Dichter, Verleger und Arzt Wilhelm Klemm seiner Frau Erna schon am 14. August 1914. Am 2. Dezember 1916 schickt der Literaturwissenschaftler Friedrich Gundolf, der einen Monat später selbst als Zensor bei einer Feldpoststelle eingesetzt werden wird, an die Freundin und spätere Ehefrau Elisabeth Salomon eine Postkarte aus der Nähe von Verdun: »Die Cigarren und Cigaretten sind vorzüglich. Ich schreibe Dir so im allgemeinen Feldpostkartenstil. Was man davon liest, hätte alles derselbe schreiben können. Uniform des Denkens, Wollens und Handelns.« ——— Während im Krieg für das Briefeschreiben der Soldaten mit der Feldpost eine offene und öffentliche, leicht zensierbare

Form geschaffen worden ist – die Karten, Briefe und Päckchen, im Ersten Weltkrieg insgesamt 28,7 Milliarden Sendungen,[1] müssen bei den Feldpoststellen unverschlossen abgeben werden –, ist das private Tagebuch im Feld das inoffizielle Gegenstück zu den Kriegstagebüchern, die seit einem preußischen Erlass von 1850 »von den höheren Truppen-Befehlshabern und selbständigen Truppentheilen im Kriege« zu führen sind. Es kann für den Feind Trophäe, aber auch Indiz sein, das geplante militärische Aktionen verrät. Tagebuch und Brief nähern sich in ihrer Funktion daher an, ebenso wie ein Großteil der Literatur im Krieg in diese Grenzformen des literarischen Schreibens wandert. »Ich benutze dich als Tagebuch«, schreibt Gundolf am 22. November 1916 an Elisabeth Salomon, »und fülle die zahlreichen Freistunden, in denen ich weder richtig arbeiten noch neue Gedanken fassen kann, um dir etwa anzuvertrauen was über meine feldgraue Leber läuft – da ich weder etwas lieberes tun kann als mich mit dir zu unterhalten noch etwas

Gescheiteres lassen kann«. Gustav Sack schreibt seiner Frau Paula die Bausteine zu einem geplanten Roman »In Ketten durch Rumänien« als Briefe. Wilhelm Klemm plant schon am 9. Oktober 1914 die Veröffentlichung seiner Feldpost: »Wie ist es denn mit meinen Karten und Briefen? Ich schreibe täglich, Du musst also eine fortlaufende Kette haben. Zu dumm, wenn viel davon verloren ginge, ich habe manches gleich als Tagebuch geschrieben.« —— Nebeneinander gelegt und gelesen bringen diese kleinen Formen des Schreibens in den historischen Raum Polyphonie oder auch – wo wie bei Kriegsausbruch die große Welt sich durchsetzt und ein Wort, eine Idee, ein Bild zu mächtig sind – einen einzigen Ton zum Klingen. Sie sind, wie Walter Kempowski es genannt hat, Echolote. Wer die Tagebücher und Briefe dieser Zeit nach Tagen und Jahren – nach der Methode der Chronik und des historischen Atlas – ordnet, der findet ›Zeit‹ in einer ganz konkreten Gestalt. Er sieht sie aus der Nähe, was auch heißen kann, er sieht nicht die Geschichte vor und nach und hinter ihr. »So also sieht Weltgeschichte aus der Nähe aus; man sieht nichts«, beklagt der Kriegsteilnehmer Robert Musil Anfang der zwanziger Jahre die Schwierigkeit, die eigene Zeit nicht aus der Ferne überblicken zu können.[2] —— Der Gesang der Propaganda, die Prosa der Zeitungsmeldungen, das Gerede der Leute, die allgemeine Wetterlage und später der Lärm der Schlacht sind im Archiv hörbar. Ebenso die Sätze aus der Literatur des Krieges und die Darstellungsformen, die sie uns gibt, um ihn zu fassen. Das Private ist mit Kriegsausbruch nicht mehr länger der Gegensatz des Öffentlichen, die Literatur nicht mehr das Gegenstück zur Wirklichkeit. Jeder empfindet sich als Teil der Geschichte, wird sich selbst historisch. Ernst Jünger, der als 19-jähriger zum Jahresende 1914 an die Front geschickt wird und sofort mit dem Tagebuchschreiben beginnt, antwortet später auf die Frage, ob er seine Tagebücher im Ersten Weltkrieg mit einer Absicht geführt habe: »Jedenfalls nicht mit der Absicht auf Publikation. Fast jeder Soldat führte damals ein

Tagebuch. Bei mir kam vielleicht ein Trieb zum Dokumentarischen hinzu, aber nur in bezug auf die Fixierung des eigenen Erlebnisses. Ich konnte ja auch fallen – das war sogar wahrscheinlicher. Da denkt man nicht an Literatur. [...] Damals war Stendhal mein Meister. Man liest bei ihm öfters: ›Ich bin neugierig, was man im 20. Jahrhundert darüber sagen wird.‹«[3] Die 13-jährige Marie Luise von Holzing, später verheiratete Kaschnitz, beginnt wie 1914 viele Jugendliche auf Anraten der Eltern und Lehrer ein »Kriegstagebuch«: »Da ich dieses Tagebuch erst heute [am 7. August] anfange will ich schnell die Ereignisse, die von der Mobilmachung her folgten, erzählen. Also am 1. August 1914 wurde der Krieg erklärt (Wir waren am 31. schon gereist und diese Reise werde ich auch nicht vergessen, der Jubel auf dem Karlsruher und Mannheimer Bahnhof, die Begeisterung, mit der die Reservisten zur Bahn begleitet wurden.) Auch Frankreich mobilisierte am I^ten^. [...] Eben kommt die Nachrich[t] dass die Festung Lüttich mit vielen Verlusten genommen sei! Unsere Kriegsschiffe haben Algier verlassen. Hurrah! Rumänien erklärte Russland den Krieg. Wir bekamen Nachrichten von Papa, ist alles wohl.« Der Verleger Kurt Wolff klebt in seine Aufzeichnungen vom 14. Dezember 1914 eine Stelle aus Leo Tolstois Roman *Krieg und Frieden* ein, »eine Stelle [...], die man, scheint mir, als Motto vor hundert Bücher, die jetzt erscheinen oder erscheinen werden, und vor Millionen Feuilletonberichte setzen sollte: ›Rostow wusste von Austerlitz her und aus dem Feldzug von 1807 aus eigner Erfahrung, dass jeder luegt, der Kriegsgeschichten erzaehlt, wie er selbst das auch tat, so oft er welche erzaehlte. Und zweitens hatte er auch Erfahrungen genug, um zu wissen, dass nichts im Kriege sich so vollzieht, wie wir es uns vorstellen und anderen darstellen koennen. – – ‹« —— Was ist die ›Zeit‹, was ist ein Tag, was eine Nacht, was eine Sekunde in diesem Krieg? Was ist daran vorstellbar und darstellbar? Wie ist die Erinnerung daran möglich und wie die Deutung? Darum kreist das Schreiben seit dem

1. August 1914 häufig. Die Zeit ist nichts mehr, was gewiss ist. Ob man den nächsten Tag noch erlebt, ist so unsicher wie das Tempo, in dem die Zeit vergeht. Sie kann sich endlos dehnen oder rasend kurz werden. In den Truppenbüchereien finden sich Spielebücher zum Zeitvertreib, sogar Anleitungen zum Legen von Streichholzfiguren. Werner Picht schreibt am 2. Februar 1915 aus Lodz: »Dichter Nebel verurteilt uns fast ganz zur Untätigkeit. Ich lese und träume und lasse den Krieg an mir arbeiten. Tagesbilanz: 800 Russen gefangen, ein Dorf genommen.« Ernst Jünger markiert in jedem seiner Tagebücher Anfang und Ende mit einem Motto und einem »Finis«, oft begleitet von einer Zeichnung – eine Fortsetzung ist nicht selbstverständlich. Harry Graf Kessler eröffnet sein neues Tagebuch am 1. Januar 1916 mit einer Kriegsbilanz: »Tod: ca 600 000, Verl. ca 1, 600 000, Verm. ca 300 000. Von den Verl. zurück 75 – 80 %, also ca 1, 200 000; damit verloren ca 400 000. Mithin bis 31 XII 15 endgültig verloren: 600 000 + 400 000 + 300 000 = 1, 300 000 in 1 Jahr 5 Monate«.

Die Zeit im Krieg ist eine andere als im Frieden, sie wird anders gemessen und zugeteilt. In diesem ersten Weltkrieg der Geschichte gilt das besonders, weil er auch der erste ist, der auf eine Epoche folgt, in der die zwei großen identitätsstiftenden Figuren der Kultur – Gott und Ich – durch die Philosophie (Nietzsche), die Psychologie (Freud) und die Naturwissenschaft (Darwin) aufgelöst worden sind. Der Erste Weltkrieg ist der erste Krieg der Moderne. Der erste, in dem die Gegenwart, der Traum, das Unbewusste, Wahnsinnige, Unberechenbare, Langweilige und Ziellose eine Rolle spielen – und der erste, in dem die Ende des 18. Jahrhunderts entstandene romantische Vorstellung von Unmittelbarkeit die zentrale, massenhaft verbreitete Kategorie historischer Erfahrung ist. Man registriert die »große, schwere Zeit«, die man in all ihren Parallelitäten und Paradoxien hautnah erlebt, wie ein Apparat. »Das ganze Leben wird einem zerbrochen. Und solche Dinge liest man gewissermassen zufällig, wenn man jetzt auf die Strasse geht. Der Kopf ist mir so wirr und weh von diesem Weltenwirrwarr«, schreibt Werner Picht am 6. August nach dem Kriegseintritt von England. Am 18. dann: »Wie es in mir aussieht, ist schwer zu schildern. Auf der einen Seite ein Gefühl völliger Weltabgeschiedenheit, auf der andere[n] erhöhtes Leben. Das sind ja keine Gegensätze. Gesundheitlich geht es mir ausgezeichnet. Ich fühle mich wohl wie lange nicht. Dann absolute Ruhe. Das Schwere liegt hinter mir. Jetzt handelt es sich nur noch um Pflichterfüllung und das Bewusstsein eines grossen Schicksals«. Ernst Stadler ist am 20. schon an der Front: »Wir warten, warten. Unaufhörlich hört man das Geschützfeuer. Flieger kommen vorbei. Meistens deutsche, aber auch französische Zweidecker, der von den Haubitzen heftig beschossen, aber nicht heruntergeholt wird. Die Ballonaberwehrkanone steht im Wald, kann nicht schießen, kommt zu spät vor. Wir liegen im Wald. Pflücken Heidelbeeren. Das friedlichste Bild, während unmittelbar dabei die Schlacht weitergeht.« Am 29. August scheitert die aus Belgien geflüchtete

Thea Sternheim an der Beschreibung des Kurhotels in Bad Harzburg: »Eine bunte Architektur. Phantastisch seltsame Gedanken. Aber ich bin so angefüllt mit dem Leiden der Zeit, daß meine Augen wie blind sind.« Friedrich Gundolf reimt auf einer seiner ersten Feldpostkarten am 8. Dezember 1916: »ich lebe ohne Zweck / im Dreck, schleppe Steine / Draht und Bohlen.« Am 15. Dezember schreibt er eine »¾ Stunde z. f. von der Front an der augeblicklich rasendes Trommelfeuer blitzt u donnert, dass die ganze Erde bebt, in einem schönen warmen Unterstand«: »es ist vorderhand alles wie ein Traum. Das Getöse ohne Gleichen, Erdbeben, Fliegersturm, und wenn man aufs Dach steigt der Blick auf ferne Rauchwolken, Blitze, Flammen, Nachts der ganze Himmel ein Wetterleuchten – und mitten drin in Ruhe und Frieden Dein Gundolf«. —— Walter Benjamin wird zwei Jahrzehnte später den Ersten Weltkrieg als das geschichtliche Ereignis deuten, das dem Erzählen ein Ende gesetzt hat: »Hatte man nicht bei Kriegsende bemerkt, dass die Leute verstummt aus dem Felde kamen? nicht reicher – ärmer an mitteilbarer Erfahrung. [...] Eine Generation, die noch mit Pferdebahnen zur Schule gefahren war, stand unter freiem Himmel in einer Landschaft, in der nichts unverändert geblieben war als die Wolken und unter ihnen, in einem Kraftfeld zerstörender Ströme und Explosionen, der winzige, gebrechliche Menschenkörper.«[4] Ernst Jünger findet sich durch mikroskopisch-distanzierte Nahsicht in diesem Kraftfeld zurecht. Er zeichnet immer wieder mit Strichen und Kreuzchen seinen Weg mitten durch die feindlichen Linien, als vermesse er ein Grenzland mit seinen Magnetfeldern und Schwingungen: »Der Tod hielt eine Hetzjagd ab. Das Unterbewußtsein war in stetiger Erwartung eines Treffers«, deutet er am 19. Juni 1917 eine solche Zeichnung. Am 6. März desselben Jahres hat er schon ein strauchelndes Strichmännchen auf eine Horizontlinie gestellt: »Grade ging wieder einer [von den Engländern] über Deckung, nur spannengroß erschien der ganze Kerl. Rasch Visier 600 gestellt, entsichert, gezielt

(Noch nie hatte ich in meinen 2 ¼ Kriegsjahren einen Menschen so klar auf dem Visier), dann abgedrückt. Ich hatte auf den Kopf etwas davor gehalten. Der Kerl schien mir in die Knie zu sinken und tauchte nicht wieder auf.« Das Tagebuch ist der einzige Ort in diesem Raum, der statisch ist: »Souverän bewegt er sich«, so Helmut Lethen über den Soldaten Jünger, »vor allem im Format 11 mal 17 oder 8,5 mal 14,5 Zentimeter seiner Tagebuchkladden, beherrscht die Syntax, kommt nie in Sprachnot und schreibt nicht über den Rand. Die Definitionsmacht lässt er sich nicht nehmen. Während der Generalstab das Schlachtfeld im Medium der Telegrafie überblickt, ist der Stoßtruppführer von der Medientechnologie des Krieges weitgehend abgeschnitten. Jünger verlässt sich auf den Nähesinn. Er ist ein Ilias-Krieger.«[5] —— Der Erste Weltkrieg ist die »totale Mobilmachung der Zeit«: Der »vollen Zeit« zu Kriegsbeginn steht die »leere Zeit« im Kriegsverlauf entgegen, die technisch-strategische Zeit löscht die Individualzeit aus.[6] »Mein richtungsloses Geschick«, tippt Gustav Sack am 27. August 1916 auf ein Blatt, als er in Würzburg darauf wartet, wieder an die Front gebracht zu werden, ohne dass er weiß, wohin. Armin T. Wegner, der sich freiwillig als Sanitäter gemeldet hat und für die *Breslauer Morgenpost* von der Ostfront berichtet, schreibt am 8. August aus Kattowitz seiner Mutter: »Ich habe so viel Bewunderung für dieses menschliche Uhrwerk, das in Deutschland in diesen Tagen ins Laufen kam. Es ist eine so sinnreiche Maschine, und es ist schön zu sehen, wie kunstvoll die Räder ineinandergreifen, aber mir bleibt bei aller Bewunderung, bei aller Begeisterung etwas im Halse stecken. Irgend etwas war mir fremd. Selbst noch der Schmerz der Leute war mir fremd, weil mein Gefühl sich von dem nicht überzeugen konnte, was meinem Kopfe wohl klar war: die Notwendigkeit dieses kriegerischen Auszugs. Nun habe ich heute die ersten Toten und Verwundeten gesehen, Stiefel, die unter einem, über die Leiche geworfenen Mantel hervorsahen, rote Flecken auf weissen Binden … einundzwanzig

Wagen zogen an mir vorüber. Da war etwas, was mich schüttelte, als ich das sah. Aber erweckt hat es mich nicht, und ich taumle weiter in einem unklaren Zustande über mich selber. Ausgeschlossen von einem ganzen Volke empfinde ich mich, obwohl ich nicht einmal sagen kann, dass ich seine Gefühle nicht teile. Es ekelt mich, ein untätiger Beobachter zu sein, und ich kann mich doch nicht einfügen als Speiche in dieses Schwungrad einer Volksbegeisterung.« Im Sommer 1915 notiert Robert Musil im Südtiroler Fersental: »Ende Juli. Eine Fliege stirbt: Weltkrieg.« —— Mehr als im Frieden hat das Schreiben im Krieg die Funktion, die Zeit zu vertreiben, sie zu füllen, zu bezeugen, aber auch weg- und totzureden – durch Verzeichnen der Parallelerscheinungen, nicht durch Erfinden einer anderen Welt. »Ich wüsste nicht, was ich tun würde, wenn plötzlich Frieden wäre. Ich weiß überhaupt nichts. Ziellos von einem Tag zum anderen lebe ich. Es ist nicht zum Aushalten. Und dabei immer die Gefahr, totgeschossen zu werden für nichts und wieder nichts«, schreibt der seit dem Februar 1915 eingezogene und im Büro des Münchner Generalkommandos eingesetzte Carl Schmitt am 5. Oktober in sein Tagebuch – und am 26.: »Wurde wach, stand auf und schrieb mein Tagebuch. Meine Hand zitterte vor Angst und Schreck. Ich werde irrsinnig in dieser blödsinnigen, gemeinen und brutalen Zeit. Mir zitterte die Hand. Mein Gehirn drückte mich.«[7] Der 27-jährige Ludwig Wittgenstein, Artilleriebeobachter in Galizien, setzt 1916 die Arbeit an seinem noch vor dem Kriegsausbruch begonnenen ersten längeren philosophischen Text fort, dem *Tractatus logico-philosophicus*: »Nur was wir selbst konstruieren, können wir voraussehen!«, steht am 16. April auf dem ersten Blatt eines Notizhefts, in dem er jeweils auf den Rückseiten auch Tagebuch führt. So gibt es am 29. Juli zwei Einträge, einen auf der *Tractatus*-Seite (»Denn daß der Wunsch mit seiner Erfüllung in keinem logischen Zusammenhang steht ist eine logische Tatsache. Und daß die Welt des Glücklichen eine *andere* ist als die Welt des Unglücklichen, ist auch klar«)[8] und einen auf der Tagebuch-Seite: »Wurde gestern beschossen. War verzagt. Ich hatte Angst vor dem Tode! Solch einen Wunsch habe ich jetzt zu leben! Und es ist schwer, auf das Leben zu verzichten, wenn man es einmal gern hat.«[9] —— Das ›Werk‹ ist wie die Religion und die Liebe eine Vorstellung, die sich der Mobilmachung der Zeit entgegenstellt. Rainer Maria Rilke beginnt seine *Duineser Elegien* vor dem Krieg, 1912, um sie dann erst 1922 abzuschließen (ähnlich lang und über den Krieg hinweg wie Rilke und Wittgenstein schreibt auch James Joyce am *Ulysses*). Immer wieder gibt es in der Beobachtungsprosa, die Koinzidenzen reiht und sich auch in den Marbacher Tagebüchern und Briefen häufig findet, Stellen, die gleichsam die horizontale Linie der Sukzession aufbrechen und auf eine höhere Bedeutung verweisen. Die Logik des Registrierens kennt auch die Erleuchtung der Konstellation, die Epiphanien, die aus der Zeit heraus führen: Fügung, Bestimmung, Schicksal. Am 4. November 1914 nimmt Franz Kafka die Erzählung seines

Schwagers Josef Pollak in sein Tagebuch auf: »Pepa zurück. Schreiend, aufgeregt, ausser Rand und Band. Geschichte vom Maulwurf, der im Schützengraben unter ihm bohrte und den er für ein göttliches Zeichen ansah, von dort wegzurücken. Kaum war er fort, traf ein Schuss einen Soldaten, der ihm nachgekrochen war und sich jetzt über dem Maulwurf befand.« Gundolf lässt sich am 1. Dezember 1916 durch den Siegeszug in Rumänien hinreißen: »Die Kriegslage fängt wieder an mich zu steigern, und ich spüre bis in die letzten Bewegungen das gewaltige Kriegsherz das Hindenburg heisst: er ist jetzt wirklich, übers militärische hinaus, der Leiter des gegenwärtigen deutschen Gesamtschicksals, und so trägt man auch seinen eignen Sack mit der Zuversicht dass es notwendig sein mag, auch wenn man den Sinn nicht immer übersieht. Der Anblick eines gewaltigen Kriegsfürsten ist ein seltenes Fest, für das man schon zahlen darf.« Am 19. Februar 1917 genügt Kafka die militärische Fußbekleidung zur Verwandlung: »Bin für den

Augenblick der nächsten Stunde ein anderer Mensch. Alle Aussichten zwar nebelhaft wie immer, aber veränderte Nebelbilder. In den schweren Stiefeln, die ich heute zum erstenmal angezogen habe (sie waren ursprünglich für den Militärdienst bestimmt), steckt ein anderer Mensch.«

In einem Literaturarchiv ist das Erfahren von ›Zeit‹, von Koinzidenzen wie von Konstellationen, immer eine Begegnung mit der konkreten Schrift: ein Lesen Buchstabe für Buchstabe, ein Sortieren von Ziffern, Zeichen und Linien, ein sich selbst Verorten und Zurechtfinden im Bild und Raum der Schrift – Auf- und Weiterblättern, Finden, Suchen, Entziffern, Zuschlagen oder Zusammenfalten. Die Lesbarkeit der Zeichen ist so fragil wie ihre Materialität. Je näher man der realen Schrift kommt, umso unzugänglicher kann sie sich erweisen. Man kann sie berühren, aber man kann sie eventuell nicht lesen oder nicht verstehen. Doch wie die Zeit und der Raum, so ist auch die Materialität im Krieg weniger als sonst eine Kategorie, mit der man sicher rechnen kann. Manche der ausgestellten Tagebücher, Briefe und Fotos sind nur erhalten geblieben, weil man sie als »unmittelbare« Zeugnisse für eine mögliche Veröffentlichung gesammelt, abgeschrieben oder kopiert hat.[10] Sie sind auf die Zeichen reduziert, auf den Wortlaut, auf ihre Mitteilung. Auch was an Gegenständen aus dem Krieg in den Nachlässen übrig geblieben ist, musste am Körper getragen werden, in Taschen, Rucksäcken und Feldpostpäckchen Platz finden und gehört wie die Kugel, die Eduard Berend verwundet hat, oder der Stahlhelm, der Ernst Jünger geschützt hat, zu den Dingen mit einem extrem ausgeprägten Zeichencharakter. Es sind Nachrichten, nicht Bilder und Materialien der Zeit. —— Für eine Ausstellung sind diese Exponate eine Herausforderung. Die ›Zeit‹ in ihnen finden, heißt vor allem: sie lesen – vergegenwärtigen, was da steht. Aus diesem Grund gibt es in der Ausstellung keine festen Legenden, sondern zwei kleine Begleitbücher, in denen die Besucher alle Texte lesen können. Die Ausstellung ›malt‹ und

›redet‹ weniger mit ihrem Material als jene, mit der wir vor anderthalb Jahren im komplementären Vorgriff auf die Tagesschnitte 1914 ein ganzes Jahr aus dem Archiv geholt haben (*1912. Ein Jahr im Archiv*). Sie zeigt – wie die Dauerausstellung im Literaturmuseum der Moderne, die durch ein ganzes Jahrhundert den Schnitt führt – ihre Gegenstände neutraler, kälter. Sie erzählt und übersetzt nicht, sucht nicht nach der Literatur der Propaganda (allein im August 1914 wurde die Masse von 50 000 Kriegsgedichten veröffentlicht[11]) und auch nicht nach den Spuren der avantgardistischen literarischen Strömungen wie Expressionismus oder Dadaismus. Sie zeigt das Literaturarchiv als einen spezifischen Platz, um die ungeheure Schreibenergie zu verstehen, die dieser Krieg mit seiner »Mobilmachung der Zeit« freigesetzt hat.

Die Marbacher Ausstellung ist Teil eines Kooperationsprojekts mit den Bodleian Libraries in Oxford, wo Kafkas Tagebücher liegen, und der Bibliothèque nationale et universitaire in Straßburg, wo Ernst Stadler sein Kriegstagebuch begonnen hat. Zwischen 2013 und 2015 zeigen im Rahmen der Kooperation »Krieg in den Archiven« drei verschiedene Ausstellungen an drei unterschiedlichen Orten national unterschiedliche Archiv-Perspektiven auf den Ersten Weltkrieg. Kafkas Tagebücher konnten im Rahmen dieser Kooperation aus Oxford nach Marbach ausgeliehen werden und Straßburg stellt hier seine Sammlung von Schützengrabenzeitungen vor. Im Sommer 2014 gehen dann Stücke aus dem Nachlass von Ernst Stadler in die Ausstellungen nach Oxford (*The Great War: Personal Stories from Downing Street to the Trenches*) und Straßburg (*1914. La mort des poètes*), während in Marbach eine zweite Ausstellung den Krieg als Teil eines großen privaten Bilderapparats der Moderne zeigt: *Die Reise. Fotos von unterwegs*. Ergänzt wird die Marbacher Ausstellung *August 1914. Literatur und Krieg* durch eine Ausstellung des vollständigen *Prozess*-Manuskripts und die Ergebnisse eines Projekts, in dem die Bibliothek des Deutschen Literaturarchivs nicht der passive Gegenstand der Forschung war, sondern selbst produktiv geworden ist: Arno Barnert hat eine Truppenbücherei rekonstruiert, die für Besucher im Museum zugänglich ist und deren frühestes Objekt aus französischem Besitz stammt – erbeutet von einem deutschen Offizier am 27. August 1914 bei der Einnahme des Forts Manonviller.

ARNO BARNERT

»DIE MOBILMACHUNG DER BÜCHER«

ZUR REKONSTRUKTION EINER TRUPPENBÜCHEREI AUS DEM ERSTEN WELTKRIEG

UNTER DER DEVISE »Die Mobilmachung der Bücher« wurde seit August 1914 in ganz Deutschland zu Buchspenden für die Soldaten an der Front und in den Lazaretten aufgerufen.[12] Auch der Schwäbische Schillerverein schickte Werke von und über Schiller ins Feld. Otto Güntter, der erste Direktor des Schiller-Nationalmuseums, gab im Oktober 1916 das *Haus- und Feldbuch schwäbischer Erzähler* heraus. Große Teile der Auflage wurden den Fronttruppen gestiftet. Nachdem die schnellen Vormärsche der ersten Kriegsmonate steckengeblieben waren und sich im Winter 1914/15 ein Stellungs- und Grabenkrieg entwickelt hatte, stieg bei den Soldaten die Nachfrage nach Zeitungen, Zeitschriften und

Büchern. Von einem »regelrechten Durst nach gedruckten Buchstaben«, einem »Heißhunger nach geistiger Nahrung« würden Feldpostbriefe berichten, Zeitungen »bis auf die kleinste Annonce durchstudiert«, jedes Buch »mit Jubel begrüßt«.[13] Volksbildungsvereine, gemeinnützige Gesellschaften und karitative Organisationen schlossen sich bereits 1914 zum »Gesamt-Ausschuß zur Verteilung von Lesestoff im Felde und in den Lazaretten« zusammen. Die Verlage reagierten schnell mit kleinformatigen Feldausgaben. Der Reclam Verlag produzierte tragbare Feldbüchereien: Kästen, die jeweils 100 Nummern von Reclams Universal-Bibliothek enthielten. Insgesamt wurden im Laufe des Krieges weit über 10 Millionen Bände an das deutsche Heer verschickt.[14] —— Im Rahmen der Ausstellung *1914. Literatur und Krieg* hat die Bibliothek des Deutschen Literaturarchivs Marbach eine Truppenbücherei aus dem Ersten Weltkrieg rekonstruiert. Bei der Literaturauswahl wurden hauptsächlich zwei Verzeichnisse herangezogen:

(1) Die 1915 von Erwin Ackerknecht, dem damaligen Leiter der Stadtbücherei Stettin und späteren Direktor des Schiller-Nationalmuseums, erstellte Liste »Die Lesestoffversorgung von Lazaretten und Feldtruppen« und (2) der 1916 vom »Ausschuß für fahrbare Kriegsbüchereien an der Front« herausgegebene Katalog *Die fahrbare Feldbücherei*, an dem Walter Hofmann, der damalige Leiter der Städtischen Bücherhallen Leipzig, maßgeblich beteiligt war.[15] Die Betreuung der Truppen mit Lektüre erfolgte im Ersten Weltkrieg kaum durch staatliche oder militärische Stellen, sondern vor allem durch private Initiativen, den Buchhandel und zivile öffentliche Büchereien. Wichtige Materialien dazu sind im Nachlass von Ackerknecht und in der bibliotheksgeschichtlichen Spezialsammlung aus dem Nachlass Hofmann im Deutschen Literaturarchiv überliefert. Auf dieser Grundlage wurden etwa 350 Bände zusammengestellt, die für die Besucher der Ausstellung in den Räumen des Literaturmuseums der Moderne direkt einsehbar sind. Einen

Schwerpunkt bilden damals populäre Reihen, wie etwa die »Schützengrabenbücher für das deutsche Volk«, das »Deutsche Soldatenbüchlein«, »Ullsteins Kriegsbücher« und »Die Feldbücher«. ——
Während Militärbibliotheken für die Offiziere schon seit dem 18. Jahrhundert aufgebaut wurden, entstanden die ersten Büchereien für die Mannschaften auf Initiative von Soldaten in und nach dem deutsch-französischen Krieg 1870/71. Offiziere plädierten dafür, die Mannschaftsbibliotheken als »Erziehungsmaßregel«, als Instrument der geistigen Einflussnahme und sozialen Disziplinierung zu nutzen.[16] Die einen waren für die Anschaffung von patriotischen Schriften, Reisebeschreibungen und Unterhaltungsliteratur, damit die Soldaten keine »Schandliteratur« in die Hände bekommen, »welche den Geist vergiftet und immerhin die Möglichkeit bietet, sozialdemokratische Grundsätze unter dem Heere zu verbreiten«.[17] Andere, wie der bayerische Hauptmann Eduard Preuß, wollten auch »die für den Fabrikarbeiter wertvolle Fachliteratur über Mechanik,

Elektrotechnik, Kunstgewerbe, Volkswirtschaft« berücksichtigen.[18] Das Ziel war immer, »die sozialistische Bewegung zum Stillstand zu bringen«.[19] Kaiser Wilhelm II. erließ daher im Jahr 1893 eine Kabinets-Ordre, in der das Kriegsministerium angewiesen wurde, zur Einrichtung und Unterhaltung von Mannschaftsbibliotheken »besondere Mittel« zu überweisen.[20] 1909 erschien unter dem Titel »Soldatenbüchereien« ein von Offizieren zusammengestelltes Verzeichnis empfohlener Bücher für die Mannschaften.[21] —— Erst seit Ausbruch des Ersten Weltkriegs finden sich Berichte und Überlegungen zu den Truppenbüchereien, die von den soldatischen Benutzern selber stammen. Die Arbeitsweise seiner im Sommer 1915 gegründeten Kompaniebibliothek hat der Soldat Paul Böttcher im Mai 1918 beschrieben: »Praktisch arbeitet unsere Bibliothek wie folgt. Alle Bücher befinden sich in einer grossen Kiste bei der Kompanie-Bagage. Ein Gefreiter ist als ›Bibliothekar‹ befohlen. Er hat das Ausgeben und Einnehmen der Bücher unter sich.

Rückt die Kompanie in Stellung, dann verpackt er fünfzig bis sechzig Bücher je nach Umfang in eine kleinere, leicht tragbare Kiste. Die Feldküche fährt diese Kiste mit vor bis zur Essensausgabe. Von dort wird sie mit den Lebensmitteln und sonstigem Gepäck in die Stellung getragen. Der Gefreite hat die Kiste nunmehr bei sich im Unterstand und kann mit dem Verleihen beginnen. Sind die Bücher reihum gegangen, dann wird die Kiste von der Feldküche wieder mit hintergenommen. Der Bibliothekar geht zur Bagage und füllt die Kiste mit neuem Lesestoff. Am Abend schon bringt die Feldküche die Kiste wieder mit vor. Diese Art der Bücherversorgung ist selbstverständlich nur in einer sogenannten ›ruhigen‹ Stellung durchführbar. Wird das Regiment zu schwerer Kampftätigkeit eingesetzt, bleiben die Bücher hinten.«[22] Aus den Buchlieferungen der Angehörigen, Vereine und öffentlichen Bibliotheken entstanden so in kleineren Truppenverbänden wie Kompanien, Bataillonen und Regimentern Büchereien, die in schrankartigen Kisten aufbewahrt

FOLGENDE DOPPELSEITE:
Bücherkisten an der Front.
Foto vom September 1916
(Privatbesitz).

wurden. Deren Inhalt war weitgehend dem Zufall überlassen. Oft durchliefen sie als Wanderbüchereien mehrere Truppenteile. —— Das System von dezentralen Kleinbüchereien wurde 1916 auf Initiative der evangelischen Kirche durch fahrbare Kriegsbüchereien für die Divisionen ergänzt, die so genannten »Bildungskanonen«, wie sie der Feldgeistliche Ludwig Hoppe nannte.[23] Eine fahrbare Kriegsbücherei umfasste 1000 Bände und befand sich in einem Wagen, der zugleich als Ausleihraum diente und einen Raum für den Bücherwart enthielt. Jeder der etwa 80 Wagen teilte seinen Bestand in mehrere Kisten auf, die an die Truppenteile ausgeliehen wurden. Der einheitliche Bestand wurde 1916 unter Beteiligung von Volksbibliothekaren vom »Ausschuß für fahrbare Kriegsbüchereien an der Front« ausgewählt. Die fahrbare Kriegsbücherei hatte drei Abteilungen: »Unterhaltende Werke« (50 %), »Belehrende Bücher« (44 %) und »Deutsches Leben in deutschem Gedicht und Drama« (6 %). Der Inhalt jeder Bücherkiste war prozentual zusammengesetzt

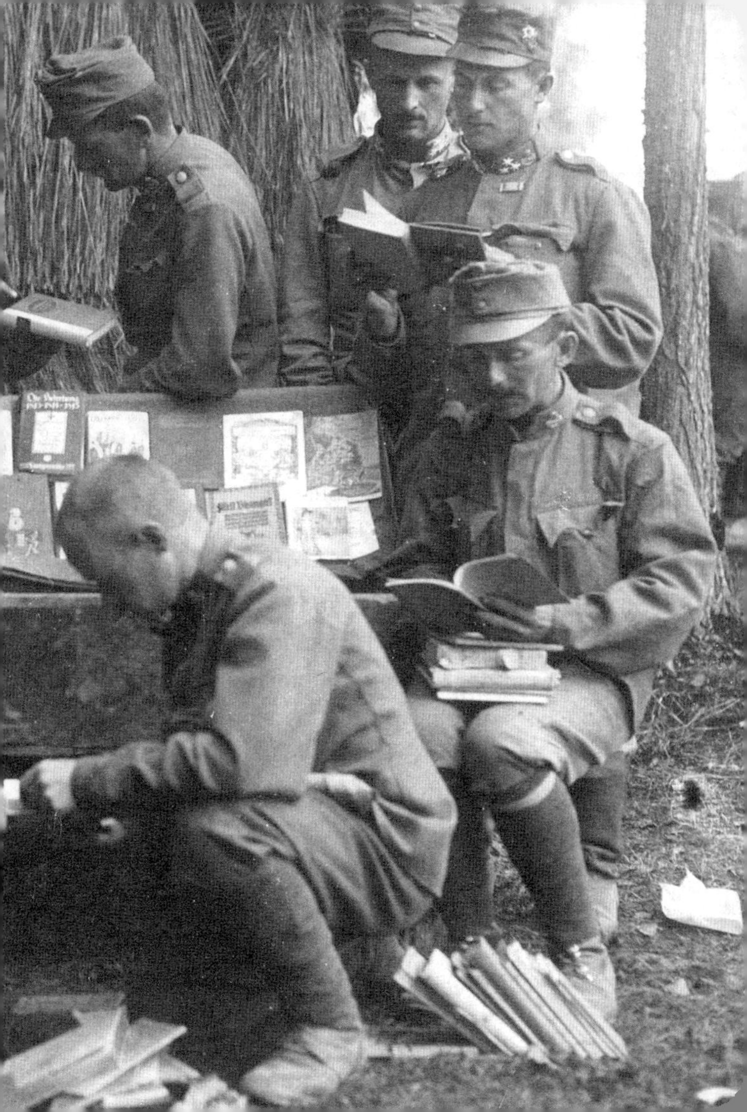

wie die Gesamtbücherei. In Anlehnung an diese Aufteilung umfasst die Marbacher Truppenbücherei folgende Gruppen:

- Unterhaltung,
- Dichtung,
- Sachtexte,
- Gebet- und Liederbücher,
- Dienstvorschriften/Lehrbücher.

Zunächst wurde vor allem Unterhaltungsliteratur nachgefragt. Mit zunehmender Kriegsdauer verlagerte sich aber das Leseinteresse hin zur Belletristik und Sachliteratur. Walter Hofmann legte im August 1918 aufgrund der Erfahrungen mit den fahrbaren Kriegsbüchereien eine Untersuchung über das Lektüreverhalten der Soldaten vor.[24] Er stellte fest, »daß religiöse Schriften nicht in dem Maße gelesen wurden, wie vielfach gehofft und gewünscht wurde, und daß Kriegsliteratur ganz allgemein abgelehnt wurde, trotzdem, wenigstens im Anfang des Krieges, gerade auf diesen Gebieten die Schenkungen besonders reichlich geflossen sind«.[25] Der Hauptteil der

Entleihungen entfalle auf die unterhaltende Literatur (77 %), die belehrende Abteilung werde »mäßig« benutzt (20 %), die Abteilung der Gedichte und Dramen »ganz schwach« (3 %). Dennoch sei die belehrende Abteilung kein Misserfolg gewesen, der Soldat lese »durchaus auch belehrende Bücher, – er liest sie nur nicht so oft wie die unterhaltenden Bücher«.[26] Die Nachfrage richte sich besonders auf naturwissenschaftliche und technische Werke aus der Physik, Elektro- und Verkehrstechnik, deren Umsatz in der fahrbaren Kriegsbücherei sogar deutlich größer sei als in einer Friedensbücherei.[27] In die Marbacher Truppenbücherei wurden daher besonders auch Reihen wie die »Sammlung Göschen«, »Aus Natur und Geisteswelt« sowie die Ratgeber des Kosmos Verlages aufgenommen.

Das Interesse der Soldaten für wirtschaftliche, technische und wissenschaftliche Fachliteratur hat Melchior von Hugo 1923 bestätigt. Er analysierte die Nachfrage in den Feldbuchhandlungen: »In der ersten Zeit wurden hauptsächlich gekauft: Ullstein und Kürschners Bücherschatz, die den ganzen Markt überschwemmten. Dazu kamen noch minderwertige Verlage, sog. Eisenbahnlektüre, Kinobüchereien und ähnliches. Man kaufte eben alles, was gedruckt war. Allmählich machte sich der Hunger nach gediegenerer geistiger Kost bemerkbar; naturwissenschaftliche und technische Werke, Reclam, Wiesbadener Volksbücher, Insel Verlag, Raabe, Löns, Gorch Fock; aber auch philosophische Werke wurden steigend begehrt. Für religiöse Schriften sorgten meist die christlichen Vereine und die Seelsorger. Daneben aber besonders illustrierte Zeitschriften, deren Bilder, vor allem wenn sie bunt waren, die Unterkünfte schmückten, und Werke über Kunst. Die Feldbuchhandlungen konnten der Nachfrage kaum genügen. Das Lese- und Bildungsbedürfnis, das sich dauernd hob und sich weiterhin den gehaltvollsten Werken der deutschen Literatur zuwendete, versumpfte schließlich bei der geistigen Ermattung des letzten Kriegsjahres im sog. Klapproman und in Büchern ausgesprochen erotischen Inhalts, die aber mehr auf Umwegen in die Hand der Truppen kamen.«[28] —— Aus den Quellen geht hervor, dass sich das Leseverhalten der Soldaten mit der Kriegsdauer wandelte und die Nachfrage nach guten Büchern stieg. So berichtet der junge Walter Ulbricht in seinem Aufsatz *Die Lektüre der Balkantruppen* vom September 1918, wie in seiner Einheit in Mazedonien nach und nach Skatspiel, Liebesromane und Kriminalgeschichten durch bessere Lektüre ersetzt wurden.[29] In einem anderen Bericht vom November 1918 heißt es: »So findet man heute bei den Feldgrauen draussen unsere ersten Meistererzähler neben Klassikern, sowie auch manch technisches oder wissenschaftliches Werk zum Studium. Bevorzugt wird humoristisch-satirische Literatur, wenn illustriert, umso besser. Durch gegenseitigen Austausch, nicht nur der Bücher, sondern auch der Ansichten darüber, wächst der Leserkreis und wird bei manchem Verständnis geweckt für Werke und Schriftsteller, die er bisher kaum kannte.«[30] —— Die patriotische Kriegsliteratur, die viele Verlage ins

Programm nahmen, fand unter den Soldaten kaum Anklang. Der Reclam Verlag machte die Erfahrung, dass aus der Universal-Bibliothek vor allem literarische und philosophische Titel nachgefragt wurden. Goethes *Faust* erreichte in den Jahren nach 1914 die höchsten Absatzzahlen.[31] Die Berichte der Soldaten und Bibliothekare zeigen, dass in der Extremsituation des Krieges das Bedürfnis nach Lektüre nicht schwindet, sondern im Gegenteil steigt. Das besondere Interesse an technisch-naturwissenschaftlicher Literatur ist dabei nicht nur als Weiterbildung im Hinblick auf die Zeit nach dem Krieg zu verstehen, sondern könnte auch eine Reflexion der technischen Voraussetzungen gewesen sein, die den Krieg in seinen Ausmaßen erst ermöglicht haben. Unter vielen Soldaten entwickelte sich offenbar das Bedürfnis, die moderne Technik und damit einige der Entstehungsbedingungen des Weltkrieges zu begreifen, mit dem sie konfrontiert waren. —

Für die Marbacher Sammlung konnten zahlreiche Exemplare mit Provenienzspuren erworben werden, etwa mit Stempeln vom »Ausschuß für fahrbare Kriegsbüchereien an der Front«, »Aus der Kriegssammlung des Deutschen Buchhandels«, aus dem »Soldatenheim des Großen Hauptquartiers«, der »Kriegsbücherei Posen«, der »Marine-Bücherei Brügge«, der »Bayerischen Feldbücherei«, dem »Erholungshaus Heilbronn« oder dem »Offizierskasino der Festung Helgoland«, um nur einige Beispiele zu nennen. Mehrere Bände enthalten Datierungen und Einträge von Soldaten. So der erste Band einer französischen Werkausgabe von Corneille, mit Stempel der Truppenbücherei des »153e Régiment d'Infanterie« und dem Eintrag eines deutschen Offiziers vom Armeeoberkommando 6, der das Buch bei der Einnahme des Sperrforts Manonviller am 27. August 1914 erbeutet hat. Die Bücher wurden im Rahmen eines von der Deutschen Forschungsgemeinschaft unterstützten Projektes zur retrospektiven Bestandsergänzung erworben und katalogisiert. Die Sammlung wird geschlossen aufbewahrt und weiter ergänzt. Sie macht wichtige Quellen zur

Literatur- und Informationsversorgung sowie zum Frontalltag und Lektüreverhalten im Ersten Weltkrieg zugänglich.

ÜBER BEWUSSTSEIN
UND GEDÄCHTNIS DES
ERSTEN WELTKRIEGS

FRITZ STERN IM GESPRÄCH
MIT ULRICH RAULFF

ULRICH RAULFF: Fritz, als ich Sie gefragt habe, ob wir uns über den Ersten Weltkrieg unterhalten können, haben Sie gesagt: »Das ist mein zweites großes Lebensthema.« Was ist das erste?

F.S. Ich würde annehmen, der Nationalsozialismus.

U.R. Wodurch ist der Erste Weltkrieg das zweite große Thema geworden?

F.S. Der Erste Weltkrieg war mir in der Kindheit schon so nah: mit den Opfern des Ersten Weltkriegs konfrontiert zu sein, wenn man sie auf der Straße gesehen hat, Krüppel in ihren primitiven Bewegungsmöglichkeiten ... Und dann hat mein Vater oft über seine Erfahrungen, seine politischen

Meinungen – über den Ersten Weltkrieg gesprochen, bei Spaziergängen. Er war vier Jahre lang im Krieg und ist schließlich Leutnant der Reserve geworden. Und deshalb hatte mich, wie gesagt, der Erste Weltkrieg eigentlich immer schon interessiert. Man könnte natürlich auch sagen, dass das ganze 20. Jahrhundert in der deutschen Geschichte ein gewisses Lebensthema für mich war. Und damit der Erste Weltkrieg, es fing an mit dem Ersten Weltkrieg. Nicht, dass ich an die Kontinuität glaube oder an irgendeine Bestimmung in der Geschichte; aber dass es eine Verbindung gibt zwischen dem Ersten Weltkrieg, und insbesondere zwischen den Verzerrungen der Wirklichkeit des Ersten Weltkriegs und dem Nationalsozialismus, ist ja völlig klar. Und da ich Letzteren direkt erlebt habe, würde ich mich jetzt eher korrigieren und sagen: Beides zusammen war mein Lebensthema.

U.R. Wenn Sie von den Verzerrungen sprechen, denken Sie an die politische Propaganda, die

Ausschlachtung von Versailles, die Kriegsschuld-these?

F.S. Das ist es im Wesentlichen, was ich meine. Der Ausbruch des Ersten Weltkriegs war für deutsche Historiker nach dem Ende des Kriegs ein riesiges Thema, eins, das sie meines Erachtens nicht besonders gut gemeistert haben. In erster Linie aber erfolgte die Verzerrung der Wirklichkeit schon während des Kriegs – die intellektuelle Begeisterung 1914 war eine Verzerrung des Geistes, aber sie passte zu einer Tradition, die man mit Militarismus bezeichnen muss, Verherrlichung der Soldaten und damit des Kriegs. Die entscheidende Verzerrung passierte am Ende, die unerwartete Niederlage, weil die militärische Situation im Jahr 1918 von den Machthabern verschleiert wurde. Und dann kam ja sehr schnell die Schuldzuweisung, dass die Linken, die Juden usw. das Land verraten hätten. Die Dolchstoßlegende ist ein Beispiel erster Klasse von Verzerrung und kam gleich im November auf. Als nächstes kommt die Verzerrung von Versailles, die Übertreibung der Härte des ›Diktats‹, die allerdings von den Alliierten furchtbar dumm inszeniert worden ist. Sowohl die Form des Friedens als auch die Scheinheiligkeit von Wilson, die es leichter machte, den ganzen Westen politisch anzugreifen.

U.R. Natürlich ist auch Versailles in gewisser Weise verzerrt worden, und zwar durch das, was man über den Artikel 231 gesagt hat. Da steht ja von Schuld – es ging ja immer um Kriegsschuld – gar nichts drin, die Rede ist von »responsabilité«, aber nicht von »culpabilité«. Das Wort »Schuld« kommt nicht vor im Wortlaut.

F.S. Da haben Sie Recht. Die Rede ist von Verantwortung ...

U.R. Was etwas anderes ist. Dass Mitverantwortung bestanden hat, ist nicht abzustreiten, aber moralische Gesamtschuld ist dann doch etwas anderes.

F.S. Richtig. Aber viele Deutsche haben das sofort umgedreht in einen Schuldvorwurf: »Wir sollen die Einzigen sein, die am Krieg schuld sind.« Sie haben Recht, dass das Wort im Artikel 231 nicht vorkommt, aber so wurde er aufgenommen. Ich weiß nicht, ob Sie die ganze Geschichte des Artikels 231 kennen, wer den eigentlich geschrieben hat. Es war der spätere amerikanische Außenminister John Foster Dulles, der als junger Mann dabei war und sich dachte: Wenn man die genaue Festlegung der Reparationen jetzt verzögern kann, kann man das später unter weniger heißen Temperamenten aushandeln. Er dachte: Wenn die Deutschen in diesem Frieden die Verantwortung übernehmen, können wir zufrieden sein. Der Kompromiss lag darin, dass man auf eine genaue Nennung der Zahl verzichtete, wenn dafür die deutsche Seite akzeptierte, dass sie die Verantwortung für den Krieg hatte. So etwas lag dem Dulles, der gern mit moralischen Kategorien operierte, das passte ihm als Kompromiss. Er wollte die Unterzeichnung des Friedensvertrags und im

Gegenzug das Versprechen, dass die genaue Bestimmung über die Reparationen später käme, unter besseren Umständen. Übrigens, was Reparationen anbelangt, auch da lag eine gewisse Verzerrung. Die Reparationen, die das junge Deutschland 1871 den Franzosen aufgebürdet hatte, waren nicht gerade leicht, sondern verdammt schwer ...

U.R. Fünf Milliarden Goldfranc ...

F.S. Die wurden von den Franzosen mit Hilfe von Bankiers wie Rothschild und Bleichroeder viel schneller bezahlt als erwartet, und trotzdem war es eine große Belastung. Auch Brest-Litowsk erschien von russischer Seite aus als ein entsetzlicher oder, wie er oft genannt wurde, ›karthagischer‹ Schmachfrieden, denn er bedeutete tatsächlich einen enormen Verlust an russischem Territorium, Wirtschaftspotenzial usw. Was Bestrafung des unterlegenen Kriegsgegners anbelangt, hatten die Deutschen also einiges auf ihrem eigenen Gebiet geleistet.

U.R. Ich dachte, als Sie von Verzerrungen sprachen, Sie hätten vielleicht noch auf etwas anderes angespielt: den Gedanken, dass der Erste Weltkrieg eine Gewöhnung an Gewalt mit sich gebracht hat, die folgenreich geworden ist und eine Akzeptanz hergestellt hat für die Gewalt, die danach kam – die Gewalt auf der Straße und die faschistische Gewalt.

F.S. Das würde ich nicht Verzerrung nennen. Das waren die Folgen des Kriegs. Die Glorifizierung des Kriegs, von Langemarck, des geschlossenen Deutschlands, der moralischen Säuberung, das waren Verzerrungen, auch schon während des Kriegs, davor und danach. Aber was der Krieg tatsächlich bewirkt hat, das war die wirkliche Spaltung innerhalb Deutschlands. Der Krieg endete, und das Land war tiefer gespalten, tiefer verwundet als vorher. Sie sprachen zu Recht von Gewaltanwendung und Gewöhnung an Gewalt. Der Krieg endete ja nicht am 11. November. Er ging weiter im Inneren.

U.R. Von wem stammt das Wort von der »Urkatastrophe«?

F.S. Das kommt von George Kennan, aber, ehrlich gesagt, habe ich das auch vor ihm schon so empfunden und geschrieben. Es war tatsächlich die Urkatastrophe. Die Tragödie des Ersten Weltkriegs für alle kann man kaum beschreiben. Das ist nicht nur an der Zahl der Toten und Verwundeten zu messen, sondern auch an der Zerrüttung in allen Ländern: dass man dieses furchtbare Elend vier Jahre lang aushalten musste und es immer schlimmer wurde. Ich selber habe ja dann vom »Zweiten Dreißigjährigen Krieg« gesprochen. Der Krieg war der Anfang einer entsetzlichen Kette von wirklichen oder vermeintlichen Folgen. Ich will damit nicht sagen, dass 1914 die notwendige Voraussetzung von 1933 war. Man hätte noch vieles in dieser Zeit ändern können – und man war ja auch nah dran in Locarno im Jahr 1925. Der Aufstieg Hitlers war nicht nur Folge von Versailles oder Folge der Niederlage, sondern ging tiefer. Aber dass dann eine Kette weiteren Unglücks kam, das ist meines Erachtens ganz richtig. Das hat man ja oft gesagt, da war Kennan nicht der Einzige oder Erste: Es war eine Zerstörung der alten Welt. Die war nicht so stabil, wie man es manchmal romantisch beschreibt; sie bröckelte schon vorher. Aber der Erste Weltkrieg mit den Verlusten auf beiden Seiten war eine absolute Entsetzlichkeit. In Worten nicht zu fassen, eine politische wie menschliche Katastrophe. Auch durch den Mord an Zukunftsträgern: In Frankreich ist, so weit ich weiß, ein großer Teil der letzten Klasse der École Normale gefallen.

U.R. Ein Fünftel des Landes sah aus wie der Mond. Frankreich war auch in einer unbeschreiblichen Weise demoralisiert. Viele der politischen Affären der dreißiger Jahre, auch das politische Unglück der Franzosen Ende der Dreißiger kann man nicht anders erklären.

F.S. Absolut. Damit kommt man auch zur Appeasement-Politik, die England und Frankreich betrieben haben, ohne zu merken, bis es zu spät war, dass man Hitler nicht befriedigen konnte. Er wollte Krieg. Das war ein Teil seines Ziels. Aber auf der anderen Seite kann man den Versuch, einen Krieg zu vermeiden, aus der Erfahrung des Ersten Weltkriegs her verstehen. Und die Engländer und Franzosen, die sich gegen Hitler eigentlich hätten behaupten müssen, haben das zu spät getan aus der verständlichen Furcht, dass es zu einem neuen Krieg kommen würde, zu neuen Verlusten.

U.R. Die Dimension, die Sie ansprechen und als Urkatastrophe beschreiben, ist erst relativ spät ins Bewusstsein eingedrungen und Gegenstand der Erforschung und Reflexion geworden. Warum haben sich die deutschen Historiker so lange, als müssten sie Weimar wiederholen, um die Kriegsschuldthese gestritten? Weshalb die Fischer-Kontroverse in den '60ern, weshalb war das Augenmerk so lange nach dem Krieg immer noch auf die Frage der Kriegsschuld gerichtet?

F.S. Ich würde sagen, dass die Zunft der deutschen Historiker mehr oder weniger mehrheitlich zur Überzeugung gekommen war, und dies auch immer wieder betont hat, dass die Deutschen keine größere Verantwortung hatten als die Anderen. Es gab keinen Streit unter den deutschen Historikern, es gab nur wenige, die den Ausbruch des Ersten Weltkriegs mit Vorsicht und Vernunft beurteilten. Einer von jenen war Friedrich Meinecke. Ich möchte außerdem erwähnen, dass es einen Vortrag gibt von Élie Halévy, dem französischen Historiker, der 1928/29 in Oxford den Ersten Weltkrieg neu interpretiert hat: Man muss sich mit den inneren Verhältnissen auseinandersetzen, d.h. mit den innenpolitischen Problemen, die es damals gab und nicht nur auf die Außenpolitik gucken. Das war auch immer meine Meinung, dass das Aufkommen des Proletariats, das Aufkommen des pazifistischen Sozialismus das Militär in allen Ländern verängstigt hat, ganz besonders in Deutschland. Und dann haben wir unter den Folgen des Ersten Weltkriegs, die wir berührt haben, noch gar nichts von der Russischen Revolution gesagt, vom Bolschewismus. Ich betrachte die brutalen Methoden, die sofort zu Beginn der bolschewistischen Revolution angewendet worden sind, immer noch als eine Art Verzerrung des Marxismus. Sie haben das Bürgertum in allen Ländern erschreckt, erschüttert, sie wurden als große Gefahr angesehen. Auch das muss man sehen: wie sich der Faschismus vom Bolschewismus hat verstärken lassen, oder umgekehrt, wie der Einfluss der Russischen Revolution auf den Faschismus gewirkt hat, wie er dadurch populärer und eher akzeptabel wurde, dass man sagte, er sei das einzige Machtmittel gegen den Bolschewismus – so kommt man wirklich vom einen zum andern. Ohne den Weltkrieg wären wohl weder der Bolschewismus noch der Nationalsozialismus an die Macht gelangt. Schließlich und endlich, wenn auch nicht direkt in unserem Kontext, war der Erste Weltkrieg auch Anlass der Ermordung des größten unter den Sozialisten, nämlich Jean Jaurès'. Dieser Verlust war auch ein Teil, wenn ich so sagen darf, der Urkatastrophe.

U.R. Weil er den westlichen Flügel des Sozialismus geschwächt hat?

F.S. Jaurès war überzeugt von der Wichtigkeit, den Frieden zu erhalten und sehr, sehr skeptisch gegenüber dem Militarismus, ähnlich wie Lloyd George in England. Die linksstehenden Kräfte vor dem Ausbruch des Kriegs hatten alle einen ungeheuren Widerwillen gegen einen europäischen Krieg und sahen in ihm die Möglichkeit des Triumphs eines rechtsstehenden Militarismus, der seine Allianz mit den Finanzkräften, der Wirtschaft gemacht hatte. Das alles gehört meines Erachtens zu dem, was man die Urkatastrophe nennt. Ich weiß nicht, wer es zuerst gesagt hat: Das erste Opfer im Krieg ist immer die Wahrheit. Das deutsche Oberkommando hat noch im August 1914 gegenüber der Presse erklärt: »Wir können nicht immer alles sagen, aber was wir sagen, ist wahr.« Und das entsprach weder auf der einen noch auf der anderen Seite der Wirklichkeit. Man hat sich an das Lügen von der einen wie von der anderen Seite gewöhnt. Auf der anderen Seite war gerade auch auf deutscher Seite in der Frage der Kriegsziele, um deren Willen man den Krieg verlängerte, immer wieder dieses entsetzliche Wort zu hören: »Sie sollen nicht umsonst gestorben sein.« Was heißt das, sie sollen nicht umsonst gestorben sein? Dass man fortfährt, Millionen weitere zu opfern? Ergibt das einen Sinn? So kam es schon im Ersten Weltkrieg zu einer gewissen Barbarisierung eines Europas, das zwar nie kriegsfrei war, aber so einen Krieg noch nicht erlebt hatte – entsetzlich, was dieser Krieg den Soldaten und den Menschen überhaupt angetan hat. Es war ein Krieg, in dem auch die Zivilbevölkerung großen Schaden erlitten hat.

U.R. Sie sprachen davon, dass der Krieg im Inneren weiterging.

F.S. Über die wirtschaftlichen Folgen des Ersten Weltkriegs kann man sich streiten, aber der moralische Schock, der psychologische Schock war enorm und hat meines Erachtens gerade in Deutschland zu einem ›Krieg im Inneren‹ geführt. Der Krieg hörte offiziell am 11. November 1918 auf, aber in Deutschland ging er innerhalb der eigenen Gesellschaft weiter.

U.R. Ich glaube, das ist ein entscheidender Punkt: diese tiefe psychologische Schockiertheit, das moralische Überwältigtsein; die partielle Traumatisierung ist immer unterschätzt worden und hat Jahre …

F.S. Jahrzehnte! Jahrzehnte hat das weitergenistet und weiterexistiert. Ja, das ist unterschätzt worden. Sie haben mit Recht das Wort Traumatisierung benutzt – das exakt war es. Und es gab nicht nur Pazifisten, nicht nur Einstein und Menschen wie ihn, die das sofort erkannten, schon während des Kriegs, das etwas vor sich ging, was sich so noch nie ereignet hatte, das Entsetzliche. Die Menschen wurden vier Jahre lang von vorausgreifender Trauer beherrscht; das ist etwas Zermürbendes.

U.R. So etwas wie Freuds Formulierung vom »Todestrieb« ist ja ein unerhörter Gedanke, dass man so etwas als einen Grundtrieb annimmt, und auch das folgt aus dem Erlebnis des Weltkriegs.

F.S. Ja, wobei es auf der anderen Seite natürlich durch den Weltkrieg auch einen noch stärkeren Pazifismus gab, also das Gegenstück. An und für sich war Freud schon vor dem Ersten Weltkrieg die Aggressivität der Menschen völlig klar. Aber im Ganzen kann ich Ihnen nur beipflichten, dass man den Schock des Ersten Weltkriegs nicht nur an Zahlen ablesen kann, sondern auch auf die Psyche, die Verwundbarkeit der Menschen, eingehen muss, das gehört zu der Entsetzlichkeit.

U.R. Wenn wir noch einmal auf die andere Seite des Kriegs, auf die Zeit davor gehen: Sie haben in einem luziden Aufsatz über die Historiker und den

Ersten Weltkrieg geschrieben, dass Sie sich darüber wunderten, dass die Historiker, zumindest in Deutschland, so wenig gesehen haben, was kommt oder was kommen könnte …

F.S. Sie meinen vor dem Ausbruch des Kriegs?

U.R. Ja, und beim Eintritt in ihn – dass die Historiker im Grunde genommen ziemlich blind in den Krieg gegangen sind, jedenfalls die deutschen, weil sie entweder zu alt waren wie die Großmeister des Fachs oder aber noch zu jung. Demgegenüber haben Sie einigen der Literaten größere Weitsicht bescheinigt. An wen haben Sie da gedacht?

F.S. Die von Anfang an gegen den Krieg waren oder später?

U.R. Die ihn vielleicht sogar schon vorausgesehen und das nahende Unglück vorweggenommen haben.

F.S. Es gab eine ziemlich starke pazifistische Bewegung, die sich gegen den Militarismus gewehrt hat und auch gegen den Krieg versucht hat sich zu wehren. Die Stimmen, die vom August an gesagt haben, das ist eine unabsehbare Katastrophe, was jetzt passiert, waren vereinzelt; dazu gehören Menschen, die ich schon erwähnt habe, wie Einstein, wie Hendrik Lorentz, Romain Rolland und einige andere. Ausschlaggebend war aber der so genannte Patriotismus, der in den Chauvinismus übergegangen ist. Es gab sicher einige, die vor dem Krieg gesehen haben, was das für ein Elend sein würde, aber sie mussten gerade in Deutschland gegen eine gewisse Kriegsfreudigkeit aufkommen, und die wurde von Literaten und Professoren gleichermaßen ungeheuer geschürt. Das hat Kurt Flasch in seinem Buch über die »geistige Mobilmachung« ziemlich überzeugend dargestellt.

U.R. Sicher, aber einen Augenblick lang, etwa um 1915, haben sich auch die Geistesgrößen anderer Länder einfangen lassen, etwa in Frankreich. Ganz honorige Leute wie Bergson oder Durkheim haben damals geschrieben und begründet, weshalb Frankreich siegen wird und weshalb die Deutschen …

F.S. Und unter den Engländern gab es die, die gesagt haben: »Die Deutschen müssen dafür bestraft werden, und der preußische Militarismus ist etwas Entsetzliches«, wobei die Wirklichkeit ja eine reichsdeutsche war, keine preußische mehr allein. Dazu fällt einem nun wieder Nietzsche ein, der die fatale Veränderung zwischen dem alten Preußentum und dem neuen Reichsdeutschtum betont hat.

U.R. Letzteres hat ihm mindestens so viel Schauder eingeflößt wie seinem Freund Jacob Burckhardt.

F.S. Ich würde sagen, noch mehr. Ich habe mich mit beiden befasst. Nietzsche glaubte wirklich, dass diese reichsdeutsche Attitüde ungeheuer gefährlich war, und man versteht, warum: Er spürte die Verbindung innerhalb dessen, was man Reichsdeutschtum nennen könnte, die Verbindung von Arroganz und Angst. Dazu kommt eine völlige Verblendung der Wahrheit, entsetzlich. Das existierte schon zu Nietzsches und Burckhardts Zeit, und sie sahen die Folgen voraus. Heute hat man vergessen, wie die Deutschen damals ihren Sieg gefeiert haben. Darauf war das große Wort von Nietzsche gemünzt: »Ein großer Sieg ist eine große Gefahr.« Das alles reicht tief in die europäische Geschichte.

U.R. Mit welchen Gefühlen haben Sie Thomas Mann, die *Betrachtungen eines Unpolitischen*, gelesen?

F.S. Mit welchen Gefühlen? Mit Trauer, mit Schmerz. Aber auf der anderen Seite war er einer der ersten unter den Schriftstellern, die nach 1918 die Gefahr erkannt haben, die von den Feinden der Republik drohte. Dadurch, dass er erst einmal in die Falle geraten ist, hat er gewusst, wie verführerisch das sein kann. Er hat ja dann, für einen bürgerlichen Schriftsteller erstaunlich früh, gemeinsam mit Ernst Troeltsch, dem Kirchenhistoriker, die Furcht vor der radikalen Rechten und die Bestürzung über die Macht des Unwillens, die Wahrheit zu sehen, geteilt und vor dieser Irrationalität gewarnt.

U.R. Verführbarkeit, dieses Thema zieht sich ja durch bis zum *Bruder Hitler* und zum *Doktor Faustus*. Die Verführbarkeit der Intelligenz, die er selber erlebt hat, ist zu einem seiner Lebensthemen geworden.

F.S. Genau, *la trahison des clercs*. Mann hat das selber erlebt, aber im Unterschied zu den meisten anderen hat er daraus gelernt.

U.R. Wenn wir vom Weltkrieg und der Literatur sprechen, müssen wir auch von Jünger sprechen.

F.S. Richtig, absolut. Es gab ja gerade in Deutschland nach 1918 eine gewisse Verherrlichung des Kriegs, eine weitere Bekräftigung des Glaubens an das Gute am Krieg.

U.R. Seine reinigende, läuternde Wirkung …

F.S. Ja, dass dadurch die moralische Kraft des Landes erneuert würde – entsetzlich! Aber zu diesem Glauben an das Gute am Krieg gibt es meines Wissens nach noch keine wirklichen Untersuchungen, obwohl er ungeheuren Schaden angerichtet hat.

U.R. Ist das die größte Sünde der Literaten gewesen?

F.S. Es waren ja nicht nur Literaten, und nicht alle Literaten haben diesen Glauben geteilt. Aber manche haben sich mit großer Schuld beladen. Ich bin stärker an Thomas Mann interessiert als an Jünger, er hat wirklich aus diesen *Betrachtungen eines Unpolitischen* schließlich gelernt, und zwar sehr viel. Und wenn ich mich recht erinnere, hat Jünger eigentlich sehr wenig gelernt. Er war anfangs begeistert vom Nationalsozialismus und hat sein militärisch aktives Leben glücklich beendet in Paris unter der Besatzung. Aber es wäre vollkommen falsch, alle Literaten als Verräter an der Menschlichkeit zu bezeichnen.

U.R. Nein, es gibt ja auch eine Reihe von Gegenbeispielen, die einem sofort einfallen, von Barbusse bis Remarque. Ich frage nach Jünger, weil Jünger gerade in den letzten Jahren nochmal im Zentrum des Interesses stand. Die Franzosen haben eine Pléiade-Ausgabe seiner sämtlichen Kriegsschriften aus beiden Weltkriegen herausgegeben, man hat seine Kriegstagebücher ediert; so sieht man jetzt, was er tatsächlich notiert hat und was dann später literarisch daraus wurde, jetzt wird es eine historisch-kritische Ausgabe der *Stahlgewitter* geben. Man hat sich also sehr viel mit ihm beschäftigt. Hatten Sie nie das Gefühl, dass er historisch irgendeine Form von Erkenntniswert hat? Die Art und Weise, wie er den Krieg beschreibt, ist Ihnen das schon zu sehr literarisch überformt, als dass es realistische Züge hätte?

F.S. Doch, ich würde schon sagen, dass es realistische Züge hat. Aber ich habe mich mit Jünger seit Jahren nicht mehr beschäftigt. Ich finde es sehr interessant, dass die Franzosen eine Pléiade-Ausgabe für ihn gemacht haben und sich so mit ihm beschäftigen, und vielleicht sollte ich mich auch mehr mit ihm beschäftigen, aber bis jetzt habe ich es vermieden.

U.R. Erstaunlich ist der Befund, den ein Archiv wie das unsere liefert: wie viel geschrieben wurde im Ersten Weltkrieg, wie der Weltkrieg geradezu zu einer Explosion des Schreibens führt, und zwar nicht nur bei einer Reihe von großen, etablierten Autoren wie Barbusse, Rolland oder Thomas Mann, sondern tatsächlich bei namenlosen oder jungen Autoren, die erst später groß herauskommen werden. Alle beginnen praktisch am ersten Tag oder in den letzten Friedenstagen damit, Tagebücher anzulegen – in dem Bewusstsein, jetzt ein Kriegstagebuch führen zu müssen. Dieses Bewusstsein von Zeitzeugenschaft eines ungeheuren Ereignisses ist sehr ausgeprägt und bringt unglaublich viele Leute zum Schreiben.

F.S. Bringt es auch so viele Leute zum Lesen? Wurden die vielen Nichtetablierten auch gelesen? Ich weiß nicht, in wieweit das auch ein Publikum gefunden hat. Aber dass geschrieben worden ist und dass die Menschen das erkannt haben als unbeschreibliches Ereignis, das ist ganz richtig. Aber auch da kommt man sofort wieder auf die Tatsache, dass der Krieg die Geister völlig auseinandergerissen und in Feindschaft gestürzt hat. Er war unter anderem ja, wie jetzt oft betont wird, in einem gewissen Sinn der erste »totale Krieg«, der die Zivilbevölkerung in Mitleidenschaft zog und viel mehr mitleiden ließ als frühere Kriege. Es gibt einen englischen Autor, den ich ungeheuer schätze, R. H. Tawney, der sich schon vor dem Krieg für soziale Gerechtigkeit eingesetzt hat, der den Schaden eines nur wirtschaftlichen Lebens klar gesehen hat, der selber im Krieg war und in einem wichtigen Aufsatz, *The Attack*, geschrieben hat, in allen von uns stecke ein Stück Gewalt: In jedem von uns ist ein Stück vom Affen. Aber es waren die Ausnahmen, die das so gesehen haben.

U.R. Tawney ist in der Tat ein interessanter Fall, weil er die Möglichkeit des individuellen Zivilisationsbruchs ja schon sehr klar ausspricht, des Bruchs im Individuum selbst. Das gehört mit zu den, wie ich finde, erstaunlichen Tatsachen, die den Ersten Weltkrieg begleiten oder sich sehr früh schon einstellen, erstaunliche Bewusstseinstatsachen, wie etwa dieses starke Bewusstsein einer Zeugenschaft, Phänomene, die diesen Krieg doch geistig zu etwas anderem machen, als die Kriege davor es gewesen sind. Dieses Bewusstsein, dass man Zeuge eines unerhörten Ereignisses ist und zugleich als Individuum in Gefahr, von diesem Krieg zu etwas ganz anderem gemacht zu werden, zum Barbaren, zum Affen – auch darin ist er wirklich der erste große Krieg des 20. Jahrhunderts. Das sind doch Bewusstseinstatsachen, die für das 20. Jahrhundert gültig sein werden.

F.S. Ja, wobei man nicht vergessen sollte, dass es weiß Gott auch anderen Barbarismus gegeben hat. Die Europäer in ihrer Kolonialpolitik …

U.R. Wir reden nicht vom Burenkrieg ...

F.S. Nicht nur! Weiß Gott nicht. Auch nicht nur von den Hottentotten, sondern von der Ausübung der imperialen Macht eigentlich aller Länder, auch von Seiten der Engländer. Auch die Engländer haben da keine gloriose Rolle gespielt, in keiner Weise. Auf der einen Seite haben sie einen Halbkontinent wie Indien von zwanzig- oder dreißigtausend Leuten mit sehr leichter Hand regieren lassen, wenn dann aber Unruhen ausbrachen, dann gab's Massaker. Man sollte die Brutalität der Europäer, der europäischen Kolonialmächte, nicht unterschätzen. Sie wurde nicht wahrgenommen, diese Brutalität, sie kommt zum Teil erst jetzt, in den letzten Jahrzehnten, dramatisch ins Bewusstsein. Die Einstellung der Europäer gegenüber den Kolonien oder den Schwarzen im Besonderen ähnelte doch fatal dem Verhalten gegenüber »Untermenschen«. Die meisten Europäer haben dies und den Schaden an ihnen selber, den sie damals, in der Zeit der Kolonialisierung, nahmen, verdrängt; dabei müsste man ihn eigentlich mit einrechnen in die Gedanken über den Ersten Weltkrieg. England ist in diesem Sinn ein ganz erstaunliches Land: dass es den Engländern gelungen ist, eine mehr oder weniger hohe politische Vernunft innerhalb des Landes zu haben und eine Rohheit in den Kolonialgebieten, die damit kaum zu verbinden ist. Aber es nimmt nichts von dem, was wir gesagt haben, von der Traumatisierung des Ersten Weltkriegs oder dem Schock, zurück. Allerdings wurde die Brutalität den Kolonien gegenüber im Gewissen der Europäer, glaube ich, sehr heruntergespielt, unterschätzt und nicht wahrgenommen.

U.R. Sie haben bei anderer Gelegenheit schon darauf hingewiesen, dass das Gedächtnis des Weltkriegs bei den Nationen ganz unterschiedlich ausgeprägt ist: In England ist er immer noch »The Great War« und für die Franzosen »La Grande Guerre«. Was ist er für die Amerikaner gewesen, die spät, aber entscheidend in den Krieg eingetreten sind? Was war dieser Krieg im Gedächtnis Amerikas, was ist er bis heute?

F.S. Schwer zu sagen. Dass Amerika in den Krieg eintrat, kam mit …

U.R. … der ›Lusitania‹ …

F.S. Nein, mit der ›Lusitania‹ fing es möglicherweise an, aber es war der unbegrenzte U-Boot-Krieg, »the unrestricted submarine warfare«, der die Amerikaner in diesen Krieg hineingezogen hat. Ich glaube nicht, dass er im Gedächtnis der Amerikaner entfernt eine so große Rolle spielt wie für die Europäer. In gewisser Hinsicht hat er den Isolationismus wieder geschürt, die Haltung des »Hände weg!« Dieser Isolationismus wurde durch den Ersten Weltkrieg sehr verstärkt, und es war eine der großen Leistungen von Franklin Roosevelt, dass er angesichts von Hitlers Aggression das Land von Neutralität zur Nicht-Neutralität und schließlich bis an die Grenze des Kriegs geführt hat, und dann haben die Japaner den Ausschlag gegeben. Die Ironie ist, dass 1917 der Einstieg Amerikas in die Weltpolitik war, und der wurde 1920 bereits zurückgenommen oder versucht zurückzunehmen. Der Isolationismus, der sich übrigens, wie ich glaube, jetzt wieder ausbreitet, hat eine lange amerikanische Tradition, die durch den Weltkrieg nur bestärkt wurde: »Was haben wir da zu tun?« Ich glaube, die Verluste der Amerikaner betrugen rund 110.000, also im Vergleich zu den Verlusten der europäischen Nationen nichts oder sehr wenig. Aber genug für einen neuen Siegeszug des Isolationismus, weil man gemerkt hat, wie leicht das Land hysterisch wird und seine eigenen Werte verletzt.

U.R. Hat man die amerikanischen Toten des Ersten Weltkriegs zurückgeholt?

F.S. Ich glaube nicht.

U.R. Die liegen also noch in Frankreich ...

F.S. Die liegen, glaube ich, noch in Frankreich.

ANMERKUNGEN

WEITERFÜHRENDE LITERATURHINWEISE

ALLGEMEIN

- Armaturen der Sinne. Literarische und technische Medien 1870 – 1920. Hrsg. von Jochen Hörisch und Michael Wetzel. München 1990.
- Becker, Jean-Jacques / Krummeich, Gerd: Der Große Krieg. Deutschland und Frankreich 1914 – 1918. Essen 2010.
- Clark, Christopher: The Sleepwalkers. How Europe Went to War in 1914. London 2012.
- Emmerson, Charles: 1913. In Search of the World Before the Great War. New York 2013.
- Eksteins, Modris: Rites of Spring. The Great War and the Birth of the Modern Age. New York 1989.
- Encke, Julia: Augenblicke der Gefahr. Der Krieg und die Sinne. 1914 – 1934. Paderborn 2006.
- Endzeit Europa. Ein kollektives Tagebuch deutschsprachiger Schriftsteller, Künstler und Gelehrter. Hrsg. von Peter Walther. Göttingen 2008.
- Flasch, Kurt: Die geistige Mobilmachung. Die deutschen Intellektuellen und der Erste Weltkrieg. Ein Versuch. Berlin 2000.

- Fussel, Paul: The Great War and Modern Memory. Oxford 1975.
- »Keiner fühlt sich hier mehr als Mensch …«
  Erlebnis und Wirkung des Ersten Weltkriegs. Hrsg. von Gerhard Hirschfeld, Gerd Krumeich und Irina Renz. Essen 1993.
- »Krieg der Geister«. Erster Weltkrieg und literarische Moderne. Hrsg. von Uwe Schneider und Andreas Schumann. Würzburg 2000.
- Krieg und Literatur / War and Literature. Internationales Jahrbuch zur Kriegs- und Antikriegsliteraturforschung / International Yearbook on War and Anti-War Literature. Hrsg. von Claudia Glunz und Thomas F. Schneider. Göttingen 1989 ff.
- Kultur und Krieg. Die Rolle der Intellektuellen, Künstler und Schriftsteller im Ersten Weltkrieg. Hrsg. von Wolfgang J. Mommsen. München 1996.
- Mayer, Mathias: Der Erste Weltkrieg und die literarische Ethik. Historische und systematische Perspektiven. München 2010.
- 1917. Hrsg. von Claire Garnier und Laurent Le Bon. Metz 2012 [Ausstellungskatalog].
- Prost, Antione / Winter, Jay: Penser la Grande Guerre. Un essai d'historiographie. Paris 2004.

- Schlachtfelder. Codierung von Gewalt im medialen Wandel. Hrsg. von Steffen Martus, Marina Münkler und Werner Röcke. Berlin 2003.
- Sieg, Ulrich: Jüdische Intellektuelle im Ersten Weltkrieg. Kriegserfahrungen, weltanschauliche Debatten und kulturelle Neuentwürfe. Berlin 2001.
- Verhey, Jeffrey: Der »Geist von 1914« und die Erfindung der Volksgemeinschaft. Hamburg 2000.
- Winter, Jay: The Great War and the Shaping of the 20th Century. London 1996.

ZU DEN AUSGESTELLTEN TAGEBÜCHERN UND BRIEFEN:

- Behrens, Franz Richard: Werkausgabe. Bd. 3: Todlob. Feldtagebuchgedichte 1915/16. Hrsg. von Michael Lentz. München 2012.
- Hesse, Hermann: Sämtliche Werke. Hrsg. von Volker Michels. Bd. 11: Autobiographische Schriften. Frankfurt a. M. 2003.
- Jünger, Ernst: Kriegstagebuch 1914 – 1918. Hrsg. von Helmuth Kiesel. Stuttgart 2010.
- – Journaux de guerre 1914 – 1918. Hrsg. von Julien Hervier, Pascal Mercier und François Poncet. Paris 2008.

- Kafka, Franz: Tagebücher. Hrsg. von Hans-Gerd Koch, Michael Müller und Malcolm Pasley. Frankfurt a. M. 1990.
- Kessler, Harry Graf: Das Tagebuch. Hrsg. von Roland S. Kamzelak und Ulrich Ott. Bd. 4: 1906 – 1914. Hrsg. von Jörg Schuster unter Mitarb. von Janna Brechmacher. Stuttgart 2005.
- – Das Tagebuch. Bd. 5: 1914 – 1916. Hrsg. von Günter Riederer und Ulrich Ott unter Mitarb. von Christoph Hilse und Janna Brechmacher. Stuttgart 2008.
- Klabund: Briefe an einen Freund. Hrsg. von Ernst Heinrich. Köln/Berlin 1963.
- Klemm, Wilhelm: Tot ist die Kunst. Briefe und Verse aus dem Ersten Weltkrieg. Hrsg. von Imma Klemm. Mit einem Nachw. von Hanns-Josef Ortheil. Mainz 2013.
- Lasker-Schüler, Else: Kritische Ausgabe. Bd. 7: Briefe. 1914 – 1924. Bearb. von Karl Jürgen Srodzki. Frankfurt a. M. 2007.
- Loerke, Oskar: Tagebücher 1903 – 1939. Hrsg. von Hermann Kasack. Frankfurt a. M. 1986.
- Musil, Robert: Tagebücher. Hrsg. von Adolf Frisé. Reinbek bei Hamburg 1983.
- Rilke, Rainer Maria: Briefe in zwei Bänden. Hrsg. von Horst Nalewski. Frankfurt a. M. / Leipzig 1991.

- – Briefwechsel mit Anton Kippenberg. Hrsg. von Ingeborg Schnack und Renate Scharffenberg. Frankfurt a. M. / Leipzig 1995.
- – Werkausgabe Bd. 2: Gedichte. 1910 bis 1926. Hrsg. von Manfred Engel und Ulrich Fülleborn. Frankfurt a. M. / Leipzig 1996.
- Rilkes »Duineser Elegien«. Bd. 1: Selbstzeugnisse. Hrsg. von Ulrich Fülleborn und Manfred Engel. Frankfurt a. M. 2009.
- Sack, Gustav: Prosa. Briefe. Verse. München/Wien 1963.
- – Gesammelte Werke. Hrsg. von Walter Gödden und Steffen Stadthaus. Bielefeld 2011.
- Gustav Sack. Ein verbummelter Student. Enfant terrible und Mythos der Moderne. Hrsg. von Walter Gödden und Steffen Stadthaus. Bielefeld 2010.
- Schnitzler, Arthur: Tagebuch 1913 – 1916. Unter Mitw. von Peter Michael Braunwarth u. A. hrsg. von der Kommission für literarische Gebrauchsformen der Österreichischen Akademie der Wissenschaften. Wien 1983.
- – Tagebuch 1917 – 1919. Unter Mitw. von Peter Michael Braunwarth u. A. hrsg. von der Kommission für literarische Gebrauchsformen der Österreichischen Akademie der Wissenschaften. Wien 1985.

- Stadler, Ernst: Dichtungen, Schriften, Briefe. Kritische Ausgabe. Hrsg. von Klaus Hurlebusch und Karl Ludwig Schneider. München 1983.
- Sternheim, Thea: Tagebücher 1903 – 1925. Bd. 1. Hrsg. von Thomas Ehrsam und Regula Wyss. Göttingen 2011.
- Wegner, Armin T.: Die Austreibung des armenischen Volkes in die Wüste. Ein Lichtbildvortrag. Hrsg. von Andreas Meier. Göttingen 2011.
- – Das Zelt. Aufzeichnungen. Briefe / Erzählungen aus der Türkei. Eine Auswahl. Berlin 1926.

1 Ortwin Buchbender / Reinhold Sterz, *Das andere Gesicht des Krieges, Deutsche Feldpostbriefe 1939 – 1945*, München 1982, S. 13.

2 Robert Musil, »Das hilflose Europa oder Reise vom Hundertsten ins Tausendste«, in: ders., *Tagebücher, Aphorismen, Essays und Reden*, hrsg. von Adolf Frisé, Reinbek bei Hamburg 1959, S. 623.

3 Aus einem 2010 in *DIE ZEIT* veröffentlichten, von Heinz Ludwig Arnold 1966 geführten Gespräch. www.zeit.de/2010/44/Juenger (27. 8. 2013).

4 Walter Benjamin, »Der Erzähler. Betrachtungen zum Werk Nicolai Leskows« (1937), in: ders., *Gesammelte Schriften*, hrsg. von Rolf Tiedemann und Hermann Schweppenhäuser, Bd. 2.2, Frankfurt a. M., S. 438 – 465, hier S. 442.

5 »Das Ideal des Ganzkörperstahlhelms«, Helmut Lethen im Gespräch mit Ijoma Mangold in: *Die Zeit*, 10. Oktober 2010. www.zeit.de/2010/40/Interview-Juenger (27. 8. 2013).

6 Bernd Hüppauf, »Der Erste Weltkrieg und die Destruktion von Zeit«, in: Hartmut Eggert / Ulrich Profitlich / Klaus R. Scherpe (Hrsg.), *Geschichte als Literatur. Formen und Grenzen der Repräsentation von Vergangenheit*, Stuttgart 1990, S. 207 – 225.

7 Carl Schmitt, *Die Militärzeit 1915 bis 1919. Tagebuch Februar bis Dezember 1916. Aufsätze und Materialien*, hrsg. von Ernst Hüsmert und Gerd Giesler, Berlin 2005, S. 141 und 149.

8 Ludwig Wittgenstein, *Werkausgabe*, Bd. 1: *Tractatus logico-pholosophicus. Tagebücher 1914–1916. Philosophische Untersuchungen*, Frankfurt a. M. 1984, S. 172.

9 Ludwig Wittgenstein, *Geheime Tagebücher. 1914–1916*, hrsg. und dokumentiert von Wilhelm Braun, Wien 1991, S. 70.

10 So etwa in Marbach die Briefe von Wilhelm Klemm und Werner Picht und in Teilen die Sammlungen von Ernst von Kahler, Armin T. Wegner (beide unpubliziert) und Philipp Witkop (1915 erstmals veröffentlicht als *Kriegsbriefe deutscher Studenten*, von 1918 an mehrfach aufgelegt als *Kriegsbriefe gefallener Studenten:* »unmittelbar aus den Tagen und Taten des Kriegserlebens«, »mitten aus Schlacht und Sieg, aus Gefahr und Wunden, ohne jeden Gedanken an Veröffentlichung. Hier allein ist untrügliche seelische Wahrheit«).

11 Julius Bab, *Die deutsche Kriegslyrik 1914–1918. Eine kritische Bibliographie*, Stettin 1920, S. 25.

12 Vgl. Hans Steinle, »Die Mobilmachung der Bücher«, in: *Börsenblatt für den Deutschen Buchhandel*, 30. 11. 1914, Nr. 277, S. 1709.

13 Zit. nach: Heinrich Dicke, »Bücher für unsere Krieger«, in: *Blätter für Volksbibliotheken und Lesehallen* 16 (1915), S. 151–154, hier S. 153.

14 Vgl. Birgit Welt, »Bücher ins Feld! Die literarische Versorgung der Soldaten im Ersten Weltkrieg«, in: *Buchhandelsgeschichte* 1995/1, S. B1–B16. Siegfried Lokatis, »Der militarisierte Buchhandel im Ersten Weltkrieg«, in: *Geschichte des deutschen Buchhandels im 19. und 20. Jahrhundert*, im Auftr. des Börsenvereins des Deutschen Buchhandels hrsg. von der Historischen Kommission, Bd. 1: *Das Kaiserreich 1871–1918*, Tl. 3, Berlin / New York 2010, S. 444–469.

15 Erwin Ackerknecht, *Billiger Lesestoff für Lazarette und Feldtruppen*, München 1915. Ausschuß für fahrbare Kriegsbüchereien an der Front (Hrsg.), *Die fahrbare Feldbücherei. Bücherverzeichnis. Für die Hand des Bücherwartes und des Benutzers der fahrbaren Feldbücherei*, Berlin 1916.

16 »Die Mannschafts-Bibliotheken«, in: *Militär-Wochenblatt* 69 (1884), Nr. 20, Sp. 422–424, hier Sp. 424.

17 Ebd., Sp. 422.

18 Eduard Preuss, »Geistiges Wirken und Schaffen in der Armee«, in: *Deutsche Monatsschrift für das gesamte Leben der Gegenwart* 11 (1907), S. 781–791, hier S. 789.

19 Ebd., S. 787.

20 *Armee-Verordnungs-Blatt*, hrsg. vom Kriegsministerium, 27 (1893), S. 76.

21 *Soldatenbüchereien. Verzeichnis empfehlenswerter Bücher für die Mannschaften in Heer und Marine*, in Verb. mit Offizieren zs.-gest. von der Redaktion der Wochenschrift *Nach dem Dienst* und der Schriften-vertriebsanstalt G.m.b.H., Berlin 1909.

22 Paul Böttcher, »Bücher an der Front«, in: *Der Bibliothekar und Ratgeber für Hausbüchereien* 10/5–6 (Mai 1918), S. 1121.

23 Vgl. Ludwig Hoppe, *Feldpredigerfahrten an der Westfront. Kriegserlebnisse aus großer Zeit*, Berlin 1916.
Ders., *Zwischen Basel und Bagdadbahn*, Berlin 1918.
Ders., *Kleine Bilder aus großer Zeit. Frohe und ernste Erinnerungen*, Berlin 1939.

24 Walter Hofmann, »Vom Leseinteresse im deutschen Feldheere«, in: Volksbildungsarchiv 6 (1918), S. 1–32.

25 Ebd., S. 2.

26 Ebd., S. 9.

27 Ebd., S. 17.

28 Melchior von Hugo, »Fürsorge für das geistige Leben im Heere, Wohlfahrtseinrichtungen usw.«, in: M. Schwarte (Hrsg.), *Der Große Krieg 1914–1918 in zehn Bänden*,

Bd. 10: *Die Organisation der Kriegführung*, Tl. 3: *Die Organisationen für das geistige Leben im Heere*, Leipzig [u. a.] 1923, S. 348–388, hier S. 367 f.

29 Walter Ulbricht, »Die Lektüre der Balkantruppen«, in: *Der Bibliothekar und Ratgeber für Hausbüchereien* 10/9–10 (September 1918), S. 1154 f.

30 J. Schönenberger, »Lesebedürfnis und Lesestoff im Felde«, in: *Der Bibliothekar und Ratgeber für Hausbüchereien* 10/11–12 (November 1918), S. 1169.

31 Vgl. Dietrich Bode, *150 Jahre Reclam. Daten, Bilder und Dokumente zur Verlagsgeschichte 1818–1978*, Stuttgart 1978, S. 117 f. Jürgen Kuczynski / Berthold Puchert, »Die Macht einer Tradition. Zur Geschichte von Reclams Universal-Bibliothek 1867 bis 1945«, in: Hans Marquardt (Hrsg.), *100 Jahre Reclams Universal-Bibliothek 1867–1967. Beiträge zur Verlagsgeschichte*, Leipzig 1967, S. 35–79, hier S. 60–63.

Herausgeber: Deutsches Literaturarchiv Marbach
Redaktion: Dietmar Jaegle
Ausstattung: Diethard Keppler und Marcus Wichmann
Bildstrecke: Heike Gfrereis / Diethard Keppler
Gesamtherstellung: Offizin Scheufele, Stuttgart
ISBN 978-3-937384-97-9

[redacted]

Die Deutsche Schillergesellschaft wird gefördert
durch die Bundesrepublik Deutschland,
das Land Baden-Württemberg, den Landkreis Ludwigsburg
und die Städte Ludwigsburg und Marbach am Neckar.

Das Marbacher Magazin 144 erscheint zur gleichnamigen
Ausstellung im Literaturmuseum der Moderne, Marbach am Neckar
16. Oktober 2013 bis 30. März 2014

AUSSTELLUNG Heike Gfrereis, Johannes Kempf und Ellen Strittmatter mit Annika Christof und Christoph Willmitzer. **REDAKTION** Dietmar Jaegle mit Silke Weber. **GESTALTUNG** Korkut Demirag, Diethard Keppler und Franziska Schmidt. **ORGANISATION** Vinca Lochstampfer, Johannes Kempf und Karl Lempp. **KONSERVATORISCHE BETREUUNG** Susanne Böhme, Marlen Börngen, Enke Huhsmann und Anais Ott. **FOTOARBEITEN** Chris Korner und Jens Tremmel. **REKONSTRUKTION TRUPPENBÜCHEREI** Arno Barnert.

Wir danken unseren Kooperationspartnern in Oxford und Straßburg, insbesondere Bruce Barker-Benfield, Malgorzata Czepiel, Sandrine Decoux, Richard Ovenden, Madeline Slaven, Sarah Thomas und Michael Webb sowie Julien Collonges, Christophe Didier, Albert Poirot und Jérôme Schweitzer, außerdem Jan Bürger, Hildegard Dieke, Frank Druffner, Gunilla Eschenbach, Veronika Fuchs, Alexa Hennemann, Dorit Krusche, Rosemarie Kutschis und Helmuth Mojem, den Inhabern der Ausstellungs- und Publikationsrechte Ann Goldberg (Elisabeth Salomon), Barbara Picht (Werner Picht), Iris Schnebel-Kaschnitz (Marie-Luise Kaschnitz), Imma Klemm (Wilhelm Klemm), Ilan Mark (Leonore Landau) und Christian Wolff (Kurt Wolff) sowie für Beiträge zur Eröffnungswoche Peter Englund, Helmuth Kiesel, Helmut Lethen, Stephan Schlak, Karl Schlögel und der Deutschen Akademie für Sprache und Dichtung. ––– Bei den Transkriptionen der ausgestellten Exponate sind offensichtlich fehlende Buchstaben und Wortteile in eckigen Klammern ergänzt. Rechtschreibung und Zeichensetzung blieben unverändert. Wo kein genaues Datum der Exponate zu ermitteln war, wurde ein Tag zugeordnet und der Zeitraum durch den Kommentar eröffnet, der die Exponate untereinander auch in das Spannungsverhältnis von Ort und Zeit setzt.

AUF DEN SEITEN 1 – 38: 31. Juli 1914 (Tagebuch von Ernst Stadler) • 17. Oktober 1914 (Tagebuch von Marie Luise Kaschnitz) • 21. August 1914 (Tagebuch von Marie Luise Kaschnitz) • 1. April 1915 (Taschenkalender von Armin T. Wegner) • 13. August 1916 (Taschenkalender von Armin T. Wegner) • 1. Oktober 1915 (Taschenkalender von Armin T. Wegner) • 18. März 1918 (Tagebuch von Ernst Jünger) • 1. August 1914 (Taschenkalender von Eberhard von Bodenhausen) • 30. Mai 1918 (Taschenkalender von Armin T. Wegner) • 14. August 1916 (Taschenkalender von Armin T. Wegner) • 24. Dezember 1917 (»Weihnachten im Unterstand«, Foto für Ernst Jünger von »Wedelstädt«, der mit einem Kreuz markiert ist) • 30. Dezember 1914 (Tagebuch von Ernst Jünger) • 31. August 1914 (Kalender mit Sinnsprüchen und Gedichten für jeden Tag von Cäsar Flaischlen) • 11. August 1914 (Notizheft von Gustav Sack) • 15. November 1916 (Zahlenspiel im Tagebuch von Ernst Jünger) • 29. März 1915 (Gedichttagebuch von Franz Richard Behrens) • 9. August 1918 (»Ein abgeschossener Tommy, wie sie sehr oft hinter unserer Front liegen«, Foto von Ludwig Hengstmann für Ernst Jünger) • 16. Oktober 1916 (Taschenkalender von Paula Sack) • August 1914 (Tagebuch von Helene Hartlaub für ihren dreizehn Monate alten Enkel Felix) • 26. Dezember 1916 (Feldpostpäckchen mit den letzten Dingen von Gustav Sack)

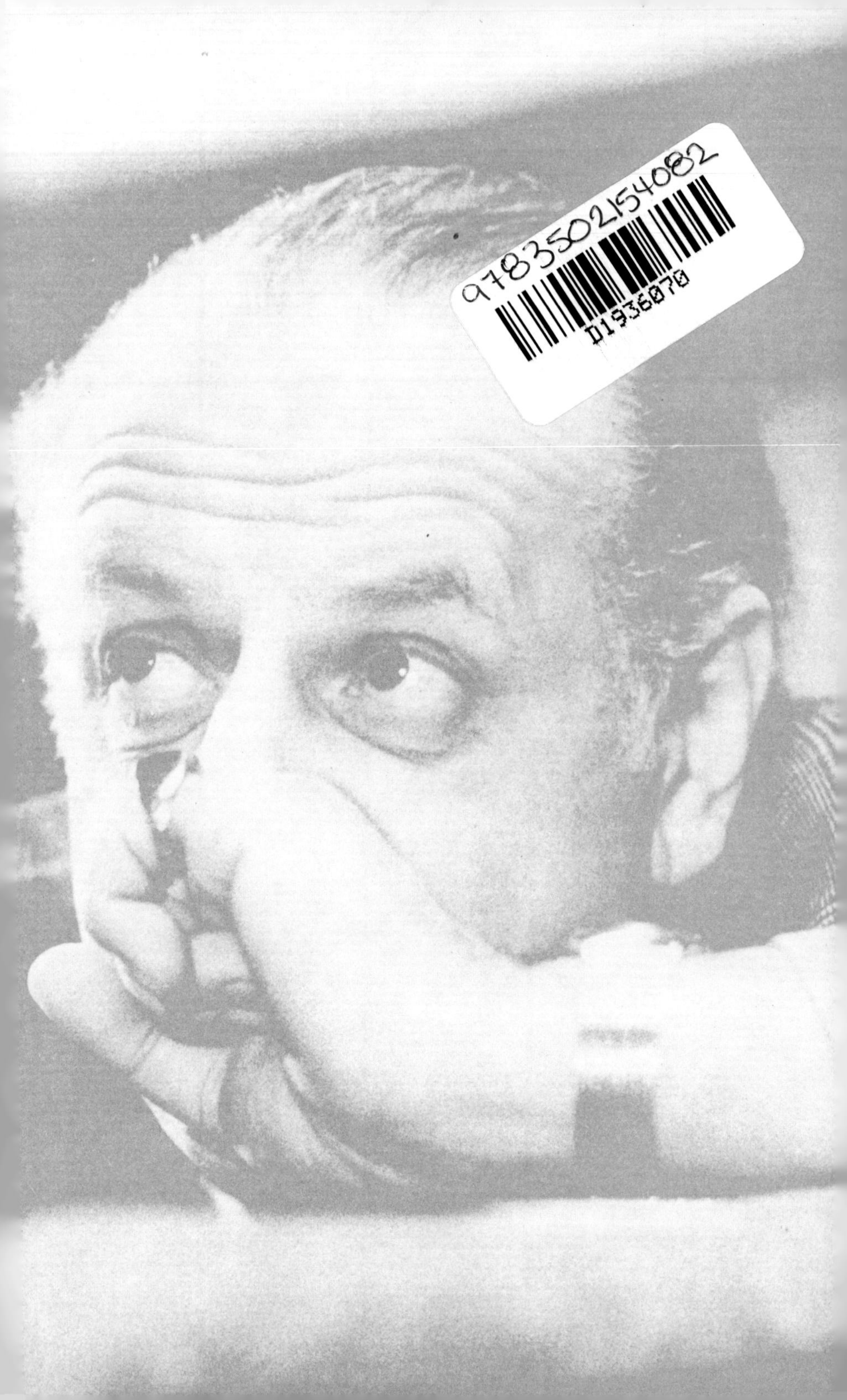

OPERNJAHRE

Rolf Liebermann

OPERN JAHRE

Erlebnisse und Erfahrungen
vor, auf und hinter der Bühne großer
Musiktheater

Scherz

Suzanne Sarroca gewidmet

Inhalt

I
Verpaßte Gelegenheiten

Die Vergangenheit langweilt mich – zumal *meine* Vergangenheit. Deshalb denke ich nicht daran, die Geschichte meines Lebens zu erzählen. Mich interessiert nur die Zukunft, und es liegt mir weit mehr, von 1985 zu träumen, als mich an 1965 zu erinnern. Natürlich gibt es auch für mich keinen totalen Bruch zwischen Vergangenheit und Zukunft, und ich werde spontane Erinnerungen, die im Laufe dieses Berichts vielleicht in mir aufsteigen, nicht verscheuchen. Aber man zähle nicht zu sehr darauf, daß ich mit Kindheitserlebnissen, Flirts und romantischen Reminiszenzen aufwarte.

Immerhin, wenn ich schon einmal dabei bin: Ich erinnere mich an meine erste Liebe noch recht gut. Sie hieß Olga Brunner. Wir waren beide acht Jahre alt, und wir küßten uns unter den Bäumen am Ufer des Zürichsees. Ich schrieb ihr leidenschaftliche Briefe, von denen meine Mutter eines Tages einen in den Tiefen meiner Hosentasche fand, zwischen Kieseln, Kastanien und Bindfäden. Am selben Abend, während einer großen Einladung, las sie meine glühende Epistel den Gästen vor.

Noch heute, nach mehr als einem halben Jahrhundert, habe ich ihr das nicht verziehen, obwohl ihr gewiß jede Bosheit ferngelegen hat. Sie wollte den andern nur zeigen, wie herzig ihr Kleiner sei, der so »reizende« Liebesbriefe schrieb ...

Kürzlich las ich *Der Tod der Familie* von David Cooper, eines der aggressivsten, trostlosesten und wahrsten Bücher. Darin habe ich genau das Aufbegehren meiner Kindheit wiedergefunden und meine Abneigung gegen den »sanften Schoß der Familie«. Schon mit vierzehn Jahren war ich den Meinen entfremdet und lebte in ständigem Widerspruch zu den Gepflogenheiten und Vorurteilen jenes Großbürgertums, dem ich selbst entsprossen bin. Nichtsdestoweniger habe ich meinem Vater Hochachtung bewahrt, weil er mich niemals getäuscht hat.

Durch einen charmanten Zufall der Geschichte bin ich als Schweizer zur Welt gekommen. Mein Vater, der in einem Kavallerieregiment zu Berlin diente, machte beim Kaisermanöver angesichts seines Landesherrn mit dem Pferd einen Sprung über einen Zaun, brach sich ziemlich viele Knochen und kam, nachdem er wieder zusammengeflickt war, zur Rekonvaleszenz in ein schweizerisches Sanatorium. Eines Tages besuchte er in Zürich die Oper und sah im Zuschauerraum eine Frau, die ihm außerordentlich gut gefiel – und die, wie man leicht erraten kann, später meine Mutter wurde.

Sie entstammte einer französischen Familie, die sich in der Schweiz niedergelassen hatte. Ihr Vater hatte noch 1870/71 in den Reihen der Franzosen gegen die Deutschen gekämpft. Daher erklärte er: »Mir kommt kein Preuß' ins Haus!« Und weil damals die Töchter noch gehorsam waren, wurde beschlossen, daß mein Vater alle juristischen Examina, die er schon in Berlin hinter sich gebracht hatte, noch einmal in der Schweiz absolvieren sollte. Als er schließlich den Schweizer Paß erhielt, durften die beiden heiraten – und so wurde ich Schweizer.

Mein Vater verlangte, daß auch ich Jura studierte, um einmal seine Anwaltspraxis übernehmen zu können. Ich gehorchte, aber nach seinem frühen Tod gab ich das Jurastudium sofort auf, um mich – mit dreiundzwanzig Jahren – nur noch der Musik zu widmen oder, genauer gesagt, um zu versuchen, sie zu meinem Beruf zu machen. Denn der Musik galt seit langem meine ganze Leidenschaft. Meine Mutter war eine gute Pianistin, und mein Vater sang gern, wenn er guter Laune war. Ich erhielt vom sechsten Jahr an Klavierunterricht und konnte schon bald eine Menge Stücke mit meiner Mutter vierhändig spielen und später mit einem Kameraden, der mein bester Freund geblieben ist. Während der Zeit im Gymnasium verdiente ich mir als Saxophonist in einer Jazzband mein Taschengeld.

Nachdem ich das Elternhaus verlassen hatte, schlug ich mich hauptsächlich als Klavierspieler und Musikkritiker durch. Zum Glück fand ich auch sonst noch ein paar Nebenbeschäftigungen, als Übersetzer und sogar als Bridge-Lehrer! Es war eine höchst turbulente und intensive Lebensperiode. Ich fing an zu komponieren, und zwar für die Kommunisten, zum Beispiel zur Feier des 1. Mai. Therese Giehse, Mathilde Danegger, Katharina Renn und Robert Trösch trugen meine Vertonungen von Versen Tucholskys, Brechts und Walter Mehrings im Zürcher Volkshaus vor. Mit meinem Marschlied »Wir sind die Internationale Brigade« zog die deutsche Gruppe dieser Brigade 1936 in den Spanischen Bürgerkrieg. Gleichzeitig fungierte ich als Pianist-Begleiter-Komponist in mehreren antinazistischen literarischen Kabaretts, die unter dem Druck der Deutschen Botschaft in Bern aus Gründen der »Staatsräson« ständig von der Schließung bedroht waren.

Natürlich machte ich mich mit meiner Lebensart und meinen politischen Ansichten nicht gerade beliebt. Jahrelang galt ich als schwarzes Schaf der Familie, und ich brauchte viel Zeit und nicht wenige Erfolgsnachweise, um gnädig wieder in jene Kreise aufgenommen zu werden – denen ich doch selber freiwillig und »für ewig« den Rücken gekehrt hatte!

Meine Beziehungen zu Zürich sind nie unkompliziert gewesen. Einerseits hänge ich an der Stadt, in der ich viele Freunde habe und wo ich die Universität und das Konservatorium José Berr besuchte. Andererseits komme ich nicht um die Feststellung herum, daß zum Beispiel Basel bei weitem mehr Anregung bietet. Die Entfernung zwischen Zürich und Basel beträgt nur neunzig Kilometer, und doch ist die geistige Grundhaltung beider Städte vollkommen verschieden: Während die Basler sich als Erben und Bewahrer geistiger Strömungen fühlen, die bis auf Erasmus zurückgehen, halten sich die Zürcher lieber ans Geschäft.

Es ist insofern kein Zufall, daß mein erstes einigermaßen vertretbares musikalisches Werk, meine erste Oper und mein erster Film in Basel uraufgeführt wurden und nicht in Zürich, der Schweizer Metropole des Handels und Finanzwesens, die auf kulturellem Gebiet leider doch nur eine Nebenrolle spielt. Dabei bin ich überzeugt, daß Zürich eine Weltstadt der Künste werden könnte, wenn seine maßgeblichen Bürger nur nicht so überängstlich wären und ihre Stadt immer wieder in zu enge Stiefel stecken würden.

Gott weiß, wie sehr ich mich bemüht habe, etwas daran zu ändern, aber vergebens: Zürich bleibt für mich der Kreuzpunkt der verpaßten Gelegenheiten. Mit drei Anläufen habe ich versucht, dort Operndirektor zu werden. 1955 hat man mir einen Regisseur vorgezogen. Als mir drei Jahre später Hamburg die Leitung seiner Oper anbot, bat ich um Bedenkzeit bis Mai, um dem erwarteten Zürcher Angebot den Vorrang geben zu können – es kam aber erst im November!

Zwölf Jahre danach, 1967, stand ich gerade in Verhandlungen mit der Wiener Staatsoper, als Zürichs Stadtpräsident mir die Doppel-Intendanz von Theater und Oper antrug. Ich schilderte ihm klar und deutlich meine Lage: Wien bewarb sich um mich, Hamburg wollte mich gern behalten, aber ich war durchaus bereit, zugunsten Zürichs auf beide Posten zu verzichten. Wir trennten uns unter Beteuerung unserer gegenseitigen Wertschätzung um vier Uhr früh ... Und ich warte noch heute auf die Fortsetzung jenes verheißungsvollen Gesprächs.

»Verpaßte Gelegenheiten« kennzeichnen mein ganzes Leben und meine Karriere. Allerdings haben sie sich oft ebenso fruchtbar ausgewirkt wie die wahrgenommenen, wenn nicht noch fruchtbarer. Schließlich standen ja die drei Zürcher Fehlschläge am Anfang einer siebzehnjährigen erfolgreichen Arbeit in Deutschland und meiner jetzigen Tätigkeit in Paris.

Eines meiner Probleme besteht darin, stets mehr Projekte anzupacken, als verwirklicht werden können. Doch oft haben gerade jene Pläne, die ungünstige Umstände nicht haben reifen lassen, mich ein schönes Stück weitergebracht – zumindest in meinen Träumen. Ja, ich habe viel von Träumen gelebt, und ich spinne sie noch heute ... Zum Beispiel in Zusammenhang mit der *Zauberflöte.*

Ich bewundere Ingmar Bergman seit langem. Er ist ein wahrhaft genialer Kopf, aber voller Komplexe. Von einer für gewöhnliche Sterbliche verbotenen Ostseeinsel, die, als

NATO-Stützpunkt dienend, nur mit einer schwer erhältlichen Sondergenehmigung betreten werden darf, schrieb er mir einst, er habe dort seinen Frieden gefunden und ein wenig Selbstvertrauen zurückgewonnen. Doch sollte auch diese Glasglocke einen Sprung bekommen, und der lautstarke, ungerechtfertigte Vorwurf der Steuerhinterziehung hat Bergman 1976 aus seiner Heimat vertrieben. Ich habe selten einen derart sensiblen, fieberhaft getriebenen Menschen kennengelernt wie ihn. Seine Inszenierung von Strawinskys *The Rake's Progress* (1961) in Stockholm war eines meiner aufwühlendsten Theatererlebnisse. Danach bot ich ihm sogleich an, an der Hamburger Oper zu inszenieren, und wir diskutierten wochenlang darüber in Stockholm und Hamburg und sogar, auf halbem Wege, in Kopenhagen. Wir hatten zuerst seine Lieblingsoper, *Die Zauberflöte*, ins Auge gefaßt, die er seither bekanntlich zu einem – was die Übertragung der Oper ins Bildhafte betrifft – exzellenten Film verarbeitet hat. (Vom Musikalischen her ist leider manches anfechtbar.) Nach jeder unserer Besprechungen damals geriet Ingmar jedoch in Panik, wurde krank und erklärte sich der Aufgabe nicht gewachsen.

Um ihm Mut zu machen und den Kontakt nicht wieder abreißen zu lassen, schlug ich nun *The Rake's Progress* vor, also das gleiche Werk, das er schon in Stockholm herausgebracht hatte. Anfangs schien alles gutzugehen; die Kostüme und Dekorationen waren bereits in Arbeit – da sagte Bergman am Vorabend der ersten Probe telegrafisch ab: Er halte sich im Moment für unfähig, Stockholm zu verlassen und in einer fremden Sprache zu proben. In Wirklichkeit grauste ihm nur vor dem Gedanken, außerhalb seines eigenen Theaters und ohne seinen vertrauten Mitarbeiterstab arbeiten zu müssen.

Dennoch gab ich die Hoffnung nie auf und trat ein Jahrzehnt später abermals an den »Schwierigen« heran; inzwischen hatte ich die Leitung der Pariser Oper übernommen. Auf lange Sicht fertigte ich einen Vertrag für 1977 aus, der Dirigent und die Sänger hatten unterschrieben, und nun bileb nur noch übrig, Ingmar zu überreden. Ein halbes Jahr lang korrespondierten wir über den Plan, trafen uns auch wieder persönlich – mit dem Ergebnis, daß schließlich Horst Zankl, mit Karl Böhm als Dirigent und Arik Brauer als Ausstatter, im Mai 1977 die *Zauberflöte* an der Opéra inszeniert hat.

Hier seien dem Leser einige Kostproben besagter Korrespondenz vorgeführt*:

Ingmar Bergman, Dramenteater – Stockholm

Lieber Ingmar, könntest Du Zauberflöte Frühling 1977 in Paris aufführen – Herzliche Grüße, Rolf Liebermann, Opéra Paris.

Opéra, Monsieur le Directeur Rolf Liebermann, Paris

Mein lieber Rolf, Dein Vorschlag macht mich sehr glücklich – Laß uns den Plan von allen Gesichtspunkten her besprechen – Brief folgt – Beste Wünsche Ingmar Bergman.

Mr. Ingmar Bergman – Farö, Schweden

Gibst Du unserem Plan wirklich eine Chance – dann sollte die Sache in einem Jahr vonstatten gehen – längerer Aufschub unmöglich – Böhm wird 83 – herzlichst Rolf Liebermann, Opéra Paris.

* Der Telegramm- und Briefwechsel erfolgte in englischer Sprache.

Ingmar Bergman – Farö, 29. Januar 1976
Lieber Rolf,
verzeih, daß ich Dir nicht früher geschrieben habe, aber das letzte Jahr war trotz großen Erfolgs ein Jahr der Trübsal, Verwirrungen und Erschöpfung. Jede Entscheidung, jeder Zukunftsplan endete in Zwiespalt und Schmerz. Einen Tag beschließe ich voller Begeisterung, Dich in Paris zu besuchen, um unsere künftige Zusammenarbeit fest zu verabreden, am nächsten Tag bin ich wieder von Sorgen und Todesangst gepeinigt, und die Pflichten der nächsten vierundzwanzig Stunden sind geradezu erdrückend. Nur mit größter Selbstbeherrschung habe ich versucht, meine Arbeit im Studio und auf der Bühne fertigzubringen, wo ich zu Hause bin und mich relativ sicher fühle. Ehrlich, lieber Rolf, ich bin nicht imstande, Zukunftspläne zu machen. Im Moment bin ich in einen inneren Kampf verstrickt, der mich sehr mitnimmt. Hoffentlich komme ich da bald wieder heraus. Verstehe bitte, daß dieser Brief von Freund zu Freund geschrieben ist. Es wäre einfacher gewesen, ein paar höfliche Entschuldigungsworte zu formulieren, »unerwartete Terminschwierigkeiten« vorzuschützen, aber ich halte unseren Kontakt für mehr wert, und mir ist er sehr lieb.
Herzlichst Ingmar Bergman.

Paris, 5. Februar 1976
Lieber Ingmar,
es tut mir furchtbar leid, daß Du in solcher Bedrängnis bist. Ich habe davon gelesen und kann mir Deine Gefühle vorstellen. Also, lassen wir's mal wieder. Ich fange an, mir wie ein sitzengelassenes Mädchen vorzukommen. Immer machst du mir Hoffnung, und dann bekomme ich doch nichts.

Wie in solchen Fällen üblich – ich liebe Dich dennoch! Immer der Deine, Rolf Liebermann.

Auch andere Berühmtheiten unserer Zeit sind mir durch die Lappen gegangen: beispielsweise Samuel Beckett. Ich wollte eine Oper nach *Warten auf Godot* für die Bühne haben und die Komposition einem vielversprechenden jungen Israeli, Roman Haubenstock-Ramati, anvertrauen. Er hatte schon einige Bühnenmusiken für Beckett gemacht und dessen Zustimmung gefunden. Aber diesmal lehnte Beckett ab. Seiner Meinung nach hätte die Musik das Stück zu sehr verändert. Damit hatte er übrigens insoweit recht, als nur ein Stümper den *Godot* hätte vertonen können, ohne ihn irgendwie abzuwandeln.

Noch eine Schlappe ist des Erzählens wert, vor allem wegen ihres komischen Ausgangs. Da die Geschichte etwas verwickelt ist, muß ich sie der Reihe nach erzählen.

Eines Tages erhielt ich einen Brief der Edition Hansen aus Kopenhagen:

»Beiliegend übersenden wir Ihnen den ersten Akt einer Oper, die einer unserer Kopisten komponiert hat. Wir kennen niemand anderen, der sachkundig genug wäre, um sein Können zu beurteilen, und wir würden uns daher freuen, Ihre Meinung zu erfahren.«

Ich machte mich sofort an die Prüfung der Partitur, deren Stil und Tonsprache mich auf Anhieb an den jungen Dallapiccola denken ließen. Der Name des Komponisten, Antonio Bibalo, sagte mir gar nichts, aber ich schrieb meine Unwissenheit meiner chronischen Überlastung mit Verwaltungsaufgaben zu, durch die ich den Kontakt mit den Nachwuchskomponisten etwas verloren hatte. So antwortete ich also dem Musikverlag, ich sei bereit, die Welturaufführung der Oper – deren Libretto auf Henry Millers Erzählung *Das Lächeln am Fuße der Leiter* zurückgeht – zuzusichern, vorausgesetzt, daß der zweite Akt ebenso gut sei wie der erste. Er war es. Das Sujet gefiel mir, die Musik fesselte mich immer stärker, und ich wollte nun endlich mehr über diesen Bibalo wissen.

Folglich rief ich meinen langjährigen Librettisten Heinrich Strobel an. Als Präsident der Internationalen Gesellschaft für Neue Musik kannte er alle zeitgenössischen Komponisten, aber in diesem Fall gestand auch er seine Ahnungslosigkeit. »Den Namen habe ich noch nie gehört«, sagte er, »aber ich werde mich bei Petrassi erkundigen. Er leitet die italienische Sektion der IGNM.« Doch umsonst: Auch für Petrassi war Bibalo eine unbekannte Größe.

Das Geheimnis wurde immer undurchdringlicher, bis ich plötzlich auf die Idee kam, Bruno Maderna, der als Gast in Hamburg die *Lulu* dirigierte, zu konsultieren. Ich setzte ihn mit der Partitur von *Das Lächeln am Fuße der Leiter* in mein Büro und fragte ihn nach einer Stunde, wer, seiner Meinung nach, das komponiert haben könnte. Seine Antwort klang äußerst bestimmt: »Das ist ein Werk von Dallapiccola, das ich noch nicht kannte.« – »Nein, es ist von einem gewissen Bibalo.« – »Kenne ich nicht! Sicher ein Pseudonym. Wetten, daß man sich einen Spaß mit dir erlaubt?«

Diesen Verdacht mußte ich nun entkräften. Beim nächsten Flug nach Stockholm, wo ich natürlich Bergman besuchen wollte, nutzte ich eine Zwischenlandung in Kopenhagen, um mich mit Frau Hansen, der Verlegerin des Komponisten, zu treffen. Ich hatte sie gebeten, mich mit Bibalo bekanntzumachen, und als ich im Wartesaal des Flughafengebäudes saß, sah ich sie in Begleitung ihres Schützlings ankommen, eines jungen Mannes mit schwarzer Mähne und blitzenden Augen. Antonio Bibalo existierte also tatsächlich.

In Triest geboren, war er früh in die USA und dann nach Großbritannien gegangen, wo ihm aber das Leben bald zu teuer wurde. Jemand empfahl ihm die skandinavischen Länder. In Dänemark mietete er eine Hütte am Meeresstrand, wo er mit seiner dänischen Frau fortan lebte, sich von Fischen und Muscheln ernährte, trockenes Holz sammelte, um heizen zu können, und bei Bedarf mit Notenkopieren etwas Geld verdiente.

(Inzwischen hat er die norwegische Staatsbürgerschaft erworben, weil Norwegen das einzige Land der Erde ist, wo es genügt, zehn Jahre lang Mitglied der Komponistenvereinigung zu sein, um bis ans Lebensende eine staatliche Monatsrente zu beziehen: Komponisten werden als Freischaffende betrachtet, denen man zugesteht, nach ihrer Façon zu leben und sich ganz auf ihre Inspirationen zu konzentrieren. Vor einiger Zeit verkündete mir unser frischgebackener »norwegischer« Tonkünstler Antonio Bibalo, er sei im Begriff, eine Oper mit dem Titel *Falstaff* zu schreiben. Ich beglückwünschte ihn zu seinem Wagemut, worauf er sofort erwiderte: »Glauben Sie mir – beim Lesen der Partitur werden Sie feststellen, daß sie besser ist als die andere, die von Verdi.«)

Aber kehren wir zu unserer ersten Begegnung in Kopenhagen zurück. Ich bestätigte Bibalo, daß ich die Absicht hätte, seine Oper aufzuführen, und wir übergaben die Neuigkeit sogleich der Presse: *Das Lächeln* sollte im folgenden Jahr, 1965, uraufgeführt werden.

Kaum war der Plan bekannt, so rief mich der Hamburger Verleger Ledig-Rowohlt an. Er sagte mir, er bereite gerade eine Luxusausgabe des Miller-Textes mit Zeichnungen, Gouachen und Lithographien von Miró vor, und er hielte es für günstig, wenn wir unsere Bemühungen so aufeinander abstimmten, daß das Buch genau zwei Tage vor der Opernpremiere erschiene. Ich hatte einen noch besseren Vorschlag: Warum sollten wir Mirós Illustrationen nicht gleich für die Bühnenbilder benutzen? Für den Künstler wäre die zusätzliche Arbeit nicht unzumutbar, und wir würden das Unsrige tun, um in Hamburg genügend wohlhabende Sammler moderner Kunst aufzutreiben, die die Skizzen kaufen und uns leihen würden.

Wir setzten uns alsbald mit dem Pariser Kunsthändler André Maeght und dem Maler selbst in Verbindung. Alles lief gut. Miró zeigte sich von unserer Idee entzückt, und wir verbrachten eine gemeinsame Woche in Zürich, um sämtliche Punkte zu regeln. Maeght und Miró waren von einem Heer von Assistenten begleitet. Wir einigten uns sehr bald über die finanziellen Bedingungen und gingen zur Erörterung der technischen Probleme über. Die Kostüme und Bühnenbilder wurden besprochen, jeder redete von Gewändern und Dekorationen – außer Miró, der die Lippen nicht auseinanderbrachte und nur unablässig Leitern zeichnete, nichts als Leitern. Überall, Tag und Nacht, auf alle greifbaren Papierfetzen, auf die Tischtücher im Restaurant – Leitern, immer nur Leitern. Nun, wenn er sich zu unseren Vorstellungen auch nicht zustimmend äußerte, so äußerte er sich doch ebensowenig ablehnend, und alle in seiner Umgebung schauten so zufrieden drein, daß ich glaubte, offiziell ankündigen zu können: »Bühnenbild und Kostüme von Joan Miró.«

Zu früh gefreut! Drei Wochen später, als ich längst wieder in Hamburg war, bekam ich einen Brief von Miró. Er verzichtete auf das ganze Projekt, weil er, wie er erklärte, keine Beziehung zur Realität der Bühne hatte finden können. Worauf er noch den wahrhaft surrealistischen Einfall hinzufügte: »Eine der Personen dieser Oper ist ein Zirkusdirektor. Sie brauchen also einen singenden Zirkusdirektor auf der Bühne. Es tut mir furchtbar leid, aber den kann ich nicht anziehen. Ich vermag mir nämlich diesen Zirkusdirektor nicht anders vorzustellen als in Gestalt eines roten Handschuhs, und da Ihnen dieses Symbol sicherlich kaum brauchbar erscheinen dürfte ...«

Kurzum, die Dekorationen für *Das Lächeln am Fuße der Leiter* waren dann von dem bewährten Alfred Siercke.

Noch von einem anderen Reinfall möchte ich erzählen, bei dem ein Maler eine Hauptrolle spielte, und der Ausgangspunkt war wieder einmal eine traumhafte Idee: die Zusammenarbeit von Igor Strawinsky und Marc Chagall bei der ersten Bühnenaufführung von Strawinskys letzter Oper, *Die Sintflut.* Das große Ereignis sollte in Hamburg stattfinden.

Den Kompositionsauftrag hatte eine amerikanische Haarwaschmittelfirma erteilt, und die Erstsendung im CBS-Fernsehprogramm war, wie landesüblich, in regelmäßigen Abständen von Reklamespots unterbrochen worden. Es handelt sich also nicht nur im übertragenen, sondern sogar im wörtlichen Sinne um eine *soap opera,* eine »Seifenoper«, wie man in den USA solche mit Produktwerbung verbundenen Auftragswerke zu nennen pflegt, und sie dürfte Strawinsky immerhin zwischen fünfzig- und hunderttausend Dollar eingebracht haben.

In New York berieten wir 1962 erstmals über die Erfordernisse derdeutschen Aufführung. Günther Rennert übernahm die Regie, und Robert Craft, der ständige Assistent-

Sekretär-Vertraute Strawinskys, wollte das nur knapp eine halbe Stunde dauernde Werk dirigieren. Blieb noch die Suche nach dem Bühnenbildner. Bei einer so naiven biblischen Geschichte war der Gedanke an Marc Chagall naheliegend. Die beiden eigenwilligen Russen zusammenzubringen, war allerdings keine leichte Aufgabe. Strawinsky hatte seinen Landsmann Chagall nicht mehr gesehen, seit dieser 1949 die Bühnenbilder für eine amerikanische *Feuervogel*-Inszenierung entworfen hatte, und ich wußte, daß er Maler generell nicht mochte, weil sie, wie er sagte, »in zwanzig Minuten so viel einsacken, wie ich in einem Vierteljahr verdiene.«

Nun, ich begab mich trotzdem nach Paris, um Chagall zu besuchen, der auf der Île Saint-Louis ein Appartement mit kahlen weißen Wänden bewohnte, weil »die Farben der Seine zu schön sind«. Er stimmte unserem Plan bald zu und erklärte sich auch zur Teilnahme an einer Dreierkonferenz bereit. Als Tagungsort wählten wir die Pariser Wohnung eines gemeinsamen Freundes, des Komponisten Nicolas Nabokov, wohin Strawinsky aus den USA, ich aus Hamburg und Chagall aus Reims anreisen mußte, wo er gerade an den Glasfenstern arbeitete, die für die Synagoge des Jerusalemer Hadassah-Krankenhauses bestimmt waren.

Um siebzehn Uhr dreißig wollten wir uns treffen. Chagall, seine Frau und ich waren pünktlich zur Stelle – aber nicht der Maestro. Gegen achtzehn Uhr dreißig klingelte das Telefon. Es war Vera Strawinsky, die uns zu Tode betrübt mitteilte, ihr Mann läge nach einem mit zahllosen Wodkas und Sekt begossenen »Frühstück« völlig betrunken im Bett. »Es ist unmöglich, ihn wachzukriegen.« Ich riet ihr, ihn ausschlafen zu lassen, an seiner Stelle selbst zu kommen und Robert Craft mitzubringen. »Ich will's versuchen«, murmelte sie, »aber es wird nicht ganz leicht sein, denn Robert hat kräftig mitgetrunken!«

Eine Viertelstunde später erschien Vera Strawinsky, einen käsebleichen und sternhagelvollen Robert Craft im Schlepptau. Chagall nahm das nicht weiter krumm; den echten Russen konnte der Anblick eines Betrunkenen kaum erschüttern. Seine Frau reagierte allerdings empfindlicher, besonders weil Craft sich nach ein paar Stolperschritten auf dem Absatz umdrehte und wortlos wieder verschwand.

Ich selbst ging an diesem Abend ziemlich mißmutig zu Bett und wurde um zwei Uhr früh vom Läuten des Telefons geweckt: Strawinsky war aufgewacht, hatte schrecklichen Durst und wollte unbedingt einen Schluck mit mir trinken. Was blieb mir anderes übrig als aufzustehen und zu seinem Hotel zu fahren! Er empfing mich im Nachthemd und mit zwei Flaschen Dom Pérignon im Eiskübel. Ich beschwor ihn: »Bitte, Igor, rufen Sie Chagall an oder schreiben Sie ihm wenigstens eine Zeile!«

»Kommt nicht in Frage!« fiel er mir ins Wort. »Ich will keine Dekorationen von diesem Esel.« Und dabei blieb er.

So ertrinken schöne Pläne ...

2

Das harte Brot der Kritik

Nachdem ich das Elternhaus verlassen hatte, war ich gezwungen, von der Auswertung meiner musikalischen Kenntnisse zu leben, und so betätigte ich mich unter anderem als Kritiker. Ich arbeitete für die Zürcher Tageszeitung *Die Tat* und für die wichtigste deutschschweizerische Wochenzeitung, *Die Weltwoche*. Welche Qual! Ich wand mich so lange in Skrupeln, ehe ich eine Zeile zu schreiben und eine eigene Meinung zu äußern wagte, daß ich meinen Artikel oft erst ablieferte, wenn die Zeitungsnummer, in der er erscheinen sollte, bereits am Kiosk hing.

Ich erinnere mich an eine der ersten wichtigen Kritiken. Sie galt Arthur Honeggers Oratorium *Johanna auf dem Scheiterhaufen,* das 1938 unter der Leitung von Paul Sacher in Basel aufgeführt wurde. Ich machte mich bis ins kleinste Detail mit der Partitur vertraut, dann mit dem Text von Claudel, dann wieder mit der Partitur und noch einmal mit dem Text, ohne zwei Sätze darüber zustande zu bringen. Alles, was ich schrieb, strich ich wütend wieder aus; keine Wendung fand ich treffend genug. Überdies schien es mir ein Ding der Unmöglichkeit, meinen persönlichen Standpunkt gegenüber einem Musiker vom Range Honeggers darzulegen und zugleich objektiv zu sein. Wahrscheinlich säße ich noch heute über diesem Artikel, wenn der Chefredakteur mir nicht beizeiten mitgeteilt hätte: »Der Anlaß ist vorbei, und Ihr Artikel interessiert jetzt keinen Menschen mehr.«

Vielleicht war das der Moment, in dem sich meine Meinung über das Metier der Kritiker bildete. Sie ist zumindest zwiespältig, und das vielleicht wegen meiner Bewunderung für einen der größten ihrer Zunft: Alfred Polgar, den bedeutendsten Kritiker deutscher Zunge in neuerer Zeit (er war Österreicher). In meinen Augen war und ist er im deutschen Sprachgebiet der vollendete, einsame Meister seines Fachs. Bis zu seinem Tode (1955) hat Polgar vierzig Jahre lang über das künstlerische Geschehen in Berlin und Wien berichtet, also über die ganze Epoche von Max Reinhardt bis zum Nachkriegstheater, mit Ausnahme der Emigrationsjahre in Hollywood. Seine gesammelten Kritiken füllen zehn Bände, obwohl kaum eine länger ist als zwei Seiten. Aber welche Wunderwerke von Gescheitheit, Klarsicht, Fingerspitzengefühl und beruflichem Verantwortungsbewußtsein!

An einen derartigen kritischen Maßstab gewöhnt, fiel ich aus allen Wolken, als 1955 meine Oper *Die Schule der Frauen* in den Vereinigten Staaten aufgeführt wurde. Bis dahin hatte ich es fast stets mit Kritikern von Niveau zu tun gehabt: Claude Rostand in Frankreich, Harold Rosenthal in London, Stuckenschmidt und Ruppel in Deutschland und Willy Schuh in der Schweiz. Alle diese Herren würden nie eine Premiere besuchen, ohne sich vorher gründlich zu informieren. Zu diesem Zweck lassen sie sich die Partitur schicken und studieren sie sorgfältig.

In New York dagegen war kein Kritiker bei der Generalprobe anwesend, keiner hatte Einblick in die Partitur genommen, keiner hatte sich mit den Textänderungen befaßt, die Strobels Molière-Bearbeitung enthält. Als ich mein Erstaunen darüber äußerte, erwiderten die Journalisten, sie wollten, genau wie das übrige Publikum, ganz unvoreingenommen und ahnungslos zur Premiere kommen, damit die Frische des ersten Eindrucks durch nichts beeinträchtigt würde. Ihre Leser erwarteten keine tiefgründigen Erläuterungen, sie wollten nur wissen, ob die neue Oper gefallen habe oder nicht.

Dieses Pochen auf den »frischen Eindruck« maskiert meistens nur den blutigsten Dilettantismus. Ich weiß, daß die Aufgabe des Kritikers schwierig ist, besonders, wenn es um zeitgenössische Musikwerke geht. Schon die Lektüre der Partitur ist mühsam; die Hieroglyphen, die manche Komponisten hinkritzeln, überfordern zuweilen die »normale« Ausbildung eines Musikwissenschaftlers. Bevor ich im April 1971 in Hamburg Mauricio Kagels *Staatstheater* herausbrachte, brauchte ich allein drei Tage, um nur die Chiffren und Symbole seiner Notenschrift zu verstehen. So etwas ist harte Arbeit, aber auch eine unerläßliche Grundbedingung, um den Beruf eines Kritikers, Operndirektors oder Dramaturgen gewissenhaft ausüben zu können.

Leider macht sich heute mehr und mehr Dilettantismus breit. Es genügt wirklich nicht, eine Vorliebe für Chopin-Walzer zu haben, um ein guter Chopin-Kritiker zu sein! Aber sehr viel besseres Rüstzeug bringen die schwatzhaften Ignoranten nicht mit, die sich in aller Welt in den sogenannten musikkritischen Sendungen beim Funk und Fernsehen breitmachen.

Wenn ich solcherart gegen die Kritiker zu Felde ziehe, hält man mir meist entgegen, daß der wahre Grund für den angeblichen Mangel an ernsthafter Bemühung die Überfülle an Veranstaltungen sei. Allein die in der Pariser

Region aufgeführten neuen Partituren zu entziffern, würde einen Kritiker so viel Zeit und Kraft kosten, daß er gar nicht mehr in der Lage wäre, sich auch die dazugehörigen Werke im Theater oder im Konzert anzuhören. Daran ist sicherlich etwas Wahres, und die Arbeit der Kritiker ist offenbar ebenso schlecht organisiert wie schlecht bezahlt. Aber meiner Ansicht nach befiehlt einem die Berufsehre, einen Konzertbericht, auf den man sich wenig oder gar nicht vorbereiten konnte, lieber abzulehnen. Ein Kritiker kann nicht überall dabeisein – dann soll er aber auch nicht bei allem mitreden wollen!

Ich stellte seinerzeit fest, daß Jorge Lavellis Inszenierung von Charles Gounods *Faust* 1975 in der gesamten Pariser Tagespresse (mit einer einzigen Ausnahme) verrissen wurde, während ihr die Wochenzeitschriften hohes Lob zollten. Was folgt daraus? Daß dem *Tages*kritiker häufig Zeit und Raum fehlen, gründlich nachzudenken und abzuwägen – und er daher, halb resignierend, halb unbewußt zur Oberflächlichkeit neigt. Ich frage mich zudem, wie viele Chronisten einer musikalischen Aufführung zum Beispiel in der Lage sind, dem Leser zu erklären – oder auch nur zu bemerken –, daß es oft an einer zu trockenen Zeichengebung des Dirigenten liegt, wenn es der Stimme einer Sängerin an Geschmeidigkeit und Fülle mangelt? Kurz, ist das Handwerkszeug der meisten Kritiker dem Durchschnittsniveau eines aufmerksamen Hörers überhaupt noch überlegen?

Im übrigen, und das ist gut so, ist der Einfluß der Kritik ein sehr relativer Begriff, besonders in Paris, wo die musikalische Neugier nicht besonders ausgeprägt ist. Wenn der potentielle »Konsument« durch die Presse von einem neuen Werk erfährt, daß es scheußlich ist, geht er gar nicht erst hin. Aber wenn er einen Verriß der Inszenierung von *Hoffmanns Erzählungen* liest und dann hört, daß jeden Abend herrlich gesungen wird, möchte er doch gern hingehen. Schon nach der zweiten oder dritten Aufführung sind die Kritiken vergessen, und der Ansturm auf die Kassenschalter nimmt kein Ende.

Welch einen Gegensatz zu dieser Oberflächlichkeit bietet die britische Presse! Wenn man zum Beispiel die Kommentare englischer Kritiker zum neuen *Ring des Nibelungen* in Covent Garden liest (Regie Götz Friedrich, Dirigent Colin Davis), kann man den Ernst und die Logik ihrer Argumentation nur bewundern. Es handelt sich bei dieser Neuinszenierung der Tetralogie um eine sehr kühne Konzeption, die sich stark von derjenigen Wieland Wagners unterscheidet. Wenn die Engländer Einwände erheben, sind sie stets solide untermauert und münden in konstruktive Ratschläge für spätere Aufführungen. Man spürt den offenen, objektiven Geist, der sich nicht krampfhaft ans Althergebrachte klammert. Diese Kritiker haben sich die Mühe gemacht, zuzuhören und zu verstehen, ehe sie sich zum Schreiben hinsetzten. London hat wirklich eine großartige unabhängige Presse. Und die Kritiker erhalten genügend Raum, um ihre Meinung so ausführlich darzulegen, wie es notwendig ist. Wenn einem eine Aufführung von englischen Rezensenten verrissen wird, tut das zwar besonders weh, aber man liest ihre Begründungen mit Gewinn.

Im allgemeinen pflege ich auf Kritiken nicht zu antworten, doch als Bernard Gavoty nach der Neueinstudierung von Gounods *Faust*-Oper Jorge Lavelli den Vorwurf machte, daß er zum Triumphmarsch eine Armee von Krüppeln vorüberhinken lasse, konnte ich mir eine persönliche Stellungnahme nicht verkneifen. Lavellis Überlegungen versuchte ich ihm in folgendem Brief begreiflich zu machen:

»Ich bin überzeugt, daß es der Opéra von Paris obliegt, das große französische Erbe zu retten – genauso, wie Wieland Wagner das Erbe seines Großvaters gerettet hat, indem er den ›Bayreuther Stil‹ nach dem Krieg gründlich zu entstauben begann.

Erlauben Sie mir, ein bestimmtes Beispiel anzuführen. In Ihrer *Faust*-Kritik sprechen Sie von einem Siegesmarsch, der von Leuten dargestellt wird, die ganz und gar nach Besiegten aussehen. Auf den ersten Blick haben Sie recht: In der Partitur Gounods ist der Marsch tatsächlich triumphal. Aber man kann die Sache auch subtiler deuten. Ich persönlich fände es unerträglich, auf der Pariser Operbühne eine siegreiche deutsche Armee aufmarschieren zu sehen, nach alledem, was seit Gounods Zeiten geschehen ist, nach Dachau und Auschwitz und auch nach Vietnam. Wir Heutigen, glaube ich, ertragen keine Siegertruppen und keine Verherrlichung des Krieges mehr. Ich finde daher, daß gerade die Gegenüberstellung einer Musik, die den Nationalismus des vergangenen Jahrhunderts ausdrückt, und einer Inszenierung, die *unsere* Gefühle angesichts eines solchen kriegerischen Nationalismus darstellt, den besseren Bestrebungen unserer Zeit entspricht.

Falls Sie glauben, daß mein Standpunkt Ihre Leser interessieren könnte, würde ich mich freuen, wenn Sie ihnen diesen Brief zugänglich machten.«

Bernard Gavoty antwortete, daß der *Figaro* meinen Brief aus Platzmangel leider nicht veröffentlichen könne. Im übrigen fände er Triumphmärsche für unsere Zeitgenossen durchaus nicht unerträglich – man brauche ja nur zu sehen, welchen Begeisterungstaumel die Parade am 14. Juli bei der französischen Bevölkerung aulöse!

Alles in allem sind solche Einwände anläßlich einer Opern-Neuinszenierung sehr charakteristisch für die derzeitigen Tendenzen der Kritik. Von etwa hundertfünfzig Druckzeilen entfallen sechs auf die musikalische Darbietung; der Rest betrifft die Inszenierung.

Doch ist dieses Phänomen bei weitem nicht auf Frankreich beschränkt. Auch in Deutschland werden vielfach kaum die Namen der Sänger erwähnt; man kann dort beispielsweise Berichte über eine *Don Giovanni*-Aufführung lesen, ohne daraus zu erfahren, wer die Donna Anna oder den Ottavio gesungen hat. Offenbar ist es bequemer, einfach zu schildern (und zu bespötteln), was auf der Bühne vor sich geht, als die Gesangsleistung einer Margaret Price eingehend und fachmännisch zu würdigen. Was soll man denn noch sagen, nachdem man zum x-ten Male geschrieben hat, daß sie zur Zeit eine der schönsten Stimmen der Welt besitzt? Um nicht mit solch abgedroschenen Klischees Schiffbruch zu erleiden, flüchten sich die Rezensenten lieber in haargenaue Beschreibungen, wie der Abend ablief; sie schildern, was sie sahen, nicht aber, was sie hörten.

Wenn ich da an meine schlaflosen Nächte in Zürich zurückdenke, an meine Gewissensnöte und Ängste, sobald ich zwei Sätze aneinanderreihen sollte! Ich tat gut daran, diese Tortur aufzugeben . . .

3
Stalin, Hitler und die Schweizer

Die Kritik war also nichts als ein rasch abgeschlossenes Intermezzo meines Lebens, und ich konnte sowieso nie damit rechnen, auf diese Art meinen Unterhalt zu verdienen. Ich war ständig auf der Suche nach Verdienstmöglichkeiten. Unter anderem begleitete ich alte Stummfilme mit Klavieruntermalung und tingelte ein halbes Jahr lang mit einem Wanderkino durch die Schweiz und Deutschland von Ort zu Ort.

Mein damaliger Chef besaß Kopien einiger filmischer Meisterwerke wie Svend Gades *Hamlet* mit Asta Nielsen in der Titelrolle, Eisensteins *Panzerkreuzer Potemkin* und *Die Mutter* von Pudowkin. Wo er einen Saal mieten konnte, blieben wir zwei bis drei Tage, selten länger. Er sprach zu den stummen Filmen eigene Kommentare, und ich sorgte für die »musikalische Untermalung«.

Anfangs improvisierte ich einfach nach dem jeweiligen Bildablauf drauflos, aber nach einem Dutzend Vorstellungen fiel mir nichts Neues mehr ein, und ich variierte meine Themen nur noch ein bißchen. Es ist das gleiche Problem wie beim Jazz: Auch dort ist die reine Improvisation selten, und der vielgerühmte spontane Einfallsreichtum verflacht notgedrungen zur Routine.

Eine Grundregel der musikalischen Komposition habe ich

aber damals, vor der Leinwand des Wanderkinos, für immer gelernt, nämlich den Wert der Pause.

Vor mir flimmerte die berühmte Verfilmung von Gorkis Erzählung *Die Mutter*. Um die quälende Armut der Pelageja Wlassowa zu unterstreichen, zeigt die Kamera einen kärglichen Raum, der mit einem Stuhl, einem Bett und einem wackeligen Tisch möbliert ist; dann gleitet Pudowkins Kamera weiter in die Ecke, wo sich ein schäbiger Ausguß befindet, und verharrt auf dem Wasserhahn. Von diesem Hahn löst sich genau alle drei Sekunden ein Tropfen – die bedrückende Atmosphäre ist da.

Ich kannte den Film auswendig, so daß es mir ein leichtes war, vollkommen synchron zu spielen. An der Stelle mit dem fallenden Wassertropfen hatte ich schon alles mögliche ausprobiert: das Bild einfach ignorieren, das Tropfen mit einer lächerlichen Klangmalerei illustrieren usw. Endlich, eines Abends, kam ich auf die Idee, den Kameraschwenk durch den Raum mit einem Fortissimo zu begleiten und dieses zu steigern, bis der Wasserhahn ins Bild kam – und dann beim Tropfenfall jäh innezuhalten. Absolute Stille. Kein Tropfen auf Erden konnte dumpfer fallen als der in diesem Stummfilm, in dieser brüsken Pause; er schrie das Elend förmlich heraus. Der Effekt war grandios, und im selben Moment begriff ich ein für allemal die musikalische Funktion der Pause. Sogar der Vorführer, an dessen Blasiertheit sonst alles abglitt und dem es völlig egal war, was ich auf meinem Klavier herunterklimperte, hielt unwillkürlich den Atem an; später sagte er mir, dieser Moment hätte gewirkt wie ein Erdstoß.

Daß wir gerade diese Filme vorführten, geschah keineswegs ohne Absicht; es gehörte zur Verkündigung einer revolutionären Ideologie. Ich hatte viel Freunde unter den

Linken (und ich habe sie noch) und fühlte mich ihnen sehr verbunden, ohne selbst irgendeiner Partei anzugehören. Heute, da die Splittergruppen immer weiter auseinandergehen, würde man mich wohl als gemäßigt links bezeichnen, aber damals übten die Sowjet-Sympathisanten die größere Anziehungskraft aus.

Mit diesen Leuten war ich bis zu dem Tage sehr befreundet, an dem die Russen in Finnland einfielen. Das war im November 1939, wenige Monate nach dem Pakt zwischen Hitlerdeutschland und der Sowjetunion. Diese Entwicklung raubte mir meine letzten Illusionen.

Man sieht, ich war einer jener Intellektuellen, denen von den militanten Kommunisten vorgeworfen wird, ihr Engagement gründe auf Gefühlsduselei und sie blieben nicht bei der Stange, sobald das politische Geschehen nicht ganz mit ihren persönlichen Ideen von Freiheit, Recht und Menschlichkeit übereinstimme. Und ich reagierte auf die Invasion Finnlands und den Pakt zwischen Stalin und Hitler eben wie ein typischer sentimentaler Intelligenzler. Das grenzenlose Vertrauen, das ich der Sowjetunion bis dahin entgegengebracht hatte, schwand mit einem Schlag.

Man muß sich deutlich vor Augen halten, was für Idealisten wir waren. Für uns lagen die Dinge einfach so: Alle Völker, die noch an die Menschheit und ihre höchsten Güter glaubten, mußten sich unter der Führung der Sowjetunion gegen den Nazismus vereinigen. Und nun unterstanden sich die Sowjets, den Erzfeinden der Menschheit, *unseren* Feinden, die Freundeshand zu bieten! Als Ribbentrop sich zur Paraphierung des berüchtigten Vertrages, der die Teilung Polens besiegelte, nach Moskau begab, kamen meine studentischen Freunde und ich uns wie verraten und verkauft vor. Von einem Tag zum andern waren die Sowjets für uns die größten Schweinehunde auf Erden. Die Historiker haben ziemlich bald die Unterzeichnung des besagten Paktes als listiges Täuschungsmanöver Stalins interpretiert. Aber für uns junge Leute von 1939 stürzte ein Idol vom Sockel.

Heute denke ich weniger streng und bin gern bereit, mich überzeugen zu lassen, daß die Nazis wirklich mit keinem anderen Mittel daran gehindert werden konnten, »die Heimat des Sozialismus« zu vernichten. Aber politische Analyse und moralische Reflexionen scheinen sich nicht immer zu vertragen. Bei mir war es jedenfalls so, denn mein Bruch mit den Kommunisten war die Folge einer gefühlsmäßigen, moralischen und subjektiven Reaktion.

Der Bruch war um so schmerzhafter, als ich die Kommunisten auf kulturellem Gebiet immer noch für Gleichgesinnte hielt. Wir waren »Avantgardisten«, weil linksgerichtet – und umgekehrt. Allüberall Illusionen ... Jetzt, gut vierzig Jahre später, hat sich meine Auffassung gründlich gewandelt. Auf künstlerischem Gebiet scheint mir die Sowjetunion wie eine reaktionäre Festung. Die sowjetische Kultusministerin, Frau Furzewa, die 1974 gestorben ist, sagte mir einmal: »O ja, kommen Sie mit Ihrem Theater nach Moskau, aber bringen Sie uns bloß keine dieser modernen Opern mit. Auch nicht *Wozzeck* – so was können wir nicht gebrauchen.«

Diese regressive Kulturpolitik hat natürlich Folgen gehabt. Die heutigen jungen Künstler in der Schweiz und in Deutschland starren nicht mehr gen Osten oder unbedingt nach links. Die sowjetische Sturheit hat es fertiggebracht, ihnen jedes parteipolitische Engagement zu vergällen.

In Frankreich ist die Situation etwas anders. Die französische Linke scheint weiter das Vertrauen der meisten jungen Künstler zu genießen, und viele ihrer Funktionäre sind sehr aufgeschlossen für ästhetische Experimente auf dem Gebiet des Theaters, der Musik und der Malerei. Man spürt, wie es überall von Ideen brodelt, auch von extravaganten. Wenn man die kulturellen Wüsten der Diktaturen kennt, ist es tröstlich, eine so gärend-fruchtbare Demokratie zu sehen.

Doch bin ich nicht nur vom stalinistischen Rußland bitter enttäuscht worden – ich habe auch den Hitler-Faschismus aus der Nähe kennengelernt. Bei der Bekanntgabe des »Anschlusses« im März 1938 befand ich mich gerade in Österreich. Ich habe den Abend des Einmarsches am Fenster einer Wiener Wohnung miterlebt, ganz in der Nähe des Rathauses, wo Hitler auf dem Balkon erschien. Er wurde mit geradezu hysterischem Jubel empfangen. Die Wiener sollten heute doch niemandem weismachen wollen, sie hätten sich verzweifelt gewehrt! Aus jedem Fenster hingen Hakenkreuzfahnen; glückstrunkene Weiber zerrissen sich im Gedränge die Kleider. Man hatte den Eindruck, ein langersehnter Augenblick sei endlich gekommen.

Auch der Antisemitismus grassierte in Österreich, das bereits einen enormen Prozentsatz von Nazis zählte, nicht weniger schlimm als in Deutschland. Pogrome sind eine alte Tradition der Donauländer; schon in der Nacht vor dem Einmarsch der deutschen Truppen gab es unter den Juden im zweiten Wiener Bezirk ein furchtbares Blutbad.

Was mich betraf, so riskierte ich als Besitzer eines Schweizer Passes nicht viel. Meine Sorgen galten deshalb besonders der Familie Gustav Mahlers, mit der ich eng befreundet war. Sie bestand aus Alma Mahler, der Witwe des Komponisten, ihrem dritten Mann, dem Dichter Franz Werfel, und ihrer Tochter Anna, die Bildhauerin war. Zwei

Tage nach dem Einmarsch suchte ich sie in ihrem Atelier gegenüber dem Bühneneingang der Staatsoper auf. Wir besprachen gerade die notwendige Emigration ihrer Mutter und ihres Stiefvaters, als das Telefon klingelte. Ein anonymer Anrufer warnte uns: »Verlassen Sie sofort das Atelier; in zwanzig Minuten sind *sie* da!« Hastig rafften wir ein paar Sachen zusammen und flüchteten in die Oper. Eine halbe Stunde nach dem Anruf sprangen drüben etwa zwanzig SA-Männer von einem Lastwagen und stürmten Annas Atelier. Aus unserem Versteck sahen wir, wie ihre Skulpturen, eine nach der anderen, auf dem Pflaster zerschmettert wurden. Nach beendeter Heldentat kletterten die Nazis wieder in ihren Lastwagen und verschwanden. Alles hatten sie zerstört.

Werfel und die beiden Damen Mahler konnten zum Glück über Preßburg nach Prag entkommen, von wo sie zuerst in die Schweiz und dann nach Kalifornien gingen.

Der Zufall wollte es, daß ich mich im folgenden Jahr, im Herbst 1939, in Prag befand und auch dort den Einmarsch der deutschen Truppen miterlebte. Aber die Atmosphäre war vollkommen anders. Ich sehe noch die fünfhunderttausend Menschen auf dem Wenzelsplatz, wie sie reglos, stumm, mit geballten Fäusten die Panzer der Deutschen vorbeifahren ließen. Der Haß, der aus diesen Menschenmassen aufstieg, war atembeklemmend. Ich flog mit dem letzten verfügbaren Flugzeug nach Hause. Bald danach machte auch die Schweiz mobil.

Man vergißt so leicht, daß selbst ein so traditionell friedliches Land wie die Schweiz damals seine Armee kriegsbereit hielt. Vielleicht ist es an der Zeit, einmal davon zu reden.

Seit 1933 hatten viele deutsche Nazigegner Zuflucht in

der Schweiz gefunden, die schon der Sprache wegen einigermaßen vertrauter Boden für sie war. Wir, als nächste Nachbarn, wußten seit langem genau, was sich in Deutschland abspielte, und waren weit weniger nachsichtig gegen Hitler als die anderen westlichen Staaten. Die Abneigung gegen die Deutschen nahm solche Ausmaße an, daß schließlich deutsche Emigranten in Schweizer Läden nicht bedient wurden, wenn sie sich durch ihre hochdeutsche Sprache zu erkennen gaben! Falls sie gedacht hatten, Deutsch und Schweizerdeutsch seien doch so ziemlich das gleiche, so hatten sie sich geirrt. Um von der Schweizer Bevölkerung akzeptiert zu werden, taten die Fremden gut daran, sich des Französischen oder Englischen zu bedienen.

Diese antideutsche Einstellung drang bis in höchste politische Kreise vor, so daß die Schweizerische Bundesversammlung den militärischen Oberbefehl General Guisan aus Lausanne übertrug: Nur ein Welschschweizer konnte vor der öffentlichen Meinung bestehen, die keinen Zürcher oder Basler an der Spitze der Truppen geduldet hätte.

All das vertrug sich schlecht mit den geheiligten Grundsätzen der Neutralität, und sehr bald sahen sich die Schweizer regelrecht eingekeilt. Zwei Festungswälle erstreckten sich an beiden Rheinufern, auf französischer Seite die Maginotlinie, auf deutscher der Westwall. Was tun, wenn einer der Gegner in die Schweiz eindrang, um über Basel oder den Jura ins Landesinnere vorzustoßen? Falls die Deutschen unsere Grenzen verletzten, um die Maginotlinie zu umgehen, stellte sich kein moralisches Problem: Wir hätten den Franzosen geholfen und begeistert Seite an Seite mit denen gekämpft, denen unsere Sympathie gehörte. Aber wenn sich nun die Franzosen selbst einer solchen Grenzverletzung schuldig machten? Hätten die Schweizer auch auf sie geschossen? War es denkbar, daß die Schweiz »umkippte« und sich auf die Seite der Verhaßten stellte?

Ich war damals einfacher Maschinengewehrschütze. Immer wieder erklärten uns die Offiziere, daß die Neutralität uns verpflichte, auf jeden Eindringling zu schießen, egal ob Deutscher oder Franzose, sobald er illegal die Grenze überschreite. Allerdings wußte jeder, daß von den hundertfünfzig Mann unserer Kompanie keinem zuzutrauen war, daß er einen solchen Befehl wörtlich nähme. Keiner von uns hätte auf Franzosen geschossen; der Haß auf den Nazismus war stärker als jede noch so tiefe Achtung unserer Neutralität.

Wohlgemerkt, es gab auch in der Schweiz Ausnahmen, zum Beispiel Industrielle, die riesige Geschäfte mit Deutschland machten. Man gründete eine »Nationale Front« um einen Rechtsanwalt, der sich bereit erklärte, die Regierung zu übernehmen, wenn Hitler bei uns einmarschierte. Zu jener Zeit tauchten ja überall in Europa »Quislinge« auf, von denen bekanntlich einige vorübergehend auch Erfolg hatten, in der Schweiz waren sie nur ein unbedeutendes Grüppchen. General Guisan und die allgemeine Verachtung hielten sie in Schach.

Die Schweiz blieb also bis in die dunkelsten Stunden des Krieges ein Zufluchtsland der Verfolgten. An dieser Stelle erweise ich meinem Land gern die schuldige Ehre. In dem Wahnsinnsklima, das damals die Welt beherrschte, ist es ihm gelungen, seinen Grundsätzen treu zu bleiben.

Nehmen wir ein Beispiel, das weniger anekdotisch ist, als es scheinen mag: In Friedenszeiten gibt es in der schweizerischen Armee keinen General; der höchste militärische Rang ist der eines Oberstkorpskommandanten. Nur im Kriegsfall treten die beiden Kammern des Parlaments zusammen, um einen General zu wählen. Dieser hat regelmäßig Lageberichte zu erstellen und bei Beendigung der Feindseligkeiten sofort zu demissionieren. Jede Gefahr einer politischen Einflußnahme der Militärs wird auf diese Weise vermieden, und natürlich handelte auch General Guisan, wie das Gesetz es befahl.

Solche Rückblicke mögen manche Leute zum Lächeln reizen. Die Schweiz, werden sie sagen, hatte ja nicht viel zu befürchten, und daher können ihre militärischen Maßnahmen getrost ein bißchen operettenhaft wirken. Heute sagt sich das leicht hin, aber damals haben auch wir unter der allgemeinen Kriegspsychose gelitten. So hatte der Generalstab eine befestigte Zone in den Alpen eingerichtet, das sogenannte »Réduit«, wo Vorsorge getroffen war, daß die Schweizer Soldaten unter Ausnutzung des Gebirgsterrains so lange wie möglich durchhalten konnten. Wir alle haben dort einen Teil unseres Militärdienstes abgeleistet und Notprogramme für die Sprengung von Tunnels und Brücken geprobt.

Kurz gesagt, das kleine Land, das zwischen Nazi-Deutschland und Nazi-Österreich, dem faschistischen Italien und dem besetzten Frankreich eingeklemmt war, hatte allen Grund, die Lage ernst zu nehmen. Einen Sieg der Nazis hätte es sicher nicht lange überlebt, aber es hat das Verdienst, den Realitäten klar ins Auge gesehen zu haben. *Andorra,* das schöne Theaterstück von Max Frisch, spiegelt genau unsere damalige Situation wider. Sein Andorra ist offensichtlich mit der Schweiz identisch – ein von Faschisten umzingelter Zwergstaat, dessen Schicksal von der Hilfe Außenstehender abhängt. Frisch führt vor, welchen Einfluß ein bedrohlicher fremder Druck auf Andorras Politik ausüben kann, auf seine Neutralitätsprinzipien und das Verhalten seiner Bürger.

Ich war gerade in New York, als die Erstaufführung von *Andorra* am Broadway stattfand. Wenige Tage zuvor war *Der Besuch der alten Dame* von Friedrich Dürrenmatt über die Bühne gegangen. Zwei Schweizer Autoren gleichzeitig auf den New Yorker Theaterzetteln – ein fast unglaubliches Ereignis.

Als ich aus der Generalprobe von *Andorra* kam, belauschte ich ungewollt das Gespräch eines amerikanischen Pärchens, das auch das Dürrenmatt-Stück schon gesehen hatte. »Komisch, was diese Schweizer für Probleme haben!« sagte die junge Frau zu ihrem Begleiter, worauf ich nicht anders konnte, als geradeheraus zu lachen, so enthüllend war diese naive Bemerkung. Natürlich konnten die Bürger eines Riesenlandes wie die Vereinigten Staaten unmöglich nachfühlen, was für Sorgen ein von Diktaturen umringtes Land hat, das in ihren Augen mikroskopisch klein und völlig bedeutungslos ist.

Nun, um mit dieser düsteren Periode abzuschließen, muß ich noch einen Ausdruck erklären, den ich gelegentlich gebraucht habe: den Begriff »antideutsch«.

»Antinazistisch« und »antideutsch« waren in Schweizer Köpfen eine Zeitlang fast unentwirrbar miteinander vermengt, aber es handelt sich bei der Deutschfeindlichkeit um eine tiefer liegende und heikle Gefühlssache.

Erinnern wir vor allem daran, daß ein Deutschschweizer beileibe kein Deutscher ist – trotz oder gerade wegen der Sprachverwandtschaft. Unter uns sprechen wir Schwyzerdütsch, wobei sich der Dialekt eines Baslers, Zürchers oder Berners schon stark voneinander unterscheidet: »Schriftdeutsch« aber müssen wir in der Schule wie eine Fremdsprache lernen. Demgegenüber drückt man sich in der italienischen Schweiz genauso aus wie in Mailand, und die

Welschschweizer rühmen sich, das beste Französisch der Welt zu sprechen. Sie haben die französische Kultur mit der Muttermilch eingesogen, und schon nach dem Ersten Weltkrieg gab es das geflügelte Wort: »Paris wird den Deutschen vielleicht verzeihen – Lausanne niemals!«

Nichtsdestoweniger standen wir auf kulturellem Gebiet in der deutschen Schweiz immer unter deutschem Einfluß. Auf der Schule wurden wir mit Goethe, Schiller und Kleist buchstäblich vollgestopft. Die Armut unserer eigenen Literatur – Gottfried Keller ausgenommen – begünstigte diese Vorherrschaft, die jedoch auch dumpfes Mißbehagen hervorrief. Wir erkannten die Überlegenheit des »großen Kantons« an, wie wir Deutschland nannten, aber wir sträubten uns innerlich.

Der Schock des Zweiten Weltkriegs hat uns von diesem Minderwertigkeitskomplex befreit. Urplötzlich entdeckten wir das Vorhandensein eigener Talente in der Schweiz. Da man zögerte, Stücke gewisser deutscher Autoren aufzuführen, rückten Autoren wie Frisch und Dürrenmatt an den ihnen gebürenden Platz. Musiker und Maler machten von sich reden. Der Antinazismus beschleunigte das Wiederaufleben einer eigenständigen Kultur, die im Schatten der Deutschen verkümmert war. Wir eroberten jeden Tag mehr Selbstsicherheit und avancierten bald von Giacometti zu Tinguely.

Nun hockten wir nicht mehr wie der Frosch vor dem Ochsen – bis in die Avantgarde hinein galt die Schweiz wieder etwas. Auf irgendeine Weise hatten wir den Krieg gewonnen ...

4
Der unglaubliche Hermann Scherchen

Zwischen meinen Militärdienstzeiten wohnte ich in der italienischen Schweiz, in Ascona am Lago Maggiore, wo ich hauptsächlich mit meinem Kompositionslehrer Wladimir Vogel arbeitete, der einen tiefgehenden Einfluß auf meine musikalische Entwicklung hatte.

Vogel, der als russischer Emigrant in Berlin bei Busoni studiert hatte, war während des Krieges nach Ascona gezogen. Er umgab sich gern mit jungen Musikern und führte auch mich in die serielle Musik ein. Seine Schönberg- und Webern-Analysen machten mich mit der Zwölftontechnik vertraut; gleichzeitig half er mir, meinen eigenen Stil zu finden, was gar nicht so einfach war, denn ich war immerhin schon dreißig Jahre alt. Aber dieser großartige Pädagoge verstand es, selbst in den Hintergrund zu treten, damit sich die natürlichen Gaben seiner Schüler besser entfalten konnten.

Übrigens war Wladimir Vogel nicht mein erster Lehrer; ich war schon seit einigen Jahren eng mit Hermann Scherchen verbunden. Bis 1936, als ich bei ihm zu studieren begann, hatte ich ihn nur dem Namen nach gekannt. Sein tatkräftiges Eintreten für die zeitgenössische Musik machte auf die jungen Musiker großen Eindruck. Von allen Dirigenten hatte er zweifellos den größten Einfluß auf mich.

Er stammte aus Berlin, wo seine Mutter im Wedding eine Kneipe besaß. Von einem Vater hörte man wenig. Das Musikstudium verdiente sich Scherchen als Stehgeiger in einem Caféhaus. Gegen zwei Uhr morgens löste er seine Mutter hinter der Theke ab. Zwischendurch studierte er die erste *Kammersinfonie* von Schönberg, die er später auswendig dirigierte. Er hat als Dirigent die ganze Zwölftonepoche miterlebt, die Werke von Alban Berg, Schönberg und Webern aufgeführt und auf vielen Festen moderner Musik dirigiert. Er war nicht nur einer der wenigen, die die Kompositionen der Avantgarde zu dirigieren vermochten, er liebte sie auch. Daß er ein Vorkämpfer der Wiener Schule war, hinderte ihn nicht daran, auch andere Musik zu mögen – zum Beispiel Mahler, aber genauso Rameau und ganz besonders Bach. Manches lehnte er allerdings ab, wie den Neoklassizismus von Strawinsky, den er als einen Rückschritt ansah. Er besaß ein geradezu unbändiges Leistungsvermögen und konnte achtzehn Stunden hintereinander arbeiten, ohne zu ermüden. Scherchen hat mir Arbeitsdisziplin und Klarheit des Denkens beigebracht.

Kennengelernt habe ich ihn 1936 in Budapest. Als ich in der Zeitung las, Scherchen werde dort einen Dirigentenkurs geben, wollte ich unbedingt hin – wenn meine Taschen nur nicht so leer gewesen wären! Ich entschloß mich also anzufragen, ob der Meister mich auch umsonst unterrichten würde. Seine erste Antwort war ein glattes Nein, weil ihn, wie er mir erklärte, im vergangenen Jahr kein Mensch bezahlt hätte, und er habe geschworen, sich nie mehr auf so etwas einzulassen.

Dennoch kam ich auf mein Anliegen zurück und trug es mit so viel Überzeugung vor, daß Scherchen sich schließlich doch erweichen ließ. »Also meinetwegen, kommen Sie«, schrieb er, »und zahlen Sie, was Sie können.«

Nun galt es nur noch das Reisegeld aufzutreiben. Glücklicherweise half mir eine der unzähligen Schweizer Stiftungen aus der Bredouille, indem sie mir ein Stipendium von dreihundert Franken gewährte. Das genügte für eine Rückfahrkarte nach Budapest und die ersten Tage Lebensunterhalt. Ich fuhr also im Jahre 1936 nach Ungarn, wo ich nebenbei noch das Glück hatte, mich in die reizende Besitzerin einer kleinen Pension zu verlieben – die Unterkunft war also auch geregelt.

Aber das wichtigste waren und blieben natürlich die Kurse bei Scherchen, die er auf ganz ungewöhnliche Weise abhielt: Sechs Wochen lang bekamen wir kein Orchester zu sehen. Er betraute jeden von uns mit der Einstudierung einer Sinfonie (selbstverständlich auswendig), wobei er selber die Rolle des Orchesters spielte. Er sang jede Stimme, wechselte von Pult zu Pult, imitierte in einem Augenblick das Fagott, im nächsten die Celli, jetzt wieder die Klarinette, dann die Bratsche. Man mußte das Werk schon bis in die kleinsten Einzelheiten kennen, um sich nicht zu irren, denn Scherchen sang nie die Hauptmelodie, sondern beispielsweise ein Stückchen aus dem Part der zweiten Flöte oder der Oboe. Ich erinnere mich, die *Zweite Sinfonie* von Beethoven auf diese Art dirigiert zu haben.

Manchmal drehte er den Spieß um und dirigierte seinerseits. Dann verteilte er die Orchesterstimmen des *Musikalischen Opfers* oder der *Unvollendeten* unter seine fünfzehn Schüler, deren jeder sich nun in ein Instrument hineindenken mußte: einer in die Flöte, einer ins Horn und so weiter. Und ohne daß zu Beginn die Tonart angegeben wurde, nur aufs Gehör angewiesen, *sangen* wir das Werk, was für die Unglücklichen, die ein transponiertes Instrument zu markieren hatten, eine fast lächerliche Aufgabe war.

Ein andermal wählte Scherchen dann wieder ein technisch schwer zu bewältigendes Werk, etwa den zweiten Teil des *Sacre du Printemps*. Er forderte uns auf, den Rhythmus der uns zugewiesenen Partien zu klopfen, und dirigierte, während wir die *Danse sacrale* auf die Pulte hämmerten.

Auf diese Weise, die alles Nebensächliche ausklammerte, lehrte er uns das Handwerk von Grund auf kennen. Er brachte uns keine eleganten Gesten, keine Podiumstänze, keine theatralischen Posen bei. Aber als ich nach anderthalb Monaten vor einem wirklichen Orchester stand, um die *Zweite Sinfonie* von Beethoven nun konzertgemäß zu dirigieren, hatte ich das Gefühl, das Werk schon mein Leben lang mit den Musikern durchgearbeitet zu haben.

Viele Scherchen-Schüler sind berühmt geworden: Walter Goehr, Bruno Maderna, Igor Markevitch (den Scherchen »meine giftige Orchidee« nannte), Ernest Bour und andere.

Nach einem Arbeitsmonat in Budapest bot mir Hermann Scherchen zu meiner großen Freude an, als Assistent bei ihm zu bleiben. Ich sagte sofort zu.

1937: Der Nazismus breitete sich auch in Österreich aus. In Wien gründeten wir ein neues Orchester, dessen Mitglieder zum größten Teil Juden waren, die der damalige Chef der Wiener Sinfoniker schon frühzeitig hinausgeworfen hatte. Dieser Mann, ein gewisser Oswald Kabasta, der später die Münchner Philharmoniker übernahm, gehörte wahrscheinlich der illegalen österreichischen Nazipartei an, wie übrigens auch andere Dirigenten, die später große Stars wurden.

Wir setzten Himmel und Hölle in Bewegung, um die nötigen Mittel für das Musica-Viva-Orchester – so hatten wir es genannt – aufzubringen, dessen Ehrenpräsidentin Alma Mahler-Werfel uns nach Kräften half. Wir hatten fabelhafte Musiker, besonders bei den Streichern. Unter den Juden gab es meist nur mäßig begabte Holzbläser, dafür aber großartige Streicher, und Walter Goehr pflegte später, als er das Israelische Orchester dirigierte, glücklich zu seufzen: »Was ich an diesem Orchester am höchsten schätze, ist das Vibrato der jüdischen Mittelfinger.«

Wir führten mit der Musica Viva das gesamte Orchesterwerk Gustav Mahlers auf, und ich habe einigen Grund, mich besonders an die Generalprobe seiner *Dritten Sinfonie* im Wiener Musikvereinssaal zu erinnern.

Der Saal war gedrängt voll. Scherchen stand am Pult, und ich hatte das kleine Orchester hinter der Bühne zu dirigieren. Auf einen G-Akkord mußte ich einsetzen. Ich hatte mich am Rand der Kulisse aufgestellt, um Scherchen auf dem Podium gut sehen zu können, und um den berühmten Akkord ja nicht zu verpassen, dirigierte ich drei stumme Takte voraus. O weh – der Einsatz unseres kleinen Orchesters gelangte dennoch mit mindestens einem Takt Verspätung an die Ohren des Publikums! Scherchen klopfte sofort ab und schrie: »Welcher Idiot dirigiert da hinten?« Ich streckte schüchtern den Kopf heraus, und er fuhr mich an: »Kapierst du denn nicht, daß du vor mir einsetzen mußt, wegen der Entfernung?« Danach spielten wir die Sinfonie friedlich zu Ende.

Dieses herrlich aufregende Leben dauerte bis März 1938. Dann erklärte der österreichische Bundeskanzler Schuschnigg im Rundfunk, er müsse, um Blutvergießen zu verhindern, dem Ultimatum Hitlers Folge leisten und seinen Rücktritt erklären. Nach dieser Abschiedsansprache wurde das *Kaiserquartett* von Haydn gespielt, dessen Finalthema in der damaligen österreichischen wie in der deutschen Nationalhymne wiederkehrte. Damit war alles vorbei – uns blieb nichts als die Ausreise.

Scherchen und ich kamen erst sechs Jahre später wieder zusammen. Er war musikalischer Leiter des deutschschweizerischen Radiosenders Beromünster geworden und engagierte mich als Tonmeister beim Studio Zürich. Gleichzeitig arbeitete ich für die Schallplattenfirma Decca, wo ich einen Mann kennenlernte, der einer meiner besten Freunde wurde: Georg Solti. Tatsächlich habe ich seine allererste Platte aufgenommen, auf der er zusammen mit Georg Kulenkampff eine Violinsonate von Brahms spielt.

Während der nächsten fünf Jahre vervielfachten Scherchen und ich unsere tontechnischen Erfahrungen. Wir versuchten besonders, die Anwendungsmöglichkeiten des Mikrofons zu erweitern, mit dem man das Klangvolumen jedes Kammerorchesters derart steigern konnte, daß es bis zum Fortissimo größter Ensembles anschwoll; aber alle Tricks versagten leider, wenn es um ein zartes Piano ging ...

Scherchens Tatendrang blieb dabei nicht stehen. Im Jahre 1946 gründete er einen Musikverlag, den er ebenfalls »Musica Viva« taufte und in dem er viele noch unbekannte Kompositionen druckte, die bis dahin von den großen internationalen Firmen abgelehnt worden waren. Wie viele Musiker, die heute berühmt sind, verdanken Scherchen ihre erste Publikation! Alles, was er verdiente, steckte er in den Verlag, der sein Lebensinhalt geworden war.

Seine Wohnung in Zürich bestand aus zwei Zimmern. In dem einen hatte er, direkt neben der Druckpresse, sein Bett aufgestellt; in dem anderen hauste seine Mutter, eine alte Dame in den Neunzigern. Scherchen machte alles selbst, und so oft ich Zeit hatte, half ich ihm. Wenn er länger abwesend war, ließ er sich vom Heizer des Gebäudes vertreten – was bisweilen in den Geschäftsgang der »Firma« erklärlicherweise heillose Verwirrung brachte. So auch, als beim Wiener Festival eine meiner Kompositionen für Chor und Orchester, das *Streitlied zwischen Leben und Tod,* aufgeführt werden sollte. Der Festspielleiter bestellte die Orchesternoten bei der Edition »Musica Viva«. Aber Scherchen war nicht da, und ein paar Tage später erhielt ich vom Generalsekretär der Festspiele Egon Seefehlner (heute Operndirektor in Wien) folgendes Telegramm: »Habe einundzwanzig Oboenstimmen bekommen, aber keine einzige für Streicher. Was für ein merkwürdiges Werk hast Du Dir da geleistet?« Ich eilte in Hermann Scherchens Wohnung, wo ich feststellte, daß unser braver Heizungsspezialist nur den ersten Notenstapel eingepackt und verschickt, den Rest aber übersehen hatte. Inzwischen war es für die Proben zu spät geworden, und meine Wiener Aufführung fiel ins Wasser.

1950 mußte Scherchen leider infolge eines politischen Skandälchens Zürich verlassen: Er war nach einer achttägigen Tournee aus der Tschechoslowakei zurückgekehrt, und der Aufenthalt dort hatte ihn in blinde Verzückung gesetzt. Er schwärmte in den höchsten Tönen und, was schlimmer war, in aller Öffentlichkeit. Ich warnte vergebens: »Hermann, du bekleidest hier einen wichtigen Posten; schwinge keine Propagandareden!« Nichts half. Er mußte durchaus an einer Versammlung der extremen Linken teilnehmen und dort die Vorzüge der stalinistischen ČSSR preisen, was zugleich eine höchst abfällige Kritik der Schweiz bedeutete. Eine Woche später sah er sich genötigt, sein Amt im Studio Zürich zur Verfügung zu stellen.

Man kann sich lange über diese Affäre streiten, aber ich persönlich fragte mich doch, ungeachtet meiner Freundschaft mit Scherchen, ob es ganz loyal von einem Ausländer ist, der eine Stellung mit einer gewissen öffentlichen Verantwortung innehat, seinem Gastgeberland die Leviten zu lesen und ihm das Stalinregime anzupreisen. Auch kein anderer Staat hätte sich so etwas gefallenlassen. Scherchen war ohne Falsch, das muß zu seiner Ehre gesagt werden, aber oft recht unbesonnen.

Ich wurde sein Nachfolger als künstlerischer Leiter des Radioorchesters von Beromünster, während er sich in dem kleinen Dorf Gravesano im Tessin niederließ, um sich in alle möglichen Klangexperimente zu vertiefen. Bis zu seinem Tode, 1966 in Florenz, war er in Geldangelegenheiten von einer genialen Gleichgültigkeit. Wenn er welches hatte, warf er es mit vollen Händen um sich; hatte er keines, so pumpte er ungeniert.

Nur einem Menschen wie ihm konnte man den Coup verzeihen, den er eines Tages landete, indem er alle seine Autoren, ohne sie davon in Kenntnis zu setzen oder gar zu fragen, an die Edition Schott abgab. So erhielt plötzlich jeder Komponist, der bis dahin bei der »Musica Viva« publiziert hatte, einen artigen Brief aus Mainz mit der Mitteilung, er gehöre von nun an zum »Stall« Schott ... Hermann hatte uns alle en bloc verkauft.

5
Strawinsky der Große

Mit seinem scharfgeschnittenen Gesicht, das an gotische Wasserspeier erinnerte, seiner außerordentlichen Intelligenz und seinem frappierenden Charme verband er in sich die Freigiebigkeit eines russischen Großfürsten mit der knickerigen Habgier eines Wucherers. Er konnte das Geld zum Fenster hinauswerfen, aber der Verlust eines Dollars raubte ihm den Schlaf. Daher hatten unsere Geschäftsbeziehungen manchmal etwas äußerst Komisches.

1955 traf ich ihn in Venedig, um im Auftrag des Hamburger Rundfunks eine Chor- und Orchesterpartitur bei ihm zu bestellen. (Daraus wurde dann das Meisterwerk *Threni*, das leider nur allzu selten aufgeführt wird.) Ich konnte ihm ein Angebot von zehntausend Dollar unterbreiten, das er ohne weiteres annahm. Doch am nächsten Morgen um sieben wurde ich durch einen Anruf unseres gemeinsamen Freundes Nicolas Nabokov geweckt. »Hör zu«, sagte er, »Igor hat die ganze Nacht kein Auge zugetan. Er will tausend Dollar mehr und traut sich bloß nicht, es dir zu sagen.« Nun wäre es töricht gewesen, auf ein Werk Strawinskys wegen eines Mehrbetrages zu verzichten, den unsere Hamburger Mäzene im Handumdrehen aufbringen konnten, und im Laufe desselben Vormittags kamen die tausend zusätzlichen Dollar denn auch zusammen. Igor lud uns hocherfreut ins beste Restaurant der Stadt ein, wo er kistenweise Champagner und Berge von Kaviar auffahren ließ. Natürlich gingen die tausend Dollar dabei wieder drauf – aber er hatte seinen Preis durchgesetzt!

So schwer er auch manchmal im Alltag zurechtkam, so scharfsinnig und konzentriert erwies er sich auf musikalischem Gebiet.

Wir trafen uns regelmäßig zur Biennale in Venedig. Diesmal gab man im Teatro La Fenice eine neue deutsche Oper nach einem Stoff von Gogol. Nach Schluß der Vorstellung machten wir uns auf den Rückweg zu Strawinskys Hotel, schweigend und sehr langsam, weil er schon am Stock ging. Ich brannte darauf, meine Meinung über das eben Gehörte zu äußern, wagte aber nicht, das Wort vor dem Meister zu ergreifen. Dieser stumme Gang dauerte etwa eine Viertelstunde. Am Hotel angekommen, umarmten wir uns zum Abschied, wünschten einander gute Nacht, und ich war gerade im Begriff, weiterzugehen, als Strawinsky, schon auf den ersten Treppenstufen, nur ein Wort hinwarf: »Peinlich!« Übrigens hatte er, obwohl wir sonst stets englisch miteinander sprachen, »gênant« gesagt, und dieses »gênant« aus seinem Munde ist eigentlich unübersetzbar. Knappe, präzise Urteile dieser Art waren seine Stärke. In seinem Buch *Musikalische Poetik* findet man Reflexionen von wunderbarem Tiefgang, und in seiner Analyse der Sinfonien von Beethoven macht er ein rhythmisch geordnetes Universum deutlich, das niemand vor ihm unter dem melodischen Überschwang so recht zu entdecken vermochte.

Strawinskys Härte gegen andere entsprach vollkommen der Härte gegen sich selbst. Auf schöpferischem Gebiet forderte er stets das Äußerste. »Ich komponiere mit großem Vergnügen«, sagte er gern, »aber das Hauptproblem ist, dabei Geduld zu haben. Man muß warten können und alles wieder und wieder durcharbeiten. Ich habe mein Leben lang gewartet.« Mit zweiundachtzig Jahren gestand er, daß er am *Sacre du Printemps* endlos herumgestrichen und geändert habe, »und ich bin noch immer nicht ganz zufrieden«, fügte er hinzu. »Die Hörner kann ich einfach nicht leiden!«

Auf einem Flug von Chicago nach Los Angeles habe ich einen unvergeßlichen Kampf miterlebt: Igor mühte sich ab, auf Toilettenpapier eine bestimmte Zwölftonreihe auszutüfteln – anscheinend hatte er sich in den Schlingen einer neuen Komposition hoffnungslos verheddert. Dieses Duell zwischen dem Schöpfer und seinem Stoff dauerte drei Stunden, und man kann sich vorstellen, wie Strawinsky strahlte, als ihm die Serie kaum fünf Minuten vor der Landung doch noch glückte.

In dieser Episode steckt der ganze Strawinsky. Er besaß eine begnadete Inspiration, aber diese Göttergabe bewahrte ihn nicht vor der Mühsal und Plackerei, sie richtig zu nutzen und ins Werk umzusetzen.

Zu meinen schönsten Strawinsky-Erinnerungen gehört die Feier seines achtzigsten Geburtstages 1962 in Hamburg. Freilich war es nicht ohne Schwierigkeiten dazu gekommen ...

Seine Lieblingsstädte waren Venedig und New York (Paris haßte er), und außer unserer Freundschaft lag für ihn nicht der geringste Grund vor, seinen Achtzigsten ausgerechnet in Hamburg zu begehen. Nichtsdestoweniger hatten wir schon im Jahr zuvor einen Kontrakt miteinander unterzeichnet: über eine Neuinszenierung seiner drei »griechischen« Ballette *Apollon musagète*, *Agon* und *Orpheus*. Das erste wollte er selbst dirigieren; Georges Balanchine und das New York City Ballet sollten mit von der Partie sein.

Einige Wochen vor dem großen Ereignis schrieb mir Strawinsky, es sei ihm unmöglich, den Vertrag zu erfüllen: der Kreml hätte ihn feierlich eingeladen, seinen Geburtstag als Staatsgast in Moskau zu verbringen. Und er, der Rußland vor mehr als einem halben Jahrhundert verlassen hatte, sehnte sich unsäglich danach, es wiederzusehen. Vergebens drang ich in ihn, erinnerte daran, daß er amerikanischer Staatsbürger sei ... Er wiederholte nur: »Ich möchte vor dem Abtreten noch einmal in meine Heimat zurückkehren.«

Mir blieb nichts übrig als das große Spiel der Diplomatie. Also wandte ich mich an Nicolas Nabokov. Dieser wahre Kosmopolit entstammt dem Kreis um Diaghilew. Er war sowohl mit Strawinsky wie mit Balanchine befreundet und kannte eine Unmenge Leute. Er war es auch gewesen, der mich aus meiner schweizerischen Geborgenheit gerissen und mir die Welt erschlossen hatte. Immer wieder habe ich von seiner jubelnden Herzlichkeit, Offenheit und uneigennützigen Freundschaft profitiert.

Nicolas kannte auch Jackie Kennedy gut, und mit seiner und ihrer Hilfe wurde Strawinsky nach Washington eingeladen. Es verging noch nicht einmal eine Woche, und Präsident Kennedy kündigte zu Ehren des achtzigsten Geburtstages seines hochberühmten Landsmannes einen offiziellen großen Empfang im Weißen Haus an. Igor Strawinsky konnte daraufhin unmöglich die Vereinigten Staaten vor den Kopf stoßen, indem er die Einladung der UdSSR vorzog. Die machiavellistische Gerissenheit trug ihre Früchte! Strawinsky rief mich nämlich aus Hollywood an: »Ich habe ein Problem. Wollen wir nicht doch den Vertrag mit Hamburg einhalten? Dann hätte ich eine Entschuldigung, die niemanden verärgert. Schließlich hindert mich nichts, *nach* Hamburg der Moskauer Einladung zu folgen und dann auch der nach Washington, alles hübsch der Reihe nach.«

So kam es, daß der Vielumworbene seinen achtzigsten Geburtstag glanzvoll auf der Bühne des Hamburger Opernhauses feierte, umrahmt von zwei Balletten (dem New Yorker und dem unseren), nebst dem großen Choreographen Balanchine, und eine der stürmischsten Huldigungen seines Lebens entgegennahm.

Übrigens nicht nur im Opernhaus. Wie stolz die Stadt war, ihn zu dieser Gelegenheit bei sich zu Gast zu wissen, zeigt das Beispiel eines Taxichauffeurs, der sich weigerte, Geld von ihm anzunehmen, da er es sich zur Ehre anrechnete, ihn fahren zu dürfen. Und noch eine hübsche Geschichte erlebten wir auf der Reeperbahn. Jedes der Lokale dort hat bekanntlich einen Rausschmeißer vor der Tür, der aber nicht nur mißliebige Gäste an die Luft setzt, sondern auch die Passanten animiert, hereinzukommen. Gewöhnlich bedient er sich dazu der Anrede Herr Baron, Herr Graf oder gar Herr Doktor, ein Titel, der ja noch immer mehr als jeder andere in Deutschland gilt. Als ich mit Strawinsky über die Reeperbahn ging, sprach ihn ein Türsteher mit den Worten an: »Kommen Sie herein, Herr Strawinsky!« »Herr Strawinsky« war für ihn viel mehr als Herr Baron, Herr Graf oder sogar Herr Doktor.

Hierzu ist zu bemerken, daß Strawinsky im höchsten Grade Sinn für öffentliches Auftreten hatte und genau wußte, wie man beim Publikum »ankommt«. So zeigte er auch bei einem Konzert während der Musik-Biennale in Zagreb, als alle Zuhörer in Hemdsärmeln dasaßen, keinerlei Befremden, obwohl er an festlichere Kleidung gewöhnt war. Im Gegenteil, als der Begrüßungsapplaus verebbte, sagte er ruhig: »Entschuldigen Sie, mir ist auch sehr heiß«, worauf er den Frack auszog, dann die Weste, dann die weiße Krawatte, und sogar das Hemd aufzuknöpfen begann, während sich die Begeisterung des Publikums mit jeder Phase dieses Striptease steigerte.

Bei den Russen schlug er gefühlvollere Saiten an. Als er den Leningrader Konzertsaal betrat, erhoben sich dreitausend Menschen wie ein Mann, um dem alten verlorenen Sohn zuzujubeln, der nun, auf zwei Stöcke gestützt, heimgekehrt war. Strawinsky wartete unbeweglich, bis es still wurde. Dann hob er einen der Stöcke, deutete damit auf den vierten Rang und sagte schlicht auf russisch: »Mit sechs Jahren habe ich da oben mit meinem Vater das letzte Konzert von Tschaikowsky gehört.« Die Wirkung ließ nicht auf sich warten: Alles brach in Tränen aus.

Andererseits weiß nicht nur Gott allein, wie unausstehlich er sein konnte! Ich habe mehrere seiner Bühnenwerke aufgeführt: Von den Geburtswehen der *Sintflut* war schon die Rede, aber auch den *Oedipus Rex* (diesen zusammen im selben Programm mit Honeggers *Antigone,* die sich nie ganz von der Gegenüberstellung erholt hat) brachten wir heraus, und vor allem das Meisterwerk *The Rake's Progress* in einer wunderschönen Inszenierung von Giancarlo Menotti.

Aber es kostete mich allergrößte Mühe, Menotti zu dieser Zusammenarbeit zu bewegen, denn Strawinsky hatte ihn in verletzender Weise öffentlich als »Ersatz-Puccini« verhöhnt, und Menotti war mit Recht verbittert. Bei längerem Überlegen frage ich mich jedoch, ob er sich nicht eher geschmeichelt fühlen konnte, weil Strawinsky den Meister der *Bohème,* der ihn obendrein von Jugend an gefördert und ermutigt hatte, hoch verehrte. Übrigens wäre es interessant, seine erste Oper, die *Nachtigall,* und *Turandot* einmal Takt für Takt miteinander zu vergleichen – man würde mehr als eine Ähnlichkeit entdecken.

Auf die Frage, welcher Komponist der wichtigste des zwanzigsten Jahrhunderts war, Strawinsky oder Schönberg, muß eines Tages die Geschichte antworten. Zweifellos hat Schönberg wesentliche neue Wege erschlossen, indem er die Fesseln der Tonalität abstreifte. Aber Strawinsky hat das Kunststück fertiggebracht, den Menschen direkt anzusprechen, ohne jemals billige Zugeständnisse zu machen oder seine Eigenart aufzugeben. Oft war er seiner Zeit drei bis vier Jahrzehnte voraus; *Le Sacre du Printemps* zum Beispiel, 1913 noch ein allzu kühnes Wagnis für die Ohren des Publikums, wurde erst um 1950 selbstverständlicher Bestandteil des Ballett- und Konzertsaal-Repertoires.

Sein Genius weist große Verwandtschaft mit dem Picassos auf. Auch Strawinsky durchlebte verschiedene »Perioden«, die russische, die neoklassische, die serielle. Aber alle Perioden verbindet eine ungewöhnliche rhythmische Vielfalt und Klarheit des Satzes. Um Nietzsches bekannte Definition zu gebrauchen, möchte ich Strawinsky eher »apollinisch« als »dionysisch« nennen. Außerdem und vor allem war er »westlicher«, als viele denken.

Schon in seiner Jugend, in der sogenannten russischen Periode, kennzeichnete Strawinskys Musik jene Farbtrunkenheit und Dynamik, die mehr an Debussy als an Glinka oder Rimsky-Korssakow gemahnen. Bei ihm gibt es kein Sichgehenlassen, keine Oberflächlichkeit. Untersucht man seine neoklassische Periode, die heute etwas vernachlässigt wird, obwohl sie zwischen 1930 und 1950 eine beträchtliche Wirkung ausübte, so fällt ihre Klarheit, Reinheit, ja sogar Kälte auf.

Zwischen den beiden Weltkriegen schworen die jungen Musiker Westeuropas und Amerikas auf ihn allein. Er gehört zu den wenigen, deren Einfluß diesseits und jenseits des Ozeans gleich stark war, und das Ende seiner Nachwirkung ist noch nicht abzusehen.

Strawinsky hatte vielleicht weniger einen künstlerischen als einen intellektuellen Einfluß auf mich. Seine Weisheit, seine Präzision des Denkens, die Klarheit der Konzeption – die man ja ununterbrochen in seiner Musik spüren kann – haben mich unendlich beeindruckt. Ich war fasziniert von seiner unstillbaren Neugierde. Sie war es, die ihn so jung erhalten hat. Noch als Siebenundachtzigjähriger konnte er mit einem Stoß von Partituren dasitzen und Schallplatten hören, um Stücke kennenzulernen, mit denen er sich aus Mangel an Zeit bisher nie beschäftigt hatte. In seiner Jugend und seinen besten Schaffensjahren hatte er alles ignoriert, was ihm im Wege war. Erst im Greisenalter wurde er langsam etwas duldsamer und begann, sich auch mal ein Stück vorzunehmen, das er früher verabscheut hatte.

Gern erinnere ich mich an meine letzte Begegnung mit Strawinsky. Es war auf dem Friedhof in Venedig, wo er begraben liegt. An der Beisetzung im April 1971 hatte ich nicht teilgenommen; es widerstrebte mir, mich unter die mondäne Trauerversammlung zu mischen. Erst ein Jahr später besuchte ich sein Grab allein. Man stelle sich San Michele mit der Hintergrundkulisse von Venedig vor, und zur Linken das Geviert des orthodoxen Friedhofs, fast immer still und verlassen, mit weitausladenden Bäumen und Gebüschen.

Die Besucher können dort auf einer Steinplatte lesen: »Hier ruht Serge Diaghilew.« Und daneben, auf einem weißen Marmor, den Giacomo Manzù ausgesucht und mit einer Inschrift versehen hat, den Namen »Igor Strawinsky«.

Nun, an dem Tag, an dem ich dort war, saßen ein junger Mann und ein Mädchen in Blue jeans vor dem Grab, andächtig, der übrigen Welt entrückt. Ich stand ungefähr zwanzig Minuten lang hinter ihnen, ehe ich wegging – sie hatten sich die ganze Zeit nicht gerührt. Igor hätte sich herzlich darüber gefreut.

6
Komponieren . . .

Es könnte nach Hochstapelei aussehen, wenn ich im Anschluß an zwei Kapitel, die Männern vom Range Scherchens und Strawinskys gewidmet waren, von mir selbst spreche, sogar des längeren. Man möge es mir dennoch nicht als Eitelkeit ankreiden: Ich habe bisher von meinen Lehrjahren berichtet und möchte nun versuchen, meine Komponistenjahre darzustellen. Das entspricht einfach der Reihenfolge.

Hermann Scherchen ermutigte mich, als ich noch sein Assistent war, immer wieder zum Komponieren. Schließlich folgte ich seinem Rat, und da ich nie gern mehrere Sachen auf einmal tue, gab ich von Stund an das Dirigieren auf. Ich kann wohl sagen, daß ich keinen Taktstock mehr angerührt habe, seit ich selbst anfing, Musik zu schreiben.

Zunächst schrieb ich ein *Furioso,* das Scherchen 1947 uraufführte und das mir noch im selben Jahr einen großen Erfolg bei den Darmstädter Ferienkursen für Neue Musik eintrug. Dort lernte ich auch Heinrich Strobel kennen, der mich zu den Musiktagen nach Donaueschingen einlud, die unter seiner und Hans Rosbauds Leitung stattfanden.

Strobel (übrigens ein direkter Nachkomme Martin Luthers) war Musikkritiker am Berliner *Börsenkurier* gewesen und hatte ein vielbeachtetes Buch über Debussy geschrieben. Da er ungemein frankophil eingestellt war, ging er, als er Deutschland aus politischen Gründen verließ, nach Frankreich, das aber seinen Emigranten-Status nicht akzeptierte und ihn während des Krieges und der deutschen Besetzung in einem Lager bei Aix-en-Provence internierte. Das tat seiner Frankophilie indes keinen Abbruch. Strobel war ein großer Genießer, der leidenschaftlich gern gut aß, nur die besten Weine trank und erstklassige Zigarren rauchte. Sein unfehlbar guter Geschmack und sein Ästhetizismus waren sehr wichtig für mich, und ich spüre heute in Paris seinen Einfluß stärker als je zuvor. Als Leiter der Musikabteilung des Südwestfunks in Baden-Baden half er vielen später berühmt gewordenen Musikern. So ist beispielsweise Pierre Boulez eine Strobel-Entdeckung. Strobel gab ihm ein Studio beim Südwestfunk, wo er arbeiten konnte – genauso, wie er auch Henze, Stockhausen, Cage und Penderecki gefördert hat.

Strobel hatte sich auch eingehend mit meiner Musik befaßt und einige Hinweise auf dramatische Begabung darin gefunden, so daß er mich eines Abends in Donaueschingen unumwunden fragte: »Warum schreibst du eigentlich nicht mal eine Oper?« Ich antwortete wie aus der Pistole geschossen: »Mit Vergnügen, wenn du das Libretto verfaßt.« Aus dieser Laune oder Wette heraus wurden drei Opern geboren.

Als erstes lieferte mir Strobel ein Libretto, das – zwei Jahre nach Kriegsende! – ein Geschehnis während der deutschen Okkupation Frankreichs zum Thema hatte. Die Oper bekam den Titel *Leonore 40/45* und lehnt sich damit bewußt an Beethovens *Fidelio* an. Man mag diese Anspielung ein wenig anmaßend finden, aber sie erklärt sich aus dem Handlungsablauf. Es geht um die Liebe einer jungen Französin und eines deutschen Soldaten, die sich während der Besetzung in einem Pariser Konzertsaal begegnet sind. Nach dem Waffenstillstand unternimmt die Frau alles Erdenkliche, um ihn ausfindig zu machen und seine Entlassung aus dem Gefangenenlager zu erreichen.

Der Text war zweisprachig; jede Person sang in der Sprache, die ihrer Rolle gemäß war. Bei der Uraufführung, 1952 in Basel, errang dieser lyrische Versuch zur Völkerversöhnung einen schönen Erfolg, aber in Deutschland entfesselte er überall mehr oder wenige lautstarke Skandale. Augenscheinlich kam unser Unternehmen dort etwas zu früh. Das Thema war noch zu nah, als daß die Deutschen es ohne Murren hätten akzeptieren können. Der Abstand war 1952 noch nicht groß genug. Wie dem auch sei, außerhalb Basels gab es keine Aufführung der *Leonore 40/45*, ohne daß der Radau schon vor dem Ende des ersten Aktes losbrach. Wir hatten mit der Wahl des Stoffes eine gewisse Provokation beabsichtigt, wir hatten eine heftige Reaktion herausgefordert – und bekommen, was wir wollten.

Bei der Berliner Premiere geriet das Publikum buchstäblich außer sich, und die Heftigkeit der Ablehnung traf mich tief. Was wollten wir schließlich mit *Leonore 40/45* sagen? Doch nur dies: »Wir haben genug vom Marschtritt der Soldatenstiefel. Unter den Menschen sollten engere und bessere Beziehungen bestehen als Krieg und Rachegelüste.« Freilich steckte auch eine tiefer liegende und unbequeme Idee dahinter: Jene, die den ersten Stein auf die »Schuldigen« werfen, haben sich während des Krieges selbst auch nicht immer untadelig aufgeführt. Man errät leicht, wie eine solche Theorie in Berlin und Paris 1952 aufgenommen wurde ...

Als ich nach dem Fallen des Vorhangs an die Rampe treten wollte, um mich dem brüllenden Berliner Publikum zu zeigen, spürte ich, daß mich jemand zurückziehen wollte. Es war ein Chorist, der mich anflehte: »Bitte, lassen Sie das, sonst wird's noch schlimmer!« Ich stellte mich trotzdem, und es war wirklich allerhand los – ein Klamauk, wie ich ihn nie vorher und nachher miterlebt habe.

Jedenfalls sind Haßexplosionen wie diese anregender als die Aufnahme in Mailand. Unsere Premiere in der Scala fand am 30. Dezember statt, und das Stammpublikum auf der Galerie pfiff schon vor der Ankunft des Dirigenten Antonio Votto. Der Aktualität halber hatten wir aus dem deutschen einen italienischen Soldaten gemacht; das genügte natürlich, auch die Mailänder gegen uns aufzubringen.

Als moralische Rückenstütze hatten wir siebzehn Zürcher Freunde eingeladen und im ersten Rang verteilt. Das Pfeifen hörte während der ganzen Vorstellung nicht auf, aber nun war ich schon daran gewöhnt. Eine Viertelstunde vor Schluß kam der Direktor der Scala zu Strobel und mir in die Loge und sagte verlegen: »Es ist ein etwas harter Abend ... Ich fürchte, unser Publikum hat nicht viel für moderne Musik übrig. Wenn Sie mit den Sängern vor den Vorhang wollen, machen Sie sich besser darauf gefaßt, daß es kaum sehr viele Hervorrufe geben wird.«

Der Vorhang fiel, und es ereignete sich ... nichts. Die eisige Stille wurde nur durch das frenetische Klatschen unserer siebzehn Zürcher gebrochen, aber unter den tadelnden Blicken des Publikums stellten auch sie ihre Bemühungen einer nach dem anderen ein. Die Frage, ob wir uns vor dem Vorhang zeigen sollten, war gegenstandslos geworden. Am nächsten Morgen lasen wir im *Corriere della Sera:* »Die Claque war aus der Schweiz importiert.«

Es ist nicht abzustreiten, daß wir ein bißchen deprimiert waren. Karl Heinz Ruppel, der Kritiker der *Süddeutschen*

Zeitung, hatte getreulich an unserer Seite ausgeharrt, und zu seiner und unserer Aufmunterung schleppten Strobel und ich ihn in mehrere Tavernen, wo wir uns alle drei betranken. Gegen zwei Uhr früh kehrten wir vor die Scala zurück, deren Fassade mit drei Riesenportalen prunkt, die immer geschlossen bleiben, vielleicht mit Ausnahme von Staatsempfängen und Gala-Abenden. Jeder von uns pflanzte sich nun vor einem dieser Portale auf, und dann pißten wir einmütig auf die Scala . . .

Nachdem wir uns von der Ablehnung unserer *Leonore* erholt hatten, stürzten sich Strobel und ich in eine zweite Oper. Sie sollte bei den Salzburger Festspielen 1954 uraufgeführt werden. Auch *Penelope* war ein politisches Stück, ebenfalls in der unmittelbaren Nachkriegszeit angesiedelt und auch von einem wirklichen Vorfall inspiriert: Eine Berlinerin erhält kurz nach dem Waffenstillstand die Nachricht, ihr Mann sei im sibirischen Gefangenenlager gestorben. Sie verheiratet sich nach drei Jahren wieder, wird aber eines Tages vom Roten Kreuz informiert, ihr erster Mann lebe noch, sei aus der Gefangenschaft entlassen und werde mit einem der nächsten Heimkehrerzüge in Berlin eintreffen. Die Frau will zunächst gar nicht zum Bahnhof gehen, aber ihr zweiter Mann redet ihr gut zu, und sie begibt sich unter die Wartenden. Kurz vor Ankunft des Zuges wird sie über Lautsprecher in ein Büro gerufen, wo sie erfährt, der Erwartete sei unterwegs vor Erschöpfung gestorben. Erschüttert, aber in gewissem Maß auch erleichtert, kehrt sie in ihre Wohnung zurück, wo sie ihren zweiten Mann erhängt vorfindet – er hat Selbstmord begangen, um ihr die schwere Entscheidung zu ersparen. Eine absurde, aber wahre Geschichte.

Angesichts eines solchen Themas fürchtete Strobel vor

allem, in eine unerträglich kitschige Melodramatik zu versinken. Deshalb schlug er vor, der Geschichte als Parallele die Penelope-Sage zu unterlegen, den Mythos ihres zwanzig Jahre langen Wartens auf die Heimkehr ihres Gatten Odysseus aus dem Trojanischen Krieg. So konnte man Homers Heldin der modernen Frau gegenüberstellen und beide von derselben Sängerin interpretieren lassen.

An der Idee, so geistvoll sie war, störte mich doch, daß die Frau von heute mit ihrer Wiederheirat eigentlich ein Unrecht beging, während ich es persönlich ganz richtig fand, daß sie nicht gewartet hatte. Ich stand also nicht auf der Seite der antiken Penelope.

Das brachte Strobel auf den Gedanken, die Gestalt Homers einzuführen und die Handlung somit ins Literarisch-Experimentelle zu versetzen. Das Happy-End auf Ithaka wurde nur durch den Willen des Dichters ermöglicht, nur er gestattete Odysseus die Wiedervereinigung mit seiner Gefährtin, und die Oper schloß mit einer Lobpreisung der Poesie, die im normalen Alltag unlösbare Probleme dennoch glücklich zu entwirren vermag.

Diesmal waren wir so vorsichtig, Abstand von Deutschland zu halten und die Handlung nach Süditalien zu verlegen. Nichtsdestoweniger starben wir in Salzburg fast vor Lampenfieber, ehe sich der Vorhang hob, denn unser vorjähriger Durchfall an der Mailänder Scala war das beliebteste Gesprächsthema der Festspielgäste. Doch die Vorstellungen – mit Christel Goltz, Anneliese Rothenberger, Rudolf Schock und Kurt Böhme – liefen so gut ab, daß der Operndirektor von Louisville im US-Bundesstaat Kentucky mir spontan eine dritte Oper in Auftrag gab.

Er hieß Moritz von Bomhard, war Deutsch-Amerikaner und verfügte dank der Rockefeller-Stiftung über die Mittel, ein Jahrzehnt hindurch Opern von fast allen bekannten Komponisten zu bekommen. Der Vertrag enthielt zwei wichtige Klauseln: Das Libretto mußte in englischer Sprache abgefaßt sein, und die Dauer des Werkes durfte fünfundfünfzig Minuten nicht überschreiten – diese Grenze war von den Aufnahmemöglichkeiten für eine Columbia-Schallplatte vorgeschrieben.

Von Louisville wußte ich bis dahin nur, daß man dort Pferde züchtet. Die Existenz einer Opernbühne war mir unbekannt. Trotzdem reizte mich der Auftrag sehr, und Strobel und ich machten uns wieder an die Arbeit.

Diesmal wählten wir als Grundlage Molières Komödie *Die Schule der Frauen*, zum Teil, weil die Pariser Inszenierung von Louis Jouvet und die Bühnenbilder von Christian Bérard uns beiden unvergeßlich geblieben waren. Das Gärtchen vor dem hohen weißen Haus ist eine der genialsten Dekorationen, die Bérard je entworfen hat. Strobel, ein vorzüglicher Kenner der französischen Literatur, schrieb das Libretto auf deutsch, und Elisabeth Montague – eine leibhaftige Nachfahrin der Montecchi aus *Romeo und Julia*! – übernahm die englische Übersetzung.

Im Grunde drehen sich alle drei Opern um ein gemeinsames Thema, nämlich die Gegenüberstellung zweier Welten. In der *Leonore 40/45* sind es die deutsche und französische Sprache, in der *Penelope* moderne Wirklichkeit und antiker Mythos, und in der *Schule der Frauen* versuchten wir, barocken Stil mit zeitgenössischer Handschrift zusammenzubringen.

Ich setzte daher das Cembalo wie eine Art ironisches Gänsefüßchen in eine bitonale Partitur, und Strobel seinerseits »verfremdete« die Komödie durch die Einführung eines Molière, der, fast wie eine Figur von Pirandello, beobachtet, wie die jungen Leute mit seinem Stück umgehen. Diese Rolle wurde sehr skurril und farbig von Walter Berry verkörpert, der nach und nach auch in jede der übrigen männlichen Personen schlüpft, von denen – ein weiterer Strobel-Einfall – immer eine abwesend ist.

Unsere Kurzoper errang (1955) in Louisville großen Erfolg. Was die Aufführung in New York betrifft, so waren wir nach der Premiere so siegessicher, daß wir bis fünf Uhr früh feierten, um die Morgenblätter zu erwarten, in denen wir von der Kritik zweifellos in den Himmel gehoben werden würden. Und was lasen wir, als wir die *New York Herald Tribune* aufschlugen? Der Kritiker hatte »es genossen, nach dem Hören dieser Oper wieder der lieblichen Melodie einer Schreibmaschine zu lauschen« ... Die übrige Presse äußerte sich ähnlich. Glücklicherweise stand *Die Schule der Frauen* schon fest auf dem Programm der Salzburger Festspiele 1957.

Wir griffen nun auf die deutsche Textfassung zurück und gaben der Oper ihre vorgesehene Normallänge. Aber im November 1954 war der bisherige Herrscher der Festspiele, Wilhelm Furtwängler, gestorben, und zum neuen Souverän Salzburgs wurde derjenige erkoren, vor dessen Tür das ganze musikalische Europa – Berlin, die Scala, Wien – Schlange stand: Herbert von Karajan.

Meine New Yorker Schlappe hatte ihn dermaßen abgeschreckt, daß er unsere Oper absetzen wollte. Es kostete uns schwere Kämpfe, ihn rumzukriegen. Doch Josef Kaut, der Landeshauptmann des österreichischen Bundeslandes Salzburg, und mein Freund, der Komponist Gottfried von Einem, setzten sich zu unseren Gunsten ein, so daß die *Schule der Frauen* am Ende doch aufgeführt wurde, und zwar mit enormem Erfolg, zu dem Anneliese Rothenberger und

Christa Ludwig, Walter Berry, Kurt Böhme und Nicolai Gedda als Sänger, der Dirigent George Szell sowie Oscar Fritz Schuh (Regie) und Caspar Neher (Bühnenbild) gleichermaßen beitrugen.

Die Schule der Frauen war nicht mein einziges Werk nach einer literarischen Vorlage. Auf der Liste meiner ersten Kompositionen finden sich »Texter« wie Verlaine, Baudelaire und Giraudoux. Die Erklärung ist einfach: Ich glaube, ganz ohne Koketterie, daß ein Komponist mit noch unbestätigtem Talent gut daran tut, sich auf ein literarisches Meisterwerk zu stützen, statt sich nur auf die eigene Schöpferkraft zu verlassen.

Wer vor seinem Notenpapier sitzt, im Begriff, ohne andere Hilfsmittel als die oft recht kurzatmige Inspiration zu komponieren, gerät leicht in Gefahr unterzugehen. Ein guter Text ist dagegen der Rettungsring, der einen oben hält. Ohne Giraudoux' *Sodom und Gomorrha,* aus dem ich die Rede des Erzengels unter dem Titel *Dies ist ein Ende der Welt* vertont habe, hätte ich wohl kaum die apokalyptische Atmosphäre darstellen können, in die ich mich hineinzudenken versuchte.

Nebenbei – und ohne Werturteil – möchte ich bemerken, daß fast alle Werke so berühmter Komponisten wie Verdi oder Richard Strauss literarische Vorlagen haben. Desgleichen gehen die wichtigsten Arbeiten von Pierre Boulez und Luigi Nono auf Texte von René Char, Mallarmé oder Lenin zurück.

Einige Kompositionsabenteuer haben mich freilich an ganz andere Ufer geführt. Ich war immer leidenschaftlich an neuen Ausdrucksformen interessiert. Scherchen hatte mich auf den Geschmack an solchen Experimenten gebracht. Das *Konzert für Jazzband und Sinfonie-Orchester* und die Sinfonie *Les Echanges*, für 156 Maschinen, waren die für mich wichtigsten Resultate.

Ich habe schon erzählt, daß ich in meiner Jugend Saxophon und Schlagzeug gespielt habe; der Jazz als Stilmittel war mir also vertraut. Als ich dann später die *Penelope* schrieb, hatte ich ein ganz spezielles szenisches Problem zu lösen: Zunächst sind viele Menschen vor einem Gasthaus am Marktplatz eines italienischen Städtchens versammelt – Kriegsgefangene, die soeben aus Rußland heimgekehrt sind und von ihren Frauen begrüßt werden. Für diese Wiedersehensszene hatte ich einen Chor geschrieben, aber die folgende Szene spielte sich aus psychologischen Gründen zwischen zwei Menschen allein ab. Ich mußte den Platz also auf einleuchtende Weise rasch von allem Publikum leerfegen.

Ich kam auf die Idee, ein altes Grammophon ins Fenster des Wirtshauses zu stellen, das mit plötzlich ertönender Tanzmusik die anderen Paare in das Haus und damit von der Bühne weglockte. Nach Besprechungen mit George Szell, dem Dirigenten der Uraufführung, stellte sich jedoch rasch heraus, daß es unmöglich war, den Wiener Philharmonikern einen Boogie abzuverlangen.

Glücklicherweise hatte aber der Südwestdeutsche Rundfunk, dessen musikalischer Leiter Hans Rosbaud war, ein eigenes Jazzorchester, das von Kurt Edelhagen, mit dem meine kurze Komposition aufgenommen werden konnte. Sieben Stunden dauerte es, bis die Musiker mit einer Aufzeichnung von zweieinhalb Minuten Musik zufrieden waren. Ihr künstlerisches Gewissen, ihre Konzentration und Intelligenz spornten mich an, etwas Ergiebigeres für sie zu komponieren.

Heinrich Strobel verschaffte mir auch hier die Gelegenheit: das *Konzert für Jazzband und Sinfonie-Orchester* wurde 1954 unter Leitung Hans Rosbauds vom Orchester Kurt Edelhagen und dem des Südwestfunks beim Festival von Donaueschingen uraufgeführt. Noch im selben Jahr in Chicago unter Fritz Reiner, dem Vorgänger Georg Soltis, gespielt, bot es der spitzen Feder Claudia Cassidys, der strengsten Kritikerin der Stadt, Anlaß zu dem Bonmot: »Jetzt exportiert die Schweiz den Jazz in die Vereinigten Staaten!« Seit damals wurde das Konzert vielerorts gespielt, von Balanchine für eine Galavorstellung des New York City Ballet choreographiert und in der von Erich Walter choreographierten Düsseldorfer Ballettversion vom deutschen Fernsehen ausgestrahlt.

Meine zweite – sagen wir ruhig: exzentrische – Erfahrung folgte zehn Jahre später, anläßlich der Schweizer Landesausstellung, die 1964 in Lausanne stattfand.

Die Vorgeschichte hatte schon eines Abends 1962 begonnen, als mich in Hamburg zwei Herren besuchten und mich aufforderten, eine Partitur für den geplanten »Pavillon der Banken, Versicherungen und Verkehrsunternehmen« zu schreiben. Das klang nicht besonders musikalisch, und mir schien es angemesssener, etwa Henry Moore um die Lieferung einer eindrucksvollen Skulptur zu bitten. Die Herren bestanden jedoch auf ihrem Wunsch, und im Laufe des zweistündigen Gesprächs wurde es mir immer schwerer abzulehnen. Ich glaubte mich halbwegs elegant aus der Affäre zu ziehen, indem ich sagte: »Also, wenn Sie um jeden Preis Musik haben wollen, lassen Sie doch die Maschinen spielen, die Sie ausstellen.« Damit entwich ich in mein Büro und dachte in den nächsten Monaten nicht weiter daran.

Ein halbes Jahr später rief mich der Direktor der Ausstellung an: »Wir haben beschlossen, Ihnen die notwendigen Mittel zu bewilligen.« Ich hatte keine Ahnung mehr, worum es sich eigentlich handelte. Er frischte mein Gedächtnis auf, und ich versprach, etwas ausweichend, mir die Sache zu überlegen.

Zufällig kannte ich eine Institution, die sich »Schweizerischer Tonjägerverband« nannte, auf außergewöhnliche Tonbandaufnahmen spezialisiert war und am Verkauf ihrer eingefangenen Geräusche an Theater, Film- und Rundfunkstudios nicht übel verdiente. Diese Leute bat ich, nach Lausanne zu fahren, sich die Ausstellerliste des bewußten Pavillons zu besorgen und dann sämtliche Geräusche auf Band zu nehmen, die von den dort vorgesehenen Maschinen und Motoren produziert wurden. Die Tonjäger kamen mit mehreren hundert Klangeffekten zurück; ich hatte somit genügend Rohmaterial, mit dem ich arbeiten konnte.

Das war unheimlich kompliziert. Zunächst schrieb ich eine Partitur, als sei sie für ein Schlagzeugorchester bestimmt. Dann verband ich innerhalb des nun festgelegten Rhythmus die Klangfarben der unterschiedlichen Geräusche miteinander, und ein Toningenieur übersetzte jede Note in einen elektronischen Wert. Die auf Lochstreifen fixierten Tonfolgen erhielten wieder andere Spezialisten zur Bearbeitung, die nun die 156 Maschinen nach den Kommandos eines Computers zusammenschließen mußten. Wir brauchten sieben Monate, bis dieses Werk von drei Minuten exakt funktionierte!

Ich wollte mich nämlich nicht damit begnügen, zwecks Volksbelustigung einfach 156 Maschinen wie Instrumente um einen als Dirigenten verkleideten Computer zu gruppieren – nein, der Ablauf der Geräusche und Kadenzen sollte unwiderstehlich den Eindruck eines planvollen Musikstücks erwecken. Die Hauptschwierigkeit lag darin, daß jede Maschine ihren spezifischen Eigenrhythmus hatte und ich meine Komposition recht beschränkten technischen und chromatischen Möglichkeiten anpassen mußte.

Die tatsächliche Ausführung bereitete noch mehr Kopfzerbrechen. Zuerst hatte mein Landsmann Jean Tinguely seine Skulptur-Maschine »Heureka«* hundert Meter von den meinen entfernt installiert, und da die Geräusche unserer Maschinen miteinander rivalisierten, mußten wir sie nach Zeitplänen einteilen. Dann, ausgerechnet an dem Tag, als der Schweizer Bundesrat die Ausstellung besuchte, verweigerten meine Maschinen jeden Ton, jede Bewegung – man konnte beinahe glauben, sie seien vom Lampenfieber gelähmt. Drei Tage lang suchten die Elektriker vergebens nach der Ursache dieser Panne, bis einer auf die Idee kam, mal unter den Podesten nachzusehen: Die Ratten vom Genfer See hatten die Kabeldrähte angeknabbert und damit einen Kurzschluß verursacht! Und schließlich streikten meine launischen Interpreten noch einmal, just als die Fernseh-Einspielung stattfinden sollte, womit der einigermaßen enttäuschende Schlußpunkt hinter meine technotonschöpferische Tätigkeit gesetzt war.

Tatsächlich habe ich mit dieser Sinfonie *Les Echanges* mein letztes Werk geschrieben. Warum habe ich zu komponieren aufgehört? Das frage ich mich heute noch, und meine Antwort hat zweifellos etwas Unvollständiges, Anfechtbares: Ich bin eben, wie bereits gesagt, der Meinung, daß man nicht mehrere Sachen zugleich tun kann. Am Tag, als ich zu komponieren anfing, habe ich den Taktstock hingelegt, und von dem Tage an, da ich in die musikalische Ad-

* Sie ist heute in einem Park am Zürichsee aufgestellt.

ministration ging, habe ich keine Note mehr geschrieben.

Im Grunde hatte ich sowieso nie etwas vom inspirierten Tonkünstler an mir, wenigstens nicht in dem romantischen Sinn, in dem manche Leute sich Schubert vorstellen, wie ihm im Wienerwald seine Melodien zuströmen. Um meinen Lebensunterhalt zu verdienen, behielt ich meinen Nebenjob als Tonmeister. Und nach dem Beispiel Thomas Manns, der jeden Tag drei Stunden schrieb, nicht eine mehr, nicht eine weniger, komponierte ich täglich von vierzehn bis neunzehn Uhr. Von 1945 bis 1955 habe ich so an einem umwälzenden Abschnitt der zeitgenössischen Musikgeschichte teilgenommen – und zwar mit der Regelmäßigkeit eines Metronoms.

Es bereitete mir keinen besonderen Kummer, dies aufzugeben, um mich in steigendem Maße der künstlerischen Verwaltung zu widmen, erst beim Hamburger Rundfunk, dann ab 1959 an der Oper. Intendant der Hamburger Oper geworden, hatte ich mich täglich mit Meisterwerken auseinanderzusetzen und weder Zeit noch Mut noch auch den Wunsch, wieder zur Feder zu greifen. Was spielt wohl bei dieser Zurückhaltung mit – Angst, Scheu, Hemmungen? Ich weiß es nicht. Ich weiß nur, daß ich mich meinem neuen Beruf mit Haut und Haar verschrieben habe und daß er mich auffrißt.

7
Die Hamburger Oper als Komponistenwerkstatt

Meine Tätigkeit am Norddeutschen Rundfunk in Hamburg wickelte sich in zwei Stufen ab. Zuerst wurde ich 1955 eingeladen, eine Art Gutachten über die vier Orchester und tausend Mitarbeiter beschäftigende Musikabteilung des Senders zu liefern. Es ging um eine riesige Wiederaufbauarbeit – und das in einem Lande, in dem so gut wie alles wiederaufgebaut werden mußte.

Wer das Nachkriegs-Deutschland miterlebt hat, wird es nie vergessen. Die Menschen entwickelten untereinander eine Toleranz, Freundlichkeit und Rücksicht, wie sie sonst kaum anzutreffen sind. Sie waren unaggressiv, hilfsbereit, und man gewann den Eindruck, alles sei erlaubt, alles geschehe frei, offen und gewaltlos. Ich bin froh, diese Zeit miterlebt zu haben.

Als ich das Gutachten fertiggestellt hatte, wurde mir auf Anraten des Dirigenten Hans Schmidt-Isserstedt der Posten des Leiters der Hauptabteilung Musik beim Norddeutschen Rundfunk angeboten, und ich nahm ohne langes Besinnen an. Erst später erfuhr ich von den komplizierten Überlegungen, die meiner Berufung vorausgegangen waren. Mein Vorgänger beim NDR war Harry Hermann-Spitz gewesen. Er hatte viele Jahre im Konzentrationslager verbracht und war durch eine schwere Krankheit daran gehindert, die notwendige Reorganisation des Riesenapparates in Angriff zu nehmen. Und so suchte man nach einem Nachfolger, von dem man nicht erwartete, daß er besonders begabt war, er mußte eine viel wichtigere Voraussetzung erfüllen: nämlich Jude sein. Denn es wäre völlig ausgeschlossen gewesen, Hermann-Spitz zu pensionieren und einen Arier an seine Stelle zu setzen. Der Intendant, der das gewagt hätte, wäre augenblicklich als Nazi gebrandmarkt worden. Ich bin fest davon überzeugt, daß ich meine Berufung diesem Umstand zu verdanken hatte. Es gab eben damals im ganzen deutschen und schweizerischen Rundfunkwesen keinen anderen, der »rassisch richtig lag«. Also nahm man mich. Es war übrigens schon mein zweites Engagement als Jude. Als mich Dr. Jakob Job auf Veranlassung von Scherchen an Radio Zürich engagiert hatte, unterließ er es nicht, mich darauf hinzuweisen: »Ich freue mich, daß Sie zu uns kommen, aber ich mache Sie auf eine besondere Verantwortung aufmerksam: Sie sind der einzige Jude in der Schweizerischen Rundfunkgesellschaft.« Das war 1945!

Mein Betätigungsfeld war einfach phantastisch, weil beinahe alles neu zu erarbeiten war. Die junge Generation kannte kaum die Namen der Maler, Schriftsteller und Musiker, die die übrige Welt bewunderte und verehrte. Das lag am Nazismus und an der ersten Phase des Wiederaufbaus: zwölf Jahre lang hatten sie nicht das Recht und hinterher nicht die Zeit gehabt, unsere Großen kennenzulernen. Auf musikalischem Gebiet beispielsweise war die Entwicklung für sie bei Werner Egk und Carl Orff stehengeblieben; Strawinskys *Feuervogel* war eine Neuentdeckung, und von Bartók hatten sie noch nie eine Note gehört. Man stelle sich vor, welche Schätze wir dieser Generation anzubieten hatten, die ganz wild darauf war, die verlorene Zeit aufzuholen!

Der Norddeutsche Rundfunk in Hamburg hatte sich schon vor meiner Ankunft um viele Meisterwerke des zwanzigsten Jahrhunderts verdient gemacht; namentlich verdankte man ihm die Welturaufführung von Schönbergs *Moses und Aron* unter der Leitung von Hans Rosbaud. Ich bin auf dieser Bahn sogleich weitergegangen, und Strawinskys *Threni* war in der langen Reihe von mir veranlaßter Uraufführungen die erste. Ich kann wohl sagen, daß es keinen bedeutenden Komponisten auf der Erde gibt, der vom Norddeutschen Rundfunk nicht um eine Arbeit gebeten worden wäre.

Eine allmonatliche Veranstaltung, »Das neue Werk«, gestattete uns, regelmäßig bisher unveröffentlichte Kompositionen vozustellen; auch die anderen Konzerte unseres Sinfonie-Orchesters enthielten stets mindestens einen »modernen Klassiker« wie Bartók, Prokofieff oder Strawinsky.

Obendrein rief ich mit dem ehemaligen Intendanten des Hamburger Senders, dem Schriftsteller Ernst Schnabel, ein »Drittes Programm« ins Leben – ein waghalsiges Unternehmen, sowohl auf kulturellem als auch auf politischem Gebiet. Dieser neue Kanal erlaubte uns, mit der musikalischen, literarischen und philosophischen Avantgarde des Landes Kontakt aufzunehmen. Theodor W. Adorno, Max Horkheimer, Ernst Bloch, Karl Jaspers und andere namhafte Geisteswissenschaftler arbeiteten regelmäßig mit. Und das wichtigste: Schnabel und ich waren vollkommen unabhängig von jeder Zensur; wir konnten aussuchen, was uns gut und richtig schien.

Wir verfügten in diesem Dritten Programm über eine tägliche Sendezeit von sechs Stunden. Natürlich kam es nicht in Frage, daß wir ununterbrochen Avantgarde spielten; ein Teil des Programms blieb ohnehin traditionelleren Darbietungen vorbehalten. So sendeten wir die meisten Verdi-Opern und das Gesamtwerk von Bach. Unser Ziel war es, auf allen Gebieten Vorzügliches zu bieten. Wir förderten den Jazz ebenso wie volkstümliche Blasmusik, die übrigens ihr Repertoire so sorgfältig erarbeitete und probte, als handle es sich um ein Konzert von Bartók.

Leider gibt es das Dritte Programm in dieser Form heute nicht mehr. Die finanziellen Belastungen, die das aufkommende Fernsehen mit sich brachte, wuchsen dermaßen an, daß der Norddeutsche Rundfunk für eine relativ geringe Hörerzahl keine eigene Sendereihe aufrechterhalten konnte.

Zur gleichen Zeit, als ich mit dem Hamburger Rundfunk Kontakt aufnahm, äußerte Günther Rennert die Absicht, seinen Intendantensessel bei der Oper der Hansestadt aufzugeben. Nach zehn Jahren zermürbender Arbeit hatte er das Bedürfnis nach einer Luftveränderung, und damit hatte er recht. Bruno Walter hat einmal gesagt: »Wenn man irgendwo städtischer Chefdirigent ist und zum zweiten Mal die *Fünfte* von Beethoven ansetzt, ist dies das Signal zum Aufbruch – der Kreis ist ausgeschritten!«

Auch Rennert fürchtete, sich in Routine festzufahren, und zog es vor, sich zu distanzieren. Ich muß Respekt ausdrücken vor einem Mann, der rechtzeitig zu gehen wußte, nachdem er ein Theater aus Ruinen neu aufgebaut, sein Repertoire und seine Inszenierungen neu geschaffen hatte.

Günther Rennert gab Anstöße ohnegleichen. Ich erinnere nur an die »Ruhrfestspiele«, die er buchstäblich aus dem Boden stampfte: Kunst gegen Kohle. Hamburg litt so unter Kohlemangel, daß es unmöglich war, die Oper zu heizen.

Also bot Rennert den Kumpels einen Tauschhandel an: »Gebt uns Kohlen, dann geben wir euch Musiktheater!« Der Vorschlag wurde angenommen, und der Tauschhandel zwischen Kunst und Kohle ermöglichte der Oper, ihren Betrieb schon 1947 wieder aufzunehmen. *Die Zauberflöte* und *Figaros Hochzeit* erklangen inmitten der Halden und Hochöfen. Die Ruhrfestspiele gibt es heute noch; sie sind eine wichtige selbständige Institution geworden.

Nach seinem Weggang wurde Günther Rennert provisorisch durch Heinz Tietjen ersetzt, eines der erstaunlichsten Chamäleons der deutschen Bühne. Er war zeitweise Generalintendant aller Preußischen Staatstheater und zugleich die Seele von Bayreuth. Während seiner auf drei Jahre befristeten Interimstätigkeit in Hamburg geschah es, daß der Bürgermeister Max Brauer – immer auf der Suche nach einem neuen Intendanten – ein Referat von mir hörte, und das brachte ihn auf den Gedanken, mir die Leitung der Oper anzuvertrauen.

Brauer, ein sozialdemokratischer Barockfürst, war nach zwölfjährigem Exil aus den USA heimgekehrt und hatte nur den einen Gedanken im Kopf, seine Stadt wiederaufzubauen und ihr neuen Glanz zu verleihen. Das Angebot kam mir unerwartet, und ich zögerte eine Zeitlang, es anzunehmen. Einer der Gründe für meine Ablehnung war meine Überzeugung, daß der kulturpolitische Einfluß des Rundfunks – das Fernsehen spielte damals ja noch kaum eine Rolle – international ausstrahlte, während der kulturpolitische Einfluß eines Staatstheaters lokal beschränkt bleiben müsse.

Doch das Bedürfnis nach Tapetenwechsel verscheuchte diese Bedenken. Vielleicht war auch ein Anflug von Eitelkeit mit im Spiel, denn die Intendanten der großen deutschen Opernhäuser bildeten damals eine hochangesehene Kaste. Was mich allerdings stutzig werden ließ, war der Hinweis von Kultursenator Biermann-Ratjen, daß die Hamburgische Staatsoper als eine Aktiengesellschaft zwei Vorstandsmitglieder hätte, die gleichberechtigt seien. Der eine Posten wäre der, den ich übernehmen sollte, der andere wäre mit einem Herrn Herbert Paris besetzt. Und Herr Paris sei eine *conditio sine qua non* – er sei für Hamburg unentbehrlich. Ob ich Herrn Paris nicht zunächst kennenlernen könnte? Die Begegnung fand dann in Zürich statt, wo Paris und ich uns zwei Tage im Garten ergingen und uns bald sehr gut verstanden. Herbert Paris wurde mein Freund und Helfer. Als Verwaltungsdirektor war er für alles zuständig – auch für die künstlerische Leitung, denn wir vertraten uns gegenseitig.

Heute kann ich sagen, daß unsere fünfzehnjährige Zusammenarbeit mustergültig war. Dabei hatte er es nicht leicht. Schließlich mußte er dafür sorgen, daß nicht zuviel Geld ausgegeben wurde, während es die Aufgabe des Intendanten ist, seine Ideen und Pläne zu verwirklichen, die oft sehr kostspielig sind. Hier muß ein Mittelweg gefunden werden, und diesen Mittelweg fanden wir immer.

Ich willigte also ein, und am 22. August 1958 wurde ich nach fünfminütiger Beratung vom Aufsichtsrat einstimmig gewählt.

Über ein Jahr lang teilte ich meine Kräfte allerdings noch zwischen dem Rundfunk und der Oper, wobei ich im voraus die Situation kennenlernte, die ich 1971 abermals erlebte, als ich dauernd zwischen Paris und Hamburg pendelte, um die Wiedereröffnung der Pariser Opéra vorzubereiten und zugleich meine noch bestehenden deutschen Verpflichtungen zu erfüllen.

Sobald meine Ernennung in Hamburg amtlich war, befragte man mich natürlich eingehend über meine Absichten und Pläne. Ich erwiderte, daß ich nicht zuletzt meine Erfahrungen als Komponist in den Dienst der Oper stellen wollte.

Genauer gesagt, wollte ich ausprobieren, ob es wirklich so undenkbar war, wie viele meiner Kollegen behaupteten, ein modernes Werk auf die Dauer in den Spielplan einzuführen. Ich verfolgte damit den Zweck, das weitere Absinken des Opernrepertoires zu verhindern, das durch den Mangel an frischem Blut zu ersticken drohte.

Jahrelang hatte ich das ständige Gerede mitangehört, die Sänger hätten Angst, sich beim Interpretieren neuer Opern die Stimmen zu ruinieren; das Publikum rümpfe sowieso die Nase über das Neue, Ungewohnte; man könne nicht genügend Proben durchsetzen – und so weiter. Ich habe alle diese Einwände einfach damit beantwortet, daß ich dreiundzwanzig Opern-Welturaufführungen auf die Bühne brachte.

In der Tat kamen mir dabei meine eigenen Erfahrungen sehr zugute. Als ich noch für die Salzburger Festspiele komponierte, hatte ich zweimal das Glück gehabt, meine Interpreten kennenzulernen, bevor ich die erste Note niederschrieb: Die Besetzungen der *Penelope* und der *Schule der Frauen* standen schon bei Abschluß der Libretti fest, und so konnte ich jede Partie den stimmlichen Anlagen meiner Sänger gemäß ausarbeiten.

Zu Christel Goltz, die meine Penelope kreieren sollte, fuhr ich regelmäßig nach Wien, um ihr meine Skizzen zu zeigen, und drei Tage lang studierten wir jede Phase gemeinsam ein. Sie sagte mir: »Wenn diese Passage gut kommen soll, müssen Sie die Vokale ändern; bitte setzen Sie hier ein *i* hin statt des *a*, das mich am Legatosingen hindert.«

Als ich dann etwas später nach Stockholm reiste, um an den Proben zur schwedischen Fassung der *Penelope* teilzunehmen, erlebte ich zwei Überraschungen: erstens eine damals noch unbekannte Sängerin namens Birgit Nilsson, in der ich ein einmaliges Stimmwunder entdeckte, und zweitens das allgemeine Lob: »Sie schreiben wunderbar stimmgerecht; ihre Texte singen sich wie Butter.«

Es war Christel Goltz, der ich dieses Kompliment verdankte und die auch sonst am Anfang aller meiner hamburgischen Pläne stand, die sich in einen Satz zusammenfassen lassen: Ich wollte lebenden Komponisten die Möglichkeit geben, mit ihren Interpreten zusammenzuarbeiten, um alle Vorbehalte zu zerstreuen, daß moderne Musik »unsingbar« und wegen ihrer angeblich »unausführbaren« Intervalle gefährlich für die Stimme sei.

So naturgegeben es auch scheinen mochte, war mein Vorgehen doch noch ziemlich revolutionär. Auf den Konservatorien wird Gesamtorchestrierung gelehrt, man treibt erschöpfende Studien der Instrumentationslehre von Berlioz und Richard Strauss, beim Abgang wissen die Schüler alles über die Reichweiten der Oboe, der Piccoloflöte und die Trillertechnik der Querflöte – aber über die menschliche Stimme haben sie absolut nichts erfahren, es sei denn aus irgendwelchen Fachbüchern, die der oder jener Gesanglehrer verfaßt hat. Die Stimmbänder sind für sie ein unbekanntes Instrument.

Ich mußte also sozusagen beim Abc anfangen und darauf dringen, daß meine Forderungen befolgt wurden. Die jungen Komponisten hatten zu wenig Ahnung vom Operntheater. Manche bildeten sich sogar ein, sie könnten eine

Oper schreiben, ohne jemals eine gehört zu haben.

Meine erste Aufgabe war daher, sie »ins Wasser zu werfen«. Mein Theater stand ihnen zur Verfügung, und ich schickte sie allabendlich in den Zuschauerraum. Sie hörten alles, von Mozart bis zur *Tosca*, vom *Troubadour* zu Wagner. Zunächst eher amüsiert, interessierten sie sich doch sehr bald für eine Ausdrucksform, die, wie sie bis dahin meinten, nur »die schwärmerischen Mädchen auf dem Olymp in Ohnmacht fallen ließ«. Indem sie eine nur zu oft überheblich belächelte Kunstform für sich entdeckten, lernten sie auch zugleich ihre künftigen Interpreten kennen. Dies geschehen, suchten wir zusammen einen Text aus, stellten eine Idealbesetzung zusammen, soweit sie verfügbar war – und noch bevor eine Note auf dem Papier stand. Der Komponist konnte sich auf Wunsch jederzeit genauer über die stimmlichen Fähigkeiten seiner Sänger unterrichten und auch außerhalb der Bühne bei ihren Korrepetitionsstunden und Stimmübungen zuhören.

Nach kritischer Durchsicht seiner ersten Skizzen traf sich der Komponist wieder mit seinen Interpreten. Allzuoft krankten die Opern noch an einem Mißverhältnis zwischen Musik und den Erfordernissen des Handlungsablaufs. Die letzten Änderungen fanden dann während der Proben statt.

Alle diese Arbeiten waren bei unseren Aufträgen im Vertrag mitinbegriffen – außer, natürlich, wenn es sich um so eigensinnige Künstler wie Strawinsky oder Spezialisten wie Mauricio Kagel handelte. Kagel war lange Korrepetitor am Teatro Colón in Buenos Aires gewesen und sprach sich grundsätzlich soviel wie möglich mit den Sängern aus.

Fünfzehn Jahre lang bewilligten wir jedem unserer Komponisten immer dieselbe lächerlich geringe Summe von

10 000 DM für Hotel- und Reisekosten. Es handelte sich dabei mehr um einen Zuschuß, der ihm erlaubte, sich von allen anderen Verpflichtungen freizuhalten, bis sein Werk bühnenreif durchgearbeitet und einstudiert war. Dann wurde er mit zehn Prozent an den Aufführungseinnahmen beteiligt; das Werk als solches wurde nicht bezahlt.

Sobald es sich herumgesprochen hatte, erweckte unser System das Interesse zahlreicher Musiker, die es aufregend fanden, ihre Musik schon beim Entstehen »klingen« zu hören und von Fall zu Fall Fehler oder Irrtümer korrigieren zu können, die von mangelnder Erfahrung herrührten.

Mein zweites Hauptziel an der Hamburger Oper war es, das ganze Jahr hindurch einen Spielplan von gleichbleibender Qualität zu bieten. Ich mußte um ein gutes ständiges Ensemble kämpfen, denn ohne ein solches wäre es unmöglich gewesen, die rund fünfzig Opern aufzuführen, die wir jede Saison ankündigten. Die Opernfreunde haben leider nur zu oft das Pech, an die »zweite Besetzung« zu geraten, sobald die erste Garnitur vor einem auserlesenen Publikum die Premiere absolviert hat. Ich habe diesen Vertrauensmißbrauch abgeschafft, der um so ägerlicher ist, als bei so fragwürdigen Methoden das »Volk« kaum je die Einstudierung zu sehen bekommt, von der in der Presse berichtet worden ist.

Bald konnte ich mit Befriedigung auf achtzig stets zur Verfügung stehende Sänger rechnen. Diese Zahl mag übertrieben scheinen, entsprach aber durchaus unserem Repertoire: Die Ballettabende mitgezählt, haben wir in einem einzigen Jahr bis zu sechsundfünfzig verschiedene Programme angeboten!

Als ich solche Änderungen in die althergebrachte Ordnung der Opernwelt einführte, war ich natürlich auf einige heftige Reaktionen gefaßt. Die ließen denn auch nicht auf sich warten, und in gewisser Hinsicht war ich beruhigt: Man attackiert niemanden, der untätig ist. Die Konservativen warfen mir vor, eine Art »modernistischer Bombenleger« zu sein; die anderen behandelten mich roh und herzlos als »alten Reaktionär«, der sich an eine überlebte Kunstform klammerte. Der eine Klüngel war so intolerant wie der andere.

Ich persönlich wußte, daß ich beim Verteilen der Aufträge keine Richtung auf Kosten der anderen vorzog. Meine einzigen Kriterien waren die Tragfähigkeit der dramatischen Idee und das Talent, das ich bei dem Künstler, an den ich mich wandte, zu spüren glaubte. Es stand mir nicht zu, darüber zu entscheiden, ob dieses Talent sich in tonaler oder serieller Musik auszudrücken hatte. Meine Arbeit bestand darin, jungen Komponisten das Opernschreiben überhaupt erst zu ermöglichen, nicht aber, ihnen dabei Fesseln anzulegen, indem ich ihnen meinen eigenen Geschmack aufdrängte. Mit einem Wort, ich habe mich stets von jeglichem Sektierertum ferngehalten. Es tut mir leid, wenn das einigen Leuten nicht paßte.

Übrigens bin ich der erste, der zugibt, daß dieser künstlerische Liberalismus kein Universalmittel ist. Nein, wir haben nicht ununterbrochen Wunder vollbracht. Ein junger Komponist, dessen Debüt in Hamburg ein Reinfall war, kann sich davon erholen und später ein gelungenes Werk schreiben. Wesentlich ist, daß er Gelegenheit gehabt hat, sich auszudrücken, seine erste Oper auf die Bühne zu bringen und Lehren für die Zukunft daraus zu ziehen. Dann wird man schon sehen, ob nicht in zwanzig Jahren eines der einst abgelehnten Werke an Bedeutung gewonnen hat, während manche Tageserfolge inzwischen längst verblaßt sind.

Aber schon heute hebe ich aus der langen Liste unserer Uraufführungen gern folgende Werke hervor: *The Visitation* (»Die Heimsuchung«) von Gunther Schuller (nach Kafkas Roman *Der Prozeß*), *Der Prinz von Homburg,* den ich für die bisher beste Oper Hans Werner Henzes halte, *Staatstheater* von Mauricio Kagel, das uns einen erstklassigen Skandal einbrachte, und die herrliche *Sintflut* von Strawinsky, die wegen ihrer außerordentlichen Vielschichtigkeit so schwer aufzuführen ist und die wir zuerst auf der Bühne gezeigt haben. Ich würde mich sehr glücklich schätzen, wenn ich diese vier Werke auch in Paris aufführen könnte, und dazu noch *Figaro läßt sich scheiden* von Giselher Klebe und *Arden muß sterben* von Alexander Goehr.

Arden ist eine Oper, die ich großartig finde, weil sie von schwarzem Humor strotzt, eine Art zwölftoniger *Dreigroschenoper,* die auf einem anonymen elisabethanischen Theaterstück fußt. Bis jetzt hatte sie keinen Erfolg, weil das Opernpublikum wenig Sinn für Satire hat, wenn sie nicht glatt heruntergeht, sondern eine geistige Beweglichkeit verlangt, die vielen Musikliebhabern fremd ist. Obendrein hat sich der Librettist nicht gerade beliebt gemacht, als er nach dem Fallen des Vorhangs den Pfeifern und Buhrufern die Zunge herausstreckte! Trotzdem bin ich sicher, daß diese Oper eines Tages den verdienten Erfolg haben wird.

Eine weitere Enttäuschung waren 1969 *Die Teufel von Loudun* von Krzysztof Penderecki nach dem Buch von Aldous Huxley, das auch dem bemerkenswerten Film von Ken Russell zugrunde liegt. Unzufrieden mit dem Regisseur, den er gleichwohl selbst bestimmt hatte, untersagte Penderecki nach der vierten Aufführung alle weiteren. Dieser Regisseur, Konrad Swinarski, hatte im Grunde viel Talent, war aber damals gerade schwerkrank und mußte mehrmals hintereinander ins Krankenhaus. Außerdem war er wirklich nicht allein an der Pleite schuld; Penderecki hatte viel zu viele *clusters** vorgeschrieben – freie Improvisationen, die der Initiative der Musiker überlassen sind. So kommt jedesmal etwas total Zufälliges zustande, bei dem jeder spielt, was ihm gerade einfällt. Aber man riskiert damit natürlich solistische Ausschweifungen, die ein völliges Auseinanderfallen von Bühne und Orchester bewirken. Swinarski, ans Sprechtheater gewöhnt, hatte nun vom Übermaß der *clusters* profitiert, um seine dramatischen Ideen anzubringen, und während das Orchester drauflos improvisierte, wollten die szenischen Einlagen kein Ende nehmen. Es wurde ein eklatanter Durchfall.

Doch schon am darauffolgenden Tag triumphierten dieselben *Teufel von Loudun* in Stuttgart, wo Günther Rennert die Zügel in den Händen hielt. Da er den Komponisten nicht dauernd im Nacken hatte, ließ er ruhig alles weg, was ihn störte. Wir dagegen hatten auf die Anwesenheit Pendereckis Rücksicht nehmen müssen, der, unbeschadet seines ungeheuren Talents, in die eigene Grube fiel.

Es waren oftmals die interessiertesten Zuschauer, die die größten Skandale provozierten. Aber sobald ich das Vertrauen der Hamburger gewonnen hatte, indem ich ihnen

* *Cluster* (dt. etwa »Tontraube«): Ein Klanggebilde, das durch Übereinanderstellung großer und kleiner Sekunden oder noch kleinerer Intervalle entsteht. Die Bezeichnung geht auf Henry Dixon Cowell (1930) zurück, der solche Gebilde *tone-clusters* nannte.

bewies, daß das Niveau der zwanzigsten Aufführung nicht schlechter war als das der Premiere, zeigten sie mir ihrerseits viel Entgegenkommen. Es war sogar das Abonnementpublikum, das mir alljährlich zwei Welturaufführungen ermöglichte, denn diese waren in die Platzmiete eingeschlossen, und nach ein paar Jahren werden sie vom Stammpublikum ohne jeden Widerstand akzeptiert. »Na wenn schon«, sagten die Leute, »der Intendant liebt eben Uraufführungen ... Schließlich muß man mit der Zeit gehen, da hat er vielleicht gar nicht mal so unrecht!« Und ganz allmählich regte sich sogar ihre Neugier. Entzückt oder wütend – sie erwarteten jede Erstaufführung mit Spannung, kurz, sie machten mit.

Ich behaupte nicht, daß die Mehrheit der Abonnenten begeistert gewesen wäre, denn in der Musik entsteht Liebe erst nach längerer Bekanntschaft. Wir mögen bestimmte Melodien, wenn und weil wir mit ihnen vertraut sind. Eine zeitgenössische Oper kann daher beim ersten Hören allenfalls Interesse, Neugier oder auch Ärger hervorrufen, bis zum Abscheu, dagegen fast nie spontane Zustimmung. Das Wohlgefallen daran kommt sehr viel später – aber Hauptsache, es kommt.

Selbst dem *Wozzeck* ist es nicht anders ergangen. Seit fünfundzwanzig Jahren ist diese Oper von Alban Berg nie mehr vom Hamburger Spielplan verschwunden, aber es hat ungefähr dieses Vierteljahrhundert gedauert, bis die Leute wirklich auf Maries Wiegenlied oder das letzte Zwischenspiel warten. Ein Vierteljahrhundert, damit zwei kurze Passagen anerkannt und so selbstverständlich akzeptiert werden wie eine Arie aus der *Tosca*!

Außerdem muß man zwischen zwei Typen von Publikumsreaktionen unterscheiden. Da gibt es einmal die nörgelnde Quertreiberei, gegen die nichts zu machen ist und die man nach Möglichkeit ignorieren muß, und zum andern die explosive Empörung, die ich persönlich ganz natürlich und gesund finde.

Selbst wenn wir im Laufe einer Premiere in einem Sturm von Pfiffen und Buhrufen untergingen, habe ich nie die Fassung verloren. All diese Leute hatten schließlich heute ihr gemütliches Heim verlassen, im Regen auf den Bus gewartet oder mühselig einen Parkplatz gesucht, sie hatten schon vorher an der Kasse Schlange gestanden, sie haben uns großzügig drei Stunden ihres Lebens geopfert ...

Wie oft habe ich mich mit den Stammgästen vom letzten Rang auseinandergesetzt! Es waren immer dieselben, zwei- bis dreihundert, erbittert, aber leidenschaftlich engagiert. Manchmal beschimpften sie mich auch schriftlich, aber ihre Briefe hatten immer Unterschrift und Adresse, so daß ich ihnen antworten konnte.

Ich erinnere mich an eine homerisch lange Sitzung: eine über sechs Stunden dauernde Debatte mit dem Publikum nach einem regelrechten Theaterskandal. Zwischendurch mußten Kaffee und belegte Brötchen serviert werden. Dirigent und Regisseur standen mir zur Seite. Es war wirklich aufregend, und ich gebe zu, daß viele Einwände der vorwiegend jungen Hörer durchaus berechtigt waren – obgleich sie sich wieder einmal vorwiegend gegen das Libretto richteten. Es ist so viel einfacher, den Schriftsteller anzugreifen als den Musiker!

Ich wiederhole, in Paris ebenso laut wie in Hamburg: Die zuweilen ziemlich unverschämten Zurufe, die vom Olymp herunter ertönen, haben mich noch nie schockiert. Das Publikum hat das Recht zu protestieren. Warum sollte es immer nur Beifall klatschen? Ein Beweis von gesundem Menschenverstand wiegt oft mehr als gesittete Zustimmung.

Dennoch bewahre mich Gott davor, mich hier masochistischen Wonnen hinzugeben und zu behaupten, nichts beglücke mich mehr als die allgemeine Ablehnung des Publikums! In Hamburg bildete das ganze Theaterpersonal ein unzertrennliches Team, und wir waren, bis auf den letzten Mann restlos an jede neue Unternehmung engagiert, manchmal recht enttäuscht von einer negativen Aufnahme, die wir für ungerecht hielten. Um uns in solchen Fällen moralisch wieder aufzumöbeln, beschlossen wir, jedesmal zu feiern – die Niederlagen ebenso wie die Triumphe.

Nach jeder Premiere, egal ob sie »gut« oder »schlecht« abgelaufen war, lud ich alle Beteiligten ins Foyer ein: Maschinisten, Sänger, Elektriker, Orchestermusiker, und dort, vor einem kalten Buffet mit reichlich Chianti und Gorgonzola, brachen wir das Brot miteinander wie in einem Roman von Ignazio Silone. Wenn das Publikum »mitgegangen« war, begossen wir unseren Erfolg; hatte es nicht geklappt, so tranken wir etwas mehr und tauschten böse Bemerkungen aus wie: »Die Idioten haben mal wieder nichts verstanden!« Der Chianti besiegte bald den ersten Katzenjammer, und schließlich machte es nichts mehr aus, ob Aufstieg oder Niedergang – auf jeden Fall kamen wir am nächsten Vormittag um zehn wieder zusammen, um unverdrossen die nächste Oper zu proben.

Das wichtigste war, standzuhalten; glücklicherweise habe ich die nötigen Nerven dafür. Einerlei, ob die Leute am Schluß einer Vorstellung »Bravo« rufen oder »Pfui!«, Hauptsache, sie äußern sich irgendwie – so lebt die Oper weiter.

Meine Begeisterung scheint vielleicht übertrieben, aber sie ist echt. Hierzu fällt mir ein Ausspruch meines Freundes Oscar Fritz Schuh ein, der mehrere Inszenierungen an der Hamburger Oper übernahm und Jahre zuvor meine beiden Salzburger Uraufführungen so großartig betreut hatte. Schuh war von seiner Mentalität her eher pessimistisch veranlagt, immer voller Zweifel. Wenn man am Vorabend einer Premiere seine Meinung einholte, erklärte er todsicher: »Alles Scheiße!« Ich widersprach sofort: »Aber nein, es wird großartig!« Das gab Schuh einmal Anlaß zu einer kleinen Betrachtung. »Ich bin ein destruktives Element«, sagte er, »und Rolf ist ein konstruktives Element, schön. Darum ist er fähig, auch Mittelmäßiges so überzeugend zu rühmen, daß zum Schluß wirklich alle glauben, es sei genial!«

Ich kann nur hoffen, daß ich mit dieser Überzeugungskraft auch einige Werke gerühmt habe, die wirklich genial sind ... Nein, ich hoffe es nicht nur, ich bin mir dessen sicher. Denn es genügt nicht, ein Publikum vorübergehend zu betören; man muß es auch halten können. Und Tausende von Menschen sind nicht auf die Dauer zu halten, wenn man ihnen nur Mittelmaß oder gar Schund anbietet.

Wenn ich heute in Paris an Hamburg zurückdenke, erscheint mir die Hansestadt in der Erinnerung wie ein warmes Nest und das Leben dort gemütlich, der Freundeskreis und das Publikum liebenswert. Das gilt für die ganze Hamburger Periode und auch für die, denen ich manchmal Verdruß bereitete, wie zum Beispiel dem Finanzsenator Herbert Weichmann. Er hatte es mit mir wahrlich nicht immer leicht. Unsere ausgezeichneten menschlichen Beziehungen führten dazu, daß er nach zwei, drei Jahren mich nur noch durch seinen Mitarbeiter empfangen ließ, denn »Ich will ihn nicht sehen, das kostet mich nur Geld«. Nach dem Tode Max Brauers wurde Weichmann erster Bürgermeister, und da begannen nun wirklich wunderbare Zeiten. Nicht, daß das Geld von da an nur so geflossen wäre – das ist nicht die Hamburger Art –, aber Weichmanns Verständnis für alle Dinge und seine Kunst, Probleme zu lösen, machten vieles möglich, was im ersten Augenblick unmöglich schien.

Was mir meine Arbeit in Hamburg unendlich erleichterte, war der Umstand, daß ich mit dem höchsten Landesherrn meine Sorgen besprechen konnte und seiner Hilfe sicher war. Das ist hier in Paris schon aus protokollarischen Gründen ausgeschlossen. Hier fehlt völlig die Wärme und Selbstverständlichkeit harmonischer persönlicher Beziehungen.

Wie sehr die Hamburger ihre Oper lieben und mit ihr leben, dafür gibt es eine hübsche Anekdote. Im Reeperbahnviertel liegt bekanntlich eine sehr berüchtigte Straße, deren Zugang auf beiden Seiten durch Eisenwände teilweise verbarrikadiert ist. Die Häuser in dieser Straße sind eher klein, und im Parterre sitzen die Mädchen in den Fenstern und tätigen ihre Abschlüsse mit den Freiern, um sich danach mit ihnen in den ersten Stock zu begeben.

Diese Mädchen wurden von einer recht eindrucksvollen Puffmutter kontrolliert, einer Grande Dame des Milieus, die sich um ihre Schützlinge kümmerte, etwas für ihre Bildung tat und unter anderem für die ganze Straße Abonnements in der Oper gemietet hatte. An solchen Abenden war eben geschlossen, man ging in die Oper. Die Mädchen kamen im schlichten schwarzen Kleid, ohne viel Schmuck, fast ohne Make-up, perfekt frisiert, ganz Dame. Sie hörten mit größter Aufmerksamkeit zu und waren ein erstklassiges Publikum.

Eines Tages schlug ich Birgit Nilsson vor, ihr die Reeperbahn zu zeigen. Sie nahm begeistert an, und ich führte sie auf unserem Rundgang auch durch diese Straße, worauf sich alle Fenster öffneten und Bravo und Applaus ertönten. Die Mädchen hatten kurz zuvor die Nilsson gehört, und der Jubel wollte nicht mehr enden. Wir legten die zweihundert Meter unter Ovationen der in den Fenstern sitzenden halbnackten Mädchen zurück, die sich für eine unvergeßliche Aida bedanken wollten. Birgit war den Tränen nahe.

Heute ertappe ich mich oft dabei, daß ich Hamburg meine, wenn ich von Deutschland spreche. Es fällt mir schwer, an Deutschland im Sinne einer Bismarckschen Einheit zu denken. Ich glaube nicht, daß ein Hamburger einem Bayern nähersteht als einem Zürcher, im Gegenteil. Natürlich kam ich zu einer Zeit nach Hamburg, die nicht mehr mit der heutigen vergleichbar ist. Nie wieder habe ich eine solche Aufgeschlossenheit und Aufnahmefähigkeit erlebt wie damals. Inzwischen hat sich Deutschland mächtig gewandelt. Es ist eine Wohlstandsgesellschaft herangewachsen, die nicht genau weiß, wie sie mit ihrem Wohlstand zurechtkommen soll. Das drückt sich vor allem in einem wachsenden Gegensatz zwischen der älteren und der jüngeren Generation aus – ähnlich dem, wie ich ihn in den Jahren 1955 bis 1960 in Israel beobachten konnte. Während die jungen Israelis von den Heldentaten ihrer Väter beim Aufbau ihres erkämpften Vaterlandes nichts mehr hören wollten, zweifelt die Jugend in Deutschland die politische Integrität und Zivilcourage der Elterngeneration grundsätzlich an.

Als ich in Hamburg begann, war der Schuldkomplex noch sehr stark spürbar, und man behandelte mich oft ein bißchen wie ein rohes Ei. Vor allem wurde jedes Gespräch gemieden, das heikle Probleme hätten berühren können. Unter den Menschen, mit denen ich in freundschaftlicher Verbindung stand, waren sicher solche, die »mitgemacht« hatten. Da ich aber nicht glaube, daß jeder von uns zum Helden geboren ist, und es sogar gut verstehe, wenn jemand keiner ist, lernte ich bald, meine Neugierde nach der Vergangenheit der Menschen um mich herum zu unterdrücken; denn anders hätte ich wohl kaum in Deutschland arbeiten können. Es schien mir damals auch ideologisch richtig zu sagen: Vergessen wir, was gewesen ist, helfen wir, ein neues Europa zu schaffen. Viele aus meiner Generation, die 1945/46 noch geglaubt hatten, es begänne eine neue Welt, mußten erkennen, daß es nicht so war. Es scheint niemals so zu sein.

8
Für ein »Musiktheater«

Vielleicht ist es verwunderlich, daß Begriffe wie »Regie«, »dramatische Idee«, »szenische Erfindungen« so oft aus der Feder eines Opernintendanten fließen, von dem man doch eine Vorliebe für das Musikalische erwartet. Dazu bedarf es wirklich einer Erklärung.

In Deutschland begann die Erneuerung des Theaters unmittelbar nach dem Krieg. Die meisten Bühnen waren von Bomben zerstört, Dekorationen und Kostüme verbrannt, und die Leute saßen bis zu den Ohren vermummt in zugigen, ungeheizten Sälen.

Unter diesen Umständen und nach allem, was die Welt hinter sich hatte, wäre es grotesk gewesen, traditionelle Opernillusionen zu neuem Leben erwecken zu wollen. Der Lügenprunk der Oper hatte sich mitsamt den protzigen Hitlerpalästen verflüchtigt. Weder das Geld noch die Ausstattung bestimmten den Wert eines Kunstwerks. Man wollte menschliche Wesen auf der Bühne sehen und Musik hören, die einem weiterhalf. Die Stunde der Wahrheit hatte geschlagen – jener vertieften Wahrheit der Darstellung, die jetzt zum ersten Ziel auch der Sänger wurde. Selbst der Glanz der Stimmen, so wichtig er blieb, kam erst in zweiter Linie. Das Wort »Oper« wurde nur noch mit Zweifeln ausgesprochen; lieber sprach man von »Musiktheater«. Schon der Name verdeutlicht, was darunter verstanden wurde. Auf der Opernbühne sollte endlich ebenso natürlich gespielt werden wie auf der Bühne des Sprechtheaters; allerdings durfte der Gesang deswegen nicht vernachlässigt werden.

Ich glaube, Hamburg war unter den ersten, die diese Forderung in die Tat umsetzten. Aber auch in Salzburg fand eine Revolution des Musiktheaters statt, und über Bayreuth erreichte sie die übrigen deutschen Opernhäuser.

Vier Männer, jeder von ausgeprägter Eigenart, standen am Beginn dieser Umwälzung: Günther Rennert, Oscar Fritz Schuh, Walter Felsenstein und Wieland Wagner. Alle vier haben zeitweilig in Hamburg gearbeitet, und ihnen ist es zu verdanken, daß unsere Aufführungen nicht nur im Musikalischen korrekt waren, sondern von der dramatischen Auffassung her beispielhaft wirkten.

Daran arbeite auch ich seit mehr als dreißig Jahren, und ich gedenke in meinen Bemühungen nicht nachzulassen, weil selbst heute noch jeder an die Comédie Française, das Berliner Ensemble, das Old Vic, denkt, wenn von »Theater« die Rede ist, aber nie an eine Opernbühne. Ich hoffe den Tag noch zu erleben, an dem man wieder ebenso selbstverständlich wie von Covent Garden und der Scala auch von der Opéra spricht und deren Inszenierungen in die *Theater*geschichte eingehen. Dabei haben es die Opernregisseure schwerer als die Schauspielregisseure. Denn hier wird ihnen ja durch den Komponisten die Dramaturgie ganz genau vorgeschrieben. Der Komponist zwingt den Regisseur, seine dramatischen Vorstellungen zu respektieren. Der Opernregisseur kann nicht einfach eine Pause einlegen, wo er sie für richtig hält, sondern sie steht da, wo der Komponist sie haben will. Der Regisseur muß zusehen, wie er eine Entfernung von zehn Meter überbrückt, wenn der Komponist ihm nur zehn Sekunden Musik dafür zur Verfügung stellt – was ihn dazu zwingen kann, viel schneller zu sein, als es eigentlich sein Wunsch wäre.

Aber kehren wir zu den vier Meistern zurück, ohne die von »Musiktheater« keine Rede sein könnte. Zuerst zu Wieland Wagner. Er war als Mensch und Freund von außergewöhnlicher Vornehmheit und Würde. Im Gegensatz zu seiner Mutter Winifred und zu vielen seiner Altersgenossen hat er sich nie in die Arme Hitlers geworfen, und er konnte auch seinen Paten, den alten Tietjen, nicht ausstehen, obwohl oder weil der die Geschicke Bayreuths im Dritten Reich lenkte. Ich konnte es ihm nachfühlen; noch in den ersten fünfziger Jahren hätte ich keinen Pfifferling für die Rettung Bayreuths gegeben, so sehr war der Grüne Hügel zur Hochburg der alten Nazis geworden.

Dennoch vollbrachte der Wagnerenkel Wieland das Wunder. das Werk seines Großvaters von der Okkupation durch die Faschisten zu befreien. Dazu gehörte Mut, denn die »Freunde Bayreuths« bildeten schon seit fast einem Jahrhundert eine Vereinigung, die sich stur an die schlechtesten Überlieferungen klammerte. Die »alten Bayreuther« empfanden jede vom Herkömmlichen abweichende Neuinszenierung wie einen Schlag in die Magengrube. Zu ihrer Entschuldigung muß gesagt werden, daß weder die Presse noch der Rest des Publikums viel fortschrittlicher dachten. Wieland Wagner erregte jedesmal wütende Empörung, und gewöhnlich wurde erst im nächsten Jahr die geschmähte Inszenierung plötzlich zum Triumph.

Wieland Wagner war also der Mann der Skandale, aber seine Skandale gehörten zu der wirksamen Methode, mit der man schlechten Gewohnheiten zu Leibe geht. Patrice

Chéreau, der junge Regisseur des ebenfalls umstrittenen *Rings* von 1976, erinnerte mich schon bei *Hoffmanns Erzählungen* in der Pariser Opéra sehr an Wieland Wagner; um seine Zukunft ist mir nicht bange. Er wurde auch in Paris ausgebuht, weil er ein liebgewordenes Bild im Herzen alter Damen zerstörte. Die Barcarole zum Beispiel, die seit ihrer Kindheit in einem Märchen-Venedig erklungen war, klang nun plötzlich von den Kais eines obskuren nordischen, von Dirnen bevölkerten Hafens ...

Auf die gleiche Art zerschlug Wieland Wagner wie mit einem Trommelwirbel den schwülstigen Symbolismus des neunzehnten Jahrhunderts. Seine Scheinwerfer kreisten reale, von albernen Flittern und Klunkern befreite, lebendige Wesen aus Fleisch und Blut ein. Die strahlenden Helden der teutonischen Mythologie waren verschwunden und hatten Männern und Frauen Platz gemacht, die ihre Dramen auf einer kahlen Spielfläche erlebten und durchlitten. Und mit einem Schlage kam die Basis aller Opernkunst wieder zu ihrem Recht – die Musik.

Mit Ausnahme der *Meistersinger* und des *Rings* probierte Wieland alle seine Neuinszenierungen erst auf der Bühne der Hamburger Oper aus, bevor er sie nach Bayreuth brachte. Die übrigen Wagner-Werke hatte Rennert in Hamburg inszeniert – Rennert, der feine Psychologe, der sensibelste der Regisseure. Ich war bei einer erschütternden Probe des dritten *Walküre*-Aktes mit Martha Mödl und Hans Hotter dabei. Um die Vater-Tochter-Beziehung zwischen Wotan und Brünnhilde bis ins Tiefste auszuloten, hatte er eine derartige Atmosphäre von Zartheit und erotischer Spannung geschaffen, daß alle Anwesenden bei Wotans Abschied nasse Augen bekamen. Der inzestuöse Charakter dieser Liebe zwischen ihm und seinem »kühnen, herrlichen Kind« wurde in den letzten dreißig Minuten jedem klar, und zugleich stockte einem der Atem vor der unbeschreiblichen Schönheit der Szene.

Wieland war dagegen weit mehr ein »Bühnenbildner«. Lange vor Josef Svoboda machte er sich die Möglichkeiten des Lichts zunutze, und er profilierte sich mit jeder Inszenierung als ganz großer Techniker des Lichts. Aber auch er verstand sich auf Psychologie. Ich erinnere mich an eine seiner Proben, die vom deutschen Fernsehen mitgefilmt wurden: Er zeigte dabei Erwin Wohlfart, wie er sich den Mime im *Siegfried* dachte. Binnen weniger Minuten war es ihm gelungen, den Doppelaspekt dieser zwiespältigen Figur deutlich zu machen; der Darsteller war zugleich tückisch-dämonisch und schrecklich bedauernswert.

In Hamburg war es auch, wo Wieland seine letzte Inszenierung, die zweite Fassung des *Fliegenden Holländers,* aufführte. Drei Monate später erfuhren wir von seinem Tod.

Im Gegensatz zu Wieland Wagners Einfühlsamkeit war Walter Felsenstein eher ein Diktator. Er modellierte an seinen Sängern herum, als wären sie Wachsfiguren, und zögerte nicht, sie bis zu zwölf Stunden hintereinander arbeiten zu lassen – mit der einleuchtenden Begründung, er selbst werde nie müde. Solche infernalischen Tagesleistungen waren zweifellos nur in Ostberlin möglich, wo Felsenstein die Komische Oper leitete. In Hamburg war dergleichen kaum durchzusetzen, ganz zu schweigen von Paris, wo allein schon die Gewerkschaften und die Tarifordnung rasch einen Riegel vorgeschoben hätten.

Als er bei uns in Hamburg die *Traviata* vorbereitete, kam die Sängerin der Violetta, Melitta Muszely, in Tränen aufgelöst zu mir. Sie war total mit den Nerven fertig. Felsenstein hatte sie neun Stunden lang immerzu die Arie aus dem ersten Akt wiederholen lassen und zu guter Letzt erklärt, er sei enttäuscht von ihrem »mangelhaften künstlerischen Gewissen«! Daß sie sich bereits völlig heiser gesungen hatte, schien er gar nicht zu bemerken.

Aber es wäre unsachlich, diese Tyrannei aufs Konto dieses oder jenes politischen Regimes zu setzen. Sicher wären Pudowkin und Eisenstein im Westen ebenso despotisch gewesen, wie sie es im Osten waren, und schließlich ist Giorgio Strehler ebenfalls ein Diktator, genauso wie eine nicht gezählte Schar von Dirigenten. Es ist eine Sache des Naturells; manche werden eben vom heiligen Feuer so verzehrt, daß sie die Lebensrechte anderer darüber vergessen. Aber diese Unerbittlichkeit kann sich auch segensreich auswirken. Zum Beispiel hätten wir die Pariser Oper niemals rechtzeitig mit der *Hochzeit des Figaro* wiedereröffnen können, wenn Strehler tatsächlich die Arbeitszeitvorschriften respektiert hätte. Glücklicherweise ließ er seine fast magische Überzeugungskraft spielen, so daß die Künstler widerstandslos bis zu neun Stunden täglich probebereit waren – auch auf die Gefahr hin, am Premierenabend stockheiser zu sein.

Übrigens ist es interessant, wie gern Sänger – sogar die Stars – sich imponieren lassen; sie erkennen bereitwillig an, daß der Regisseur eine sehr starke Persönlichkeit sein muß. Nur muß er, um glaubwürdig zu bleiben, auch alle physischen Probleme kennen, die mit der Operndarstellung verbunden sind, zum Beispiel, daß bestimmte Töne nicht in einer unmöglichen Körperhaltung hervorgebracht werden können. Das unterscheidet den Opernregisseur von dem des reinen Sprechtheaters.

Sicherlich ist nichts dagegen einzuwenden, daß die Regie

einer Musikkomödie wie *Così fan tutte* einem Sprechtheaterspezialisten anvertraut wird, da er bloß sechs Personen anzuleiten hat. Schwierig wird es erst, wenn ein Chor auf der Bühne erscheint. Nur ein Regisseur, der Musik im Blut hat, kann eine solche Masse beseelen und richtig in Bewegung setzen; durchschnittliche Theater- oder Filmregisseure würden die Hexen im *Macbeth* auf gut Glück irgendwohin placieren oder die Soldaten im *Troubadour* außer Sichtweite des Dirigenten antreten lassen.

Eine der Hauptstärken Felsensteins bestand nun gerade darin, daß er, wenn er zu den Proben kam, eine regelrechte Choreographie im Kopf hatte. Den Hamburger Choristen schrieb er für die Ballszene im ersten Akt von *Rigoletto* mehr als tausend Bewegungen vor, die auf jeden einzelnen Takt dieser fünfundzwanzig Minuten abgestimmt waren. Diese haargenaue Einübung erforderte zwei Wochen Drill, an deren Ende sich aber jeder Mitwirkende mit der größten Natürlichkeit zu bewegen schien.

Könner von solchem Rang sind leider selten geworden, und angesichts der beträchtlichen Zahl von Operninszenierungen in aller Welt genügen die paar Spitzenkräfte ohnehin nicht. Man muß also entweder mit zweitklassigen Talenten vorlieb nehmen oder neue entdecken. Ich wählte die zweite Lösung, als ich an der Opéra Patrice Chéreau mit *Hoffmanns Erzählungen* betraute, Terry Hands mit dem *Othello* und Jorge Lavelli mit *Faust* und *Pelleas und Melisande.*

Von Eisenstein, der 1940 die *Walküre* in Moskau herausbrachte, bis zu Luchino Visconti gibt es eine lange Liste großer Namen von Bühne und Film, die sich auch für die Oper interessierten. Im Grunde gibt es ja keinen himmelweiten Unterschied zwischen Opern- und Theaterregie.

Giorgio Strehler, John Dexter, Jorge Lavelli, um nur einige zu nennen, wechseln mit Leichtigkeit von einem Fach zum andern. Es gilt hier wie dort allein die künstlerische Wahrheit.

Aber ich rede vom Musiktheater, ohne einen seiner berühmtesten Wegbereiter erwähnt zu haben: Bert Brecht. Alle Theaterformen verdanken ihm etwas, und ganz besonders das Musiktheater, für das er sich so interessierte. Als Regisseur lehrte er uns Präzision und Sparsamkeit der Mittel. Mit seinem Bestehen auf echtem Ensemblespiel zwang er die Schauspieler zur Ehrlichkeit. Hinzuzufügen ist, daß er den größten Bühnenbildner seiner Epoche, Caspar Neher, zur Seite hatte, der die berühmten Brecht-Vorhänge schuf, mit denen die Bühne auf halber Höhe abgeschlossen wurde und die auch als Projektionsflächen benutzt werden konnten.

Brecht war überzeugt, daß seine Stücke den endgültigen Bruch zwischen ihm und der bürgerlichen »Oberschicht« bewirken würden. Und was passierte? Die *Dreigroschenoper* hat von der Uraufführung an alle Besucherrekorde geschlagen; *Mahagonny* hatte in Hamburg mehr Zulauf als die *Fledermaus;* Lotte Lenyas Schallplatten waren die »Hits« der dreißiger Jahre und der Nostalgiewelle, und in Westdeutschland, sobald es wiederaufgebaut und seiner sicher war, zogen Brechts Stücke überall enorme Besucherscharen aller Gesellschaftsschichten an. Der revolutionäre Impetus, so direkt die Fabel, die Botschaft auch waren, wurde, kulinarisch verflacht, vom Bügertum ignoriert.

Während eines Aufenthalts in Marokko, beim Flanieren auf dem großen Platz von Marrakesch, sah ich, von etwa hundert Schaulustigen umringt, einen Zahnreißer, der sich mit einem furchterregenden Instrument bemühte, jemandem einen Backenzahn zu ziehen. Als er ihn endlich heraus hatte, schleuderte er ihn triumphierend mit der Zange in die Luft. Der unglückliche Patient war von Blut überströmt, aber die Gaffer spendeten ohrenbetäubenden Beifall. Ein Stück weiter scharten sich die Müßiggänger um einen Teppich von etwa zwei Quadratmeter Größe, auf dem sich eine improvisierte Theaterszene abspielte. Ein Lappen, ein Stock genügten dem Gaukler, die allgemeine Aufmerksamkeit auf sich zu lenken. Zwischen ihm und dem Publikum, das ihn im Kreis umdrängte, war so gut wie keine Distanz, deshalb war die von ihm geschaffene Atmosphäre unendlich viel dichter, als wenn er die Leute von einem Podium herab angesprochen hätte. Ich habe da eine Wahrheit gespürt, wie sie das abendländische Theater seit einem halben Jahrhundert sucht.

In Stockholm sah und hörte ich in einem Rundbau die Oper *Thérèse – ein Traum* von Lars Johan Werle, nach einem Text von Emile Zola. Die kreisförmige, offene Bühne befand sich in der Mitte des Saals, ringsherum saß das Publikum, und das Orchester, das von zwei Dirigenten geleitet wurde, bildete wiederum einen Kreis um das Publikum ... Ich verstehe kein Wort Schwedisch und habe das Werk von Zola nie gelesen; trotzdem habe ich nicht eine Sekunde lang den Faden verloren: weil ich einbezogen war. Aber man baut weiterhin Theater, als wären Erfahrungen mit neuen Bühnenformen nie gemacht worden! Die »modernen« Architekten haben nicht den Mut oder die Möglichkeit, sich vom Hergebrachten zu lösen und den Raum nach allen Richtungen zu weiten; Hans Scharoun und seine herrliche Berliner Philharmonie sowie ein paar andere rühmliche Beispiele ausgenommen.

Wenn ich in Paris endlich den Probensaal bekäme, um den ich seit Jahren kämpfe, würde ich ihn öfter zur Aufführung von »Kreis-Spielen« benutzen. Ich träume von manchen Mozart-Opern, etwa *Così fan tutte*, die vierdimensional noch reizvoller als dreidimensional wirken müßten.

Ich weiß, wovon ich rede, denn ich habe schon in Hamburg, im Malersaal des Deutschen Schauspielhauses, solche Versuche gemacht. Einige Aufführungsexperimente verlangten tatsächlich einen intimeren Rahmen als die Oper oder das Schauspielhaus. Wir haben in dem neuen Saal eine gute Tonanlage installiert und verstellbare Spielflächen verschiedener Größen und Formen angebracht, so daß man auch auf ebenem Boden, wie in einem Zimmertheater, spielen konnte.

Glen Tetley hat dort sein Ballett *Circles* mit der Musik von Luciano Berio aufgeführt. Die Musiker waren in den vier Ecken des Saales verteilt, und Cathy Berberian sang, indem sie mit einem Mikrofon um das Publikum spazierte. In der Mitte die Tänzer. Die Zuschauer waren wie erschlagen, sie so nahe zu sehen. Sie hatten keinerlei Ähnlichkeit mehr mit den eleganten Puppen, die man sonst auf der Bühne bewundert – es waren Menschenwesen, die schwitzten und außer Atem kamen wie gewöhnliche Sterbliche. Wenn man einen Tänzer aus einem Meter Entfernung beobachtet, merkt man erst, daß er nach einem achtminütigen Solo buchstäblich am Ende seiner Kraft ist. Die Muskelarbeit und die körperliche Anstrengung mitanzusehen, vermittelt ganz neue Einsichten. Diese visuelle Teilnahme an der mühsamen Überwindung der Schwerkraft könnte daher auch ein ganz neues Publikum anziehen. Als das Ballett später ins Opernhaus übernommen wurde, ließ es mich, im taditionellen Rahmen und in der üblichen Entfernung, beinahe kalt.

Es ist klar, daß die Abschaffung der Distanz Publikum und Ausführende enger zusammenschweißt und die Atmosphäre eines Konzertsaals unvergleichlich intensiver wird, sobald die Hörer um die Solisten herumsitzen. Nur für die Interpreten selbst ist die Sache problematischer. Für sie bedeutet die übergroße Nähe eine bedenkliche Nervenprobe: ein bißchen Lampenfieber, die kleinste Hemmung, und schon sind sie unfähig, den mitreißenden Zauber auszustrahlen, der den »imaginären Vorhang«, von dem Malraux spricht, entbehrlich macht.

In dieser Hinsicht sind Zirkus- und Varietékünstler vorbildlich. Wenn sie ihr Handwerk beherrschen und mit aufgelockerter Selbstverständlichkeit ausüben, sind sie lebende Beweise, daß das Publikum immer positiv auf direkte Einbeziehung reagiert. Sie scheuen sich nicht, über die Rampe zu klettern, mit den Zuschauern zu reden und sie mitspielen zu lassen, kurz: das vertrauliche Einvernehmen herzustellen, dem das übliche Sprech- und Singtheater noch nachläuft.

Immerhin ist auch in der Oper eine Entwicklung zur Befreiung der Interpreten von den anachronistischen Zwängen der traditionellen Opernmanier im Gange. Gleichzeitig mit dem Aufkommen des modernen Musiktheaters ist eine neue Generation von Sänger-Schauspielern erschienen, die bestrebt ist, all die Konventionen abzuschütteln, die das Spiel ihrer Vorgänger lähmten. Die Pariser Oper verfügt seit einiger Zeit über einen nicht geringen Teil solcher kreativen Sänger, die sich auf der Bühne ungezwungen bewegen, nach der Vorstellung nicht drei Liter Bier in sich hineinschütten müssen und es nicht unbedingt für nötig halten, zwei Zentner zu wiegen . . .

Dieses neugewonnene Bewußtsein, das heute Früchte zu

tragen beginnt, erwachte bereits in der ersten Nachkriegszeit und hatte zwei Ursachen. Erstens forderte die Eigenart der neuen Musikwerke den Interpreten beträchtliches Umdenken ab: seit Debussy, Richard Strauss und Bergs *Wozzeck* legen die Komponisten viel mehr Wert auf einen verständlich gesungenen Dialog als auf die große Arie; die Texte sind ihnen ebenso wichtig wie die Musik. Zweitens suchten auch die Begründer des Musiktheaters unablässig Künstler, die imstande waren, ihren Teil zur Entstaubung und Entkrampfung des üblichen Opernklischees beizutragen.

Doch schon viele Sänger der vorhergehenden Generation können das Verdienst für sich in Anspruch nehmen, Brükken geschlagen zu haben, etwa Martha Mödl, Astrid Varnay, Hans Hotter, Max Lorenz. Dann kamen Persönlichkeiten wie Christa Ludwig, Elisabeth Schwarzkopf, Walter Berry ... Ich könnte hier gleich fünfzig Namen aufzählen. Sie waren selbst am glücklichsten, endlich von den stereotypen Posen befreit zu sein, dem Strammstehen, der Liebeserklärung mit der Hand auf dem Herzen. Und mittlerweile haben Sängerinnen wie Anja Silja oder Kiri Te Kanawa wohl für immer die üppige, ausdruckslose Primadonna von der Bühne verbannt.

Maria Callas brauche ich in diesem Zusammenhang kaum extra zu erwähnen. Sie war unbestreitbar eines der größten Operntemperamente aller Zeiten. Vielleicht kann man bei ihr sogar von Genie sprechen. Auf jeden Fall hatte ihre Karriere, deren Intensität die kurze Dauer erklärt, auch etwas eigentümlich Romantisches. Maria Callas hat sich in jeder ihrer Rollen buchstäblich verbraucht; ihren erstaunlichen Stimmumfang hat sie eingesetzt, um sich in äußerster dramatischer Intensität zu verbrennen.

Über das Dirigieren sagte mir Hermann Scherchen öfter: »Es ist sinnlos, Dirigieren zu *lernen.* Begnüge dich damit, die Partituren gründlich zu studieren. Du wirst nie eine falsche Geste machen, wenn du das Stück richtig im Kopf hast. Solange du die musikalische Wahrheit respektierst, werden dich deine Arme nicht im Stich lassen.«

Dieser Ausspruch läßt sich großartig auf die Callas übertragen. Ohne je eine Inszenierung von Schuh, Rennert, Felsenstein oder Wieland Wagner gesehen zu haben, stellte sie auch mittelmäßige Leistungen ihrer Regisseure in den Schatten, indem sie ihre Rolle aus ganzem Herzen, mit aller Kraft *lebte.*

Welch ein Jammer, daß sie sich auf das italienische Repertoire des neunzehnten Jahrhunderts beschränkte! Es genügt nicht, vergessene Werke von Bellini und Donizetti wieder zu Ehren zu bringen, um die ganze Größe der Opernkunst zu erschließen. Der Vergangenheitskult der Maria Callas, ihre hartnäckige Weigerung, zeitgenössische Partien zu singen, haben uns einer überragenden modernen Darstellerin beraubt. Ich bin überzeugt, daß es noch heute, trotz ihrer stimmlichen Ermüdungserscheinungen, ein Ereignis wäre, wenn sie ihr Vorurteil fallen ließe und die Klytämnestra in *Elektra* oder die Emilia Marty in der *Sache Makropoulos* von Janáček sänge.

9
Gebt mir einen Hofmannsthal!

Die große Revolution der modernen Opernkunst bestand darin, daß dem Text eine Hauptrolle eingeräumt wurde. Und in dem Maße, in dem das Musiktheater dieses Nach-Debussysche Erbe antrat, erhob sich der Ruf nach entsprechenden literarischen Vorlagen. Die Liste unserer Hamburger Uraufführung ist da sehr aufschlußreich. Kleist, Kafka, Shakespeare, Aldous Huxley, Albert Camus, Dylan Thomas – sie alle sind direkt oder indirekt zu Mitarbeitern unserer Komponisten geworden.

Man hat die Literatur oft die Krücke der Oper genannt. Im Deutschland der ersten Nachkriegsjahre war das nicht einmal ganz falsch. Als Juden, »Entartete« oder beides zugleich waren Bartók, Schönberg, Strawinsky und andere während der zwölf Hitlerjahre weder aufgeführt noch gedruckt worden. Erst nach 1945 hielten sie ihren Einzug in Konzertsälen und Opernhäusern, und unter ihrem Einfluß änderten die jungen Komponisten radikal die bisher übliche Musiksprache.

Das Publikum stand dem zunächst ratlos gegenüber; allzu plötzlich verlangte man von ihm, von Liszts *Préludes* zur Zwölftonmusik »umzuschalten«. Man mußte diesen traumatischen Schock irgendwie lindern, besonders bei den Opernfreunden, die meistens konservativer sind als andere

Musikliebhaber. Daher suchte und fand man Hilfe in der Literatur, deren große Themen den ob der musikalischen »Extravaganz« verwirrten Hörer ein wenig sicherer und aufnahmebereiter machten. Ein klassischer Held hat allemal genug Prestige, dem Publikum die ungewohnte Musiksprache leichter beizubringen. Wer Hamlet, Ophelia, Polonius auf der Bühne wiedersieht, befindet sich ungeachtet des »Getöses« in altvertrautem Gefilde.

Daß die meisten Nachkriegsopern auf klassischen oder zumindest etablierten Werken fußten, lag hauptsächlich daran, daß die lebenden Autoren leider nur selten Interesse für die Oper aufbringen. Ist das nun Geringschätzung oder die Abneigung, etwaige Tantiemen mit dem Komponisten teilen zu müssen? Ich weiß es nicht. Fest steht nur, daß kein heutiger Bühnenschriftsteller auf eine solche Zusammenarbeit besonderen Wert legt. Ich habe versucht, meine Landsleute Max Frisch und Friedrich Dürrenmatt dafür zu gewinnen, aber vergebens. Sie gestatten allenfalls, daß man ihre früheren Arbeiten benutzt, sind aber nicht bereit, ein Original-Libretto zu schreiben, und andere sind es ebensowenig. Mit einem Wort, es gibt keinen Hofmannsthal mehr – der ohnehin in jeder Beziehung eine Ausnahmeerscheinung war.

Wagner war seinerzeit mißtrauisch genug, um seine Texte lieber selbst zu schreiben, im Gegensatz zu Verdi, der sich bis auf die letzten Alterswerke mit mäßigen Klassikerbearbeitungen und schauerlichen Librettos von Piave begnügte. Doch welche Gipfel erklomm er in der Zusammenarebit mit Arrigo Boito!

Ich gebe gern zu, daß kein Komponist das Recht hat, sich eines Meisterwerks zu bemächtigen, wenn er es nicht vertiefen oder in ganz neuem Licht erscheinen lassen kann. Nur ein Verdi durfte sich an einen *Othello* heranwagen. Ich kann das Stück nicht mehr auf der Sprechbühne sehen, so sehr fehlt mir die Musik, und der ganze erste Akt, den Boito in der Opernfassung weggelassen hat, langweilt mich. Ebenfalls dank Boito scheint mir Verdis *Falstaff* den ursprünglichen *Lustigen Weibern* von Shakespeare haushoch überlegen. Und der *Boris Godunow* von Puschkin wäre längst nicht so populär, wenn es den von Mussorgsky nicht gäbe.

Besonders frappant erscheint mir der Fall Georg Büchner. *Dantos Tod* als Oper von Gottfried von Einem finde ich viel überzeugender als das Theaterstück. Und der *Wozzeck* erhält seine volle Bedeutung erst durch Alban Bergs Musik. Dieses Werk, dessen Text Fragment geblieben ist, wirkt paradoxerweise nach seiner Umwandlung in eine Oper ganz in sich abgeschlossen.

Im allgemeinen jedoch ist es anregender, wenn auch kniffliger, mit einem lebenden Autor zusammenzuarbeiten, als ein berühmtes älteres Werk nach eigenen musikalischen Vorstellungen umzumodeln. Zu meiner Komponistenzeit hatte ich das Glück, einen Heinrich Strobel zur Seite zu haben, der sich selbst nicht besonders ernst nahm, mich aber oft auf ungeahnte Ideen brachte. Ebenso hat Hans Werner Henze dem Genie der 1973 auf tragische Weise umgekommenen Ingeborg Bachmann sehr viel zu verdanken.

Aber diese wenigen Ausnahmen können nicht vergessen machen, wie selten gute neue Operntexte sind. Die Komponisten, denen ich Aufträge für die Opéra erteilt habe, suchen verzweifelt nach geeigneten Partnern. Ein so hochbegabter Musiker wie Henri Dutilleux hofft seit mehr als einem Jahr, einen brauchbaren Text ausfindig zu machen. Und Olivier Messiaen hat nur deshalb weniger Probleme, weil er sich wahrscheinlich wieder der Bibel zuwendet, dem unerschöpflichen Buch der Bücher.

Wenn ich noch komponieren würde und zwanzig Jahre jünger wäre, würde ich versuchen, Autoren wie Peter Handke oder Thomas Bernhard zu dem Abenteuer zu überreden; beide scheinen mir über echte musikalische Sensibilität zu verfügen. Einstweilen aber gibt es, ich wiederhole es, leider keinen neuen Hofmannsthal ...

Er steht mit seiner aufopfernden Hingabe an die Oper in der Musikgeschichte als einzigartiges Phänomen da. Die Korrespondenz mit Richard Strauss bezeugt eine geradezu heroische Selbstverleugnung. Man lese nach, wie dieser hochgebildete, sensible Wiener sich von dem Bayern anschnauzen läßt, wenn der noch vier Zeilen braucht oder zwei streichen will. Die Briefwechsel der beiden fangen immer sehr höflich und weltmännisch an und enden oft mit Ausfällen von Richard Strauss. Es gehörte wirklich eine Engelsgeduld dazu, die unnachgiebigen Forderungen eines Musikers zu ertragen, dem jede Rücksicht auf die Verletzlichkeit des Dichters fremd war, obwohl er dessen Genialität instinktiv spürte.

Kein heutiger Komponist könnte ohne Neid an einen solchen Mitarbeiter denken. Hofmannsthals eigenes Werk kennt man viel zuwenig, und daher wird oft übersehen, daß zum Beispiel sein großes Trauerspiel *Der Turm* besser ist als die meisten Texte, die er für Strauss und nach dessen Wünschen schrieb. Beim *Rosenkavalier* allerdings habe ich mindestens ebensoviel davon, wenn ich mir statt der Oper die gesprochene Schallplatte vom Wiener Burgtheater anhöre – ich genieße den köstlichen Humor, der von dem aristokratischen Wienerisch der Maria-Theresia-Zeit so subtil unterstrichen wird. Und bei jedem Hören kommt es zu dem erstaunlichen Phänomen, daß ich innerlich die Strauss-Harmonie mithöre, wiewohl die musiklose Komödie nur ein Drittel der Zeit dauert – in der witzigen Gescheitheit der Dialoge ist schon alles enthalten. Das beweist, welche Geistesverwandtschaft die beiden Männer doch verbunden haben muß, trotz aller Charakterunterschiede und stürmischen Auseinandersetzungen. Und dann frage ich mich oft, welchen von beiden ich mehr bewundere, Strauss oder Hofmannsthal?

Richard Strauss ist sicher, außer Strawinsky, derjenige Musiker des zwanzigsten Jahrhunderts, der mich am nachhaltigsten beeindruckt hat. Seine Persönlichkeit entzog sich allen üblichen Maßstäben; er hat es verstanden, Mitarbeiter wie Hofmannsthal und Stefan Zweig *(Die schweigsame Frau)* zu finden; er hat das Opernrepertoire um viele Meisterwerke bereichert, und doch, glaube ich, nimmt die Geschichte schon jetzt eine gewisse Auslese unter seinen Werken vor.

Nachdem ich in letzter Zeit zehn Aufführungen des *Rosenkavaliers* gehört habe, fühle ich mich ein wenig verstört. Wie, wenn diese Oper am Ende doch nicht das Meisterwerk wäre, als das man sie seit einem halben Jahrhundert rühmt? Wenn es sich eher um eine Art Rumtorte handelte, viel zu süß und viel zu üppig? Der Dialog im ersten Akt zwischen Ochs und der Marschallin schien mir auf einmal musikalisch recht dünn und der Anfang des dritten Aktes unmäßig langgezogen ...

Dieses Erlebnis hat meine früheren leisen Zweifel bestätigt: Der verführerische Charme des *Rosenkavaliers* ist vielleicht doch im Schwinden begriffen – wie der bunte Staub von Schmetterlingsflügeln, die man unvorsichtig anfaßt.

Dafür aber bleibt *Elektra* vom ersten bis zum letzten Takt das erschütternde Werk, mit dem Strauss auf einen Schlag in die Nähe Mahlers und Schönbergs rückte. Besonders der bitonale Schluß mit dem c-Moll, überlagert von der C-Dur-Septime, ist von einer unerhörten Kühnheit; an dieser Stelle läßt Strauss die Tonalität hinter sich und treibt die Musik einen Riesenschritt voran.

Man kann sich kaum vorstellen, daß ein Künstler, wie vor seinem eigenen Mut erschrocken, danach wieder zu seinen Harlekinen und Seiltänzern zurückkehrt, als wollte er seinen phantastischen Seitensprung nicht ganz wahrhaben. Ich bin mir nicht sicher, ob mein Freund Hans Werner Henze nicht einer ähnlichen Versuchung erlegen ist. Ich kenne ihn seit den Kranichsteiner Ferienkursen, 1947, und sah in ihm einen Musiker, der sich von seinem neunzehnten bis fünfunddreißigsten Lebensjahr als einer der progressivsten deutschen Komponisten erwies. Und dann kam seine Oper *Der junge Lord* – witzige Partitur, gewandter Stil, ungeheurer Erfolg. Aber im großen und ganzen kommt mir diese Henze doch wie ein modernisierter Donizetti vor ...

Wie erklärt sich ein solcher Bruch? Mit dem Hang zur Bequemlichkeit? Mit Geldsorgen, die der Unterhalt einer Villa in der römischen Campagna mit sich bringt? Sollte Henze sich »angepaßt« haben, um, des Erfolges sicher, von seiner Kunst zu leben? Nein, so einfach kann es nicht sein; bei Henze liegt der Fall viel komplizierter als bei Richard Strauss.

Um 1968 knüpfte Henze nämlich enge Beziehungen zur extremen Linken in Deutschland an, insbesondere zu Rudi Dutschke. Zugleich vollzog sich bei ihm auch ein kategorischer ästhetischer Wandel: mit seinem *Floß der Medusa,* einem Che Guevara zugeeigneten Oratorium, übernahm Henze sowjetische Theorien in seine Musiksprache, die fortan den arbeitenden Massen zugänglich sein sollte. Später, nach einem Aufenthalt auf Kuba, wo er eine Sinfonie für Fidel Castro komponierte, mehrten sich seine klaren Bekundungen, daß er sich ans Volk wende, und wenn das Volk noch nicht so weit sei, neue musikalische Tendenzen mühelos aufzunehmen, müsse man eben einstweilen auf allzu Schwieriges verzichten. Hiernach könnte man glauben, Henze habe seinen politischen Ansichten sogar die eigenen künstlerischen Ansprüche geopfert.

Ich befürchte indessen leider ganz anderes. Henzes plötzliche »Anpassung« könnte auch mit einem Kreativitätsverlust zusammenhängen. Unfähig, sich noch weiter auf Neuland vorzuwagen, hat er den Rückzug angetreten und, mehr oder minder bewußt, diesen Schritt mit angeblich progressiven Theorien bemäntelt – soweit er die Rechtfertigung nicht seinen linken Freunden überläßt.

Meiner Ansicht nach kämpft Henze immer noch mit einer unentwirrbaren Mischung von politischen Überzeugungen und wirtschaftlichem Kalkül. Für mich ist er ein Musterbeispiel für die heute so vielzitierten Umwelteinflüsse, in seinem Fall also für das Milieu, in dem ein schaffender Künstler verkehrt. Selbst die berühmten Perioden Picassos entsprechen nicht nur inneren Wandlungen und seinem natürlichen Reifeprozeß, sondern förderlichen Zufallsbegegnungen, Gesprächen mit Freunden oder gleichgesinnten Gruppen – alles das spielt jeweils eine entscheidende Rolle. Und das gilt auch für Henze, für Richard Strauss und andere. Warum neigen wir eigentlich so sehr dazu, Künstler geringer zu schätzen, wenn sie ihre scheinbar logische Entwicklung abbrechen und zu erprobten Arbeitsweisen zurückkehren? Steht es uns zu, sie fallenzulassen, nur weil sie eines Tages von ihren Werken leben möchten?

Ich bin da als erster zur Selbstkritik verpflichtet, denn ich weiß nur zu gut, daß der Avantgardismus noch nie seinen Mann ernährt hat. Strawinsky mußte fünfzig Jahre alt werden, ehe er von seiner Musik leben konnte. Béla Bartók ist im Elend gestorben. Schönberg mußte bis an sein Lebensende den Professor spielen und sich von entsetzlichen kleinen Amerikanerinnen, die sich über ihn mokierten, tyrannisieren lassen. Ist es da nicht eine Roheit, unseren Zeitgenossen zuzumuten, erst nach dem Tode unsterblichen Ruhm zu ernten? Kluge Leute wie der vor kurzem verstorbene Benjamin Britten zogen die Lorbeeren zu Lebzeiten vor. Hier ist einzuräumen, daß Britten sowieso nichts mit Strauss von Henze gemeinsam hatte, die zwei Schritte vor und einen zurück machten. Britten gehörte nie zur Avantgarde, nicht einmal, als es Mode war, sich wenigstens so zu gebärden. Keinen Moment hat er seinen persönlichen Stil irgendwelchen Zeitströmungen angepaßt. Er pfiff auf die supermodernen Eiferer und Spötter, die ihn lachhaft, verstaubt und veraltet nannten. Serielle, postserielle und Zwölftonmusik – er scherte sich keinen Deut darum. Er komponierte wie Benjamin Britten.

Eine solche Treue zu sich selbst verdient Hochachtung. Britten ging seinen Weg geradeaus, ohne je abzuweichen oder Kompromisse zu schließen. Und heute bahnt sich allgemein die Erkenntnis an, daß dieser Mann einen eigenen »Ton«, eine »Schreibe« hatte – so der Fachjargon –, die nichts vortäuschen wollte. Ich halte sein immer einfaches, verständliches, aber sehr persönliches Werk für das eines großen Komponisten von unbestechlicher Redlichkeit.

Britten ist heute in aller Welt der meistgespielte Opernkomponist seiner Generation und auch der nächsten; er rangiert also noch vor Henze. Ich bin stolz darauf, drei seiner Werke in Hamburg aufgeführt zu haben: den *Sommernachtstraum*, *Albert Herring* und *Billy Budd* – und zwar ungeachtet der giftigen Attacken, denen er in den sechziger Jahren noch ausgesetzt war, weil er nach wie vor Tonika und Dominante benutzte. Jetzt, nachdem jener Schlachtenlärm verstummt ist und einigermaßen kindisch erscheint, gewinnt Britten in aller Augen erst sein wahres Format: Man rühmt ihn als einzigen englischen Tonsetzer seit Purcell! Tatsächlich, zwischen Purcells letzten Opern, wie etwa *Die Feenkönigin* und *Der Sturm* gegen Ende des siebzehnten Jahrhunderts, und Brittens erster bedeutender Oper *Peter Grimes* (1945) hat Großbritannien auf diesem Gebiet nichts Bedeutendes hervorgebracht – absolut nichts. Benjamin Britten ganz allein hat nach zweieinhalbhundertjähriger Dürre eine Wüste zu neuem Leben erweckt.

10
Die Zeit der Propheten

Die Opernkomponisten, die ich genannt habe, stellen natürlich keine vollständige Liste dar. Und doch wäre ich – ganz abgesehen von der Entwicklung der Oper – ziemlich rasch mit der Aufzählung derjenigen Meister fertig, die meines Erachtens zum Neulandgewinn für die Musiksprache beigetragen haben.

Für den bedeutendsten Meister des 16. Jahrhunderts halte ich Carlo Gesualdo. Indem er den Weg von der gregorianischen Motette zur modernen Harmonie und Polyphonie anbahnte, stand er am Beginn der gesamten europäischen Musik der vergangenen vier Jahrhunderte. Was Monteverdi angeht, so teile ich die Bewunderung für ihn, die seit gut dreißig Jahren wieder in Mode ist. Er hat sozusagen die Oper für den Herzog von Mantua erfunden, als er Kirchenchormusik auf die Bühne übertrug und Stoffe aus der antiken Mythologie und Geschichte bearbeitete. Aber Gesualdo halte ich für den radikaleren Neuerer, in dem Sinne, daß er den Panzer der Homophonie sprengte und so unter anderen Bach anregte, seinen Kontrapunkt zur Vollendung zu bringen.

Man hat das Werk Bachs allzuoft als den höchsten Gipfel der Barockmusik bezeichnet. Es stimmt zwar, wird dem Genie Bachs aber nicht voll gerecht, weil auch er *neue* Wege wies, sogar über die *Matthäus-Passion* hinaus, deren dramatischer Atem nie mehr übertroffen worden ist. Ich denke hier besonders an die harmonische Polyphonie der fünfundzwanzigsten *Goldberg-Variation*, die geradewegs zur Romantik Chopins hinführt.

Über den Rang Monteverdis und Bachs gibt es keine Kontroversen mehr. Wie aber steht es mit Rameau? Ich frage mich oft, ob er nicht der große Vergessene der Musikgeschichte ist. Doch man wird ohne Zweifel bald zu ihm zurückfinden, und zwar um so engagierter, als die Franzosen sich entschuldigen müssen, daß sie Rameau zweihundert Jahre lang im Schatten anderer gelassen haben. Rameau kann es als Komponist durchaus mit Monteverdi aufnehmen. Man beachte nur, mit welcher Kühnheit er den höfischen Formalismus, der sich in Lully verkörperte, umzustoßen wagte!

Rameau führt uns ganz folgerichtig zum Ende des 18. Jahrhunderts und zur Wiener Klassik, die von Haydn in Gang gesetzt und von Mozart zur höchsten Höhe getragen wurde, zur »musikalischen Schwelgerei« ... Aber gerade dieses Wort, das so gern auf Mozart angewandt wird, ist mir unbehaglich. Yannis Xenakis, der griechische Komponist und Musiktheoretiker, behauptet sogar, Mozart habe mit seinem entzückenden Musikgetändel die Musik nach Bach aus dem Gleis geworfen. Dem kann ich nicht beipflichten, aber ich verstehe Xenakis' Vorwurf, wenn ich gewisse kokette Interpretationen hören muß, die das Bild des gepuderten und bezopften Wunderknaben am Hofe Ludwigs XV. heraufbeschwören.

Leider begeht man sehr oft den Fehler, Mozart zu »hübsch« zu spielen. Eben deshalb vertrete ich so nachdrücklich die Auffassung, die Solti und Strehler von *Figa-*

ros Hochzeit haben. Bei ihnen ist Cherubino kein affektiertes Jüngelchen mehr, das sich der Gräfin durchtriebennaiv auf den Schoß setzt, sondern ein stürmischer junger Mann, dem man zutraut, daß er schon einige leidvolle Erfahrungen mit Frauen gehabt hat.

Soweit ich mich erinnere, hat George Szell Mozart am besten nachempfunden. Als Pianist wie als Dirigent hat er das genaue Gleichgewicht zwischen Tiefe und schwebender Leichtigkeit gefunden. Diese neue Ausdeutung war keineswegs bequem. Der Reiz eines Werkes wird oft zerstört, wenn man seine Innenstruktur bloßlegt und alle psychologischen Hintergründe ans Licht zerren will. Doch Szell ist bei Mozart ähnliches gelungen, wie es Peter Brook, mit ganz anderen Mitteln, bei Shakespeare fertiggebracht hat.

Brook hat mit seinem berühmtem *Sommernachtstraum* aufs verblüffendste gezeigt, daß es möglich ist, Humor und Charme eines Stückes zu wahren, selbst wenn man es bis auf die Knochen bloßlegt. So sonderbar es sich anhört: Shakespeare verdankt seinen Weltruhm hauptsächlich den Übersetzungen der deutschen Romantiker Schlegel und Tieck; im 19. Jahrhundert wurde Shakespeare im deutschen Sprachgebiet mehr gespielt als in England. Und als erst Mendelssohns überströmende Musik dazukam, wurde aus dem *Sommernachtstraum* so etwas wie eine Märchenlichtung im Zauberwald.

Das war die traditionelle Auffassung, die Peter Brook vorfand. Und er hatte, bestärkt durch Jan Kotts aufsehenerregende Untersuchung *Shakespeare, unser Zeitgenosse,* den Mut zu sagen: »Nein. Alles das ist falsch und klingt falsch. Die deutschen Romantiker haben da eine reizende Lüge zusammengebastelt; in Wirklichkeit geht es bei Shakespeare recht rüde und pöbelhaft zu; jede Figur hat auf ihre Weise nichts anderes als Sex im Kopf.« So hat er das Stück seziert, ohne ein direktes Attentat auf die robuste Poetik Shakespeares zu verüben. Solche Gedanken hatte ich mir übrigens schon ein paar Jahre früher gemacht, als Oscar Fritz Schuh den *Sommernachtstraum* in Hamburg aufführte und ich eine sehr harte, zum Teil elektronische Szenenmusik dazu schrieb, um mit einer hundertfünfzigjährigen süßen Illusion Schluß zu machen.

In ähnlicher Weise hatten die Pariser Gelegenheit, Jean Vilars romantische Auffassung des *Prinz von Homburg* im Palais Chaillot (1951) mit der erbarmungslosen von Peter Stein im Odéon (1976) zu vergleichen, der seine Vision eines in unbedingter Disziplin erstarrten preußischen Hofes verwirklichte, ohne der Schönheit der Kleistschen Sprache Abbruch zu tun. Es ist eben auf allen Gebieten möglich, die tiefsten Wahrheiten eines Werkes zu enthüllen, ohne es deswegen zu verzerren: reine Begabungssache! Furtwängler, ein weiteres Musterbeispiel, hat es auf musikalischem Gebiet mit seinen Interpretationen lebenslang bewiesen.

Furtwängler führt mich auf mein eigentliches Thema zurück, die Wegbereiter unter den Komponisten – zu Beethoven. Noch heute kann kaum jemand die ganze Tragweite seiner letzten Quartette ermessen. Ich habe in Hamburg einen Aufführungszyklus dieser Quartette organisiert und festgestellt, wie schwer zugänglich und spröde sie den meisten Zuhörern auch heute noch vorkommen.

Mit und nach Beethoven beginnt eine neue große Epoche der deutschen Musik: Brahms, Wagner, Mahler und natürlich das Dreigestirn Berg-Schönberg-Webern. Verweilen wir einen Augenblick bei Wagner als Dramatiker: Man hört nie auf, immer neue bestürzende Details zu entdecken, so etwa seinen Mangel an Liebe. Sogar in *Tristan und*

Isolde finde ich weder Liebe noch Zärtlichkeit. Wohl gibt es liebende Frauen bei Wagner (Elisabeth, Elsa, Senta, Eva usw.), aber die von ihnen erwählten Männer erweisen sich stets als unfähig, mit dieser Liebe zu leben. Weibliches Gefühl wird immer wieder von männlicher »Impotenz« des Gefühls verletzt: der eine – Tannhäuser – muß nach Rom pilgern, ein anderer – der Fliegende Holländer – ist zu ewiger Irrfahrt verflucht; ein dritter beruft sich auf hehre, ferne Welten wie Lohengrin – sofern er nicht von stupider Verbohrtheit gelähmt ist wie der Stolzing in den *Meistersingern.*

Der Kundry im *Parsifal* nützt es wenig, eine Synthese der beiden Tannhäuser-Lieben zu bieten, der fleischlichen wie der seelisch-geistigen (Venus und Elisabeth in einer Person) – Parsifal ist erst ein tumber Tor, dann ein geheimnisvoller Ritter, und Kundry gegenüber benimmt er sich durchweg wie Tristan gegenüber Isolde, wenigstens bis zur Verabreichung des Liebestranks. Denken wir nur an die herausfordernde Melodie, die Tristan in Isoldes Hörweite singen läßt, während er männlich-kraftvoll das Schiff durch die Wogen steuert: der »Angeber«, wie er im Buche steht!

Der typische Wagnerheld versagt vor der echten Liebe total, was er von Zeit zu Zeit durch einen Anfall sinnlicher Begierde kompensiert. Er überläßt es den Frauen, sich für die Liebe zu opfern und zu sterben, nimmt das Opfer kaum zur Kenntnis und bricht zu neuen Taten auf.

Im *Ring des Nibelungen* geraten wir vollends in einen erotischen Irrgarten, der einen schon beunruhigen kann. Vergessen wir nicht, daß alles mit dem Verkauf einer jungen Göttin an zwei Monster beginnt. Freia muß als Liebchen für die polternden Riesen Fasolt und Fafner herhalten, damit die Götterburg Walhall gebaut werden kann. Und dann setzen die Götter ihrem schäbigen Handel die Krone auf, indem sie sich nicht einmal an die Abmachungen halten. Nach diesem hübschen Vorspiel folgen mehrere Inzeste. Schon in der *Walküre* gibt es zwei, einen vollendeten, mit einem Ehebruch belasteten zwischen Bruder und Schwester und einen seelischen zwischen Vater und Tochter. Im *Siegfried* wird es nicht ganz so schlimm, weil der Held sich damit begnügt, mit seiner Tante zu schlafen und sie in der folgenden Oper an seinen Kameraden weiterzureichen. Zwar werden alle diese Ausschweifungen durch Vergessenstränke und Verkleidungen entschuldigt, aber es bliebe dennoch allerhand über das Unbewußte im Werk Wagners zu sagen.

Wagner, der Komponist, ist immer zu bewundern, aber als Dichter und Denker bleibt er anfechtbar. Vor Jahren brachten wir im Hamburger Rundfunk ein Dutzend Sendungen, die sich mit der Analyse seiner politischen und theoretischen Schriften befaßten. Man kommt nicht drum herum, einen Rassismus und eine Verachtung des »gemeinen Menschen« zu konstatieren, die Adolf Hitler aus der Seele gesprochen sein mußten.

Als ich in Beverley Hills das berühmte Wagner-Porträt von Renoir in Strawinskys Arbeitszimmer sah, wunderte ich mich sehr, weil ich mich an sein scharfes Urteil über Wagner erinnerte. »Ich habe meine Meinung geändert«, sagte Strawinsky. »Wagner ist ein großer Meister und mir im Geist stets gegenwärtig. Ein Genie kann viel Böses in der Welt anrichten, aber es kann nie unrecht haben.«

Gesualdo, Monteverdi, Bach, Rameau, Mozart, Beethoven, Brahms, Wagner, Mahler, Berg, Schönberg, Webern. . . Wenn ich noch Debussy hinzufüge, ist meine Liste abgeschlossen. Halt! Fast hätte ich Puccini vergessen!

In ihm haben wir einen Künstler, der im Namen der »höheren Musik« allzuoft unterschätzt wird. Wieviel Blödsinn ist schon über *La Bohème,* sein größtes Meisterwerk, gesagt worden! Diese schwachsinnigen Snobs merkten gar nicht, wie Puccini darin den Impressionismus vorweggenommen hat. Ravel dagegen hat stets unumwunden erklärt, was er ihm verdankte, und für Strawinsky war er ein Komponist allerersten Ranges.

Puccini war einer unserer vier oder fünf ganz großen Theatermusiker, dank zweier seltener Gaben: einem nachtwandlerischen Sinn für den Dialog, der sich in seiner einzigen opera buffa, *Gianni Schicchi,* zu umwerfender Komik steigert, und seinem ebenso sicheren Gefühl für das *timing.*

Mit diesem nicht in einem Wort zu übersetzenden Ausdruck bezeichnen die Angelsachsen den Instinkt für die richtige Dauer und Proportion eines Kunstwerks, beziehungsweise einer Aufführung – eine Eigenschaft, über die Puccini im gleichen Maße verfügte wie Mozart. Dieses *timing* macht es unmöglich, in *La Bohème* auch nur einen Tatk zu streichen oder hinzuzufügen; jede Szene endet haargenau am richtigen Punkt. Das setzt eine dramatische Vorstellungskraft voraus, die kein Verdienst des Librettisten ist, und sei es auch ein so routinierter Bühnenpraktiker wie Eugène Scribe.

Im Grunde ist der erste Regisseur einer Oper der Komponist selbst, und auf diesem Gebiet ist Puccini unschlagbar. Bei ihm gibt es kein Nachlassen der Spannung, keine Lücken, dafür immer wieder ein neues Thema oder einen neuen Auftritt, wie er sich ganz natürlich aus der Handlung ergibt. Verdi kam ihm darin erst gegen Ende seines Lebens gleich; in *Othello* und *Falstaff* hat auch er eine Sicherheit des *timing*, während sie in *La Traviata* noch fehlt, ganz zu schweigen von den Werken, die durch idiotische Ballette zerdehnt sind, nur weil der Pariser Kontrakt es verlangte. Auch in der *Sizilianischen Vesper* kann man ohne weiteres etliche überflüssige Seiten streichen, und in der *Macht des Schicksals* haben wir sogar eigenmächtig die Folge der Bilder geändert: Nur so konnten wir verhindern, daß Alvaro sich zwanzig Minuten nach seiner schweren Verwundung auf dem Schlachtfeld duelliert!

Um auf Puccini zurückzukommen: Ich bin der Meinung, daß man den hochmodernen und kämpferischen Geist seiner Opern nie richtig erkannt oder gewürdigt hat. *Tosca* ist von Anfang bis Ende eine Anklage gegen den Polizeistaat, *Madame Butterfly* ein Aufschrei gegen Kolonialismus und Rassismus; *Turandot* bietet, im Gegensatz zu Wagner, eine Apotheose des Feminismus: Liu fällt ihrer Treue zum Opfer, aber die Prinzessin Turandot selbst rächt alle unterdrückten Frauen an ihren machtlüsternen Bewerbern.

Ich kann dieses Kapitel nicht schließen, ohne abermals Mauricio Kagel zu erwähnen. Dieser in Deutschland lebende Argentinier vereint den ätzenden Spott Strawinskys mit der Phantasie Charlie Chaplins. Bei ihm stellt sich die Frage nach dem Musiktheater gar nicht erst; seine Musik *ist* Theater, denn er nutzt alles, was bis dahin der reinen Ton- und Geräuschwelt angehörte, für szenische Zwecke. Die Instrumente wechseln ihre Funktionen, der musikalische Raum löst sich auf, die solidesten, festgefahrenen Traditionen verflüchtigen sich, und einen schlichten Kontrabaß, zum Beispiel, verwandelt er in ein ganz phantastisches Objekt.

Unvergeßlich ist mir die Uraufführung seines *Staatstheaters* in Hamburg. Kagel hat da eine Allegorie gefunden, mit der er die Zwänge symbolisiert, denen jeder Bühnenangehörige unentrinnbar ausgesetzt ist. So ließ er die

Choristen auf allen vieren auf die Bühne kriechen und entfesselte damit einen Sturm der Empörung im Publikum – und fast ebensoviel Unmut bei den armen Sängern, die nicht begriffen, warum man ihnen derartiges zumutete. Welch eine beredte, wenn auch wortlose soziologische Demonstration des Operntheaters!

Hoffentlich verstehen meine Leser, daß diese Betrachtung nicht jedem gerecht wird und nur meinen eigenen Geschmack widerspiegelt. Ich glaube aber, daß man zwei Kriterien säuberlich trennen muß: Da sind einerseits die Komponisten, die herrliche Musik geschrieben haben, und andererseits die Wegbereiter, nach denen nicht mehr dieselbe Musik geschrieben werden konnte wie zuvor.

Bis zum heutigen Tage lege ich jedesmal, wenn ich mich an musikalische Voraussagen wage, die Erfahrung zugrunde, daß die Musik immer hinter der Zeit zurückbleibt und die Malerei ihr immer voraus ist. Tatsächlich kann man durch die Jahrhunderte hindurch feststellen, wie viel langsamer sich die Musik entwickelte als die bildenden Künste.

Dieser Satz scheint heute allerdings nicht mehr ganz so kategorisch zuzutreffen, da die Malerei – auch in den Vereinigten Staaten – eine starke Tendenz zu nostalgischen Retrospektiven zeigt. Die Pariser standen Schlange vor der Delacroix-Ausstellung, und Hunderttausende von Hamburgern bewunderten Caspar David Friedrich, um nur zwei Wiederentdeckungen der letzten Jahre zu nennen.

Unsere Zeit weckt wohl die Sehnsucht nach Romantik. Natürlich trägt diese allgemeine Bewegung von einem Land zum anderen unterschiedliche Züge, von einem persönlichen Stil zum andern, und es treten eklatante Zeitverschiebungen auf. Zwischen Delacroix und Cézanne erlebte

Frankreich seine größte Malerepoche, während sich auf der anderen Seite des Rheins so gut wie nichts von Bedeutung begab. Der deutsche Impressionismus setzte später ein und wird durch drei Namen repräsentiert, von denen die Franzosen kaum je gehört haben: Max Slevogt, Lovis Corinth, Max Liebermann. Dafür hat aber der auf sie folgende deutsche Expressionismus nicht seinesgleichen in Frankreich, wo man gerade erst beginnt, Nolde, Beckmann und Kirchner zu würdigen, mit einem Wort, die »entartete Kunst« entdeckt.

Das Werk der expressionistischen Maler hat deutliche Bezüge zur Musik der Wiener Schule: Schönberg, Berg und Webern haben, ausgehend von der Spätromantik Gustav Mahlers, den Impressionismus übersprungen und sind gleich zum musikalischen Expressionismus gelangt.

Ich glaube, daß es eine Kontinuität zwischen der Romantik und ihren legitimen Erben gibt, genau wie zwischen Surrealismus und Expressionismus. Der Anzeichen für eine neue romantische Welle sind viele, zum Beispiel der enorme Erfolg der *Love Story* – für mich ein zweiter Aufguß der *Kameliendame* – oder, um noch einige Etagen tiefer zu steigen, die unglaubliche Verbreitung der »Regenbogenpresse«, die sich nur aus den Wunschträumen ihrer Leser erklärt.

Das musikalische Universum meiner Jugend ist schon überholt: Der Kampf um Schönberg, die Dodekaphonie, der Serialismus ... Die Musik war dabei, sich Schritt für Schritt vom Leben zu trennen. Wenn man ihre Entwicklung vom Beginn des 19. Jahrhunderts an vor sich Revue passieren läßt, erkennt man, daß diese Trennung bereits mit Beethoven anfing. Vor ihm gab es keinen grundlegenden Unterschied zwischen einem Mozart-Rondo und einem ländlichen Tanz. Derselbe Haydn, der für die Esterházys schrieb, belauschte die Zigeuner und erzählte selbst, er habe des öfteren bei Dorffesten die Geige gespielt.

Beethoven hat alle volkstümlichen Formen durchbrochen. Ungeachtet seiner *Deutschen Tänze* und anderer trügerisch heiterer Gelegenheitsarbeiten hat er jenen unaufhaltsamen Prozeß entfesselt, der gegen Ende des 19. Jahrhunderts zu einem totalen Bruch führte. Schubert hielt noch eine Zeitlang stand, aber schon die *Davidsbündlertänze* von Schumann lassen sich wegen ihrer harmonischen und rhythmischen Freiheiten nicht mehr tanzen.

Allgemein gesprochen hat die Romantik den Bruch mit der Hinwendung zu einer höchst individualistischen Philosophie besiegelt. Die *Ungarischen Tänze* von Brahms, die *Ungarischen Rhapsodien* von Liszt, Chopins *Polonaisen* und ein guter Teil der russischen Musik stehen dazu nicht wirklich im Widerspruch.

Merkwürdig ist, daß es keine ernstzunehmende deutsche Volksmusik gibt, jedenfalls nichts, was sich mit der slawischen oder spanischen Folklore vergleichen ließe. Strawinsky, Bartók und Manuel de Falla konnten mit Erfolg aus den alten Quellen ihrer Heimat schöpfen, deren Folklore noch lebendig, von ursprünglicher Eigenart und entsprechend gehaltvoll war.

Parallel dazu eroberte in den zwanziger Jahren der Neger-Jazz der amerikanischen Südstaaten über die Music-Halls auch Westeuropa. Diese von der Improvisation ausgehende Musik verführte in Windeseile mehrere hochberühmte »klassische« Komponisten. Strawinsky schrieb seinen *Ragtime* und widmete sein *Ebony Concerto* Woody Herman; Maurice Ravel schrieb das *Konzert in G-Dur*, Darius Milhaud *Die Erschaffung der Welt* usw. Seitdem hat der Einfluß des Jazz nicht aufgehört, sich zu festigen.

Am Anfang stand der Blues, gekennzeichnet durch eine gewisse Starre seiner Strukturen, die trotz ihrer Dynamik durch ihr harmonisches Grundsystem die Phantasie junger weißer Musiker oft merklich einengten. Gegen diese allzu strenge Formelhaftigkeit begann sich der Jazz nach dem Zweiten Weltkrieg zu wehren. In den fünfziger Jahren tauchten avantgardistische Orchester wie das von Stan Kenton oder das »Orthophonic« auf, dazu Pianisten wie Dave Brubeck, der zwölftonig improvisierte. Ihre Originalität regte sinfonische Komponisten an. Ich selbst schrieb damals mein *Konzert für Jazzband und Sinfonie-Orchester,* und später beauftragte ich den Amerikaner Gunther Schuller mit einer Oper nach Kafkas *Prozeß,* die in Hamburg, wie schon erwähnt, unter dem Titel *The Visitation* aufgeführt wurde und zahlreiche Jazz-Elemente enthält.

Dieser Vormarsch ist noch heute im Gange, bezweckt aber nicht, dem Publikum Tanzmusik zu bieten. Der *modern jazz* ist für Tanzpartys total unbrauchbar. Die Musik mit elektrischen Gitarren und Zweitausend-Watt-Gedröhn, nach der die jungen Leute heute tanzen, nennt sich *rock.* Kein ernsthafter Komponist kann mit solch dürftigem Grundmaterial etwas anfangen.

Ein anderer Abkömmling des Jazz ist die amerikanische Musikkomödie, das Musical, das die Wiener, Berliner und Pariser Operette des vorigen Jahrhunderts weitgehend abgelöst hat. Die Werke der genialsten europäischen Operettenkomponisten, wie Johann Strauß und Jacques Offenbach, sind in Amerika nie so recht heimisch oder gar volkstümlich geworden. Wenn die *Fledermaus* überhaupt aufgeführt wird, dann nur in der Metropolitan Opera, nie am Broadway.

Das amerikanische Publikum verlangt, wahrscheinlich unter dem Einfluß des Jazz und des Kinos, modernere und stärker rhythmisierte Spektakel; Musiker wie Jerome Kern und, in jüngerer Vergangenheit, Leonard Bernstein halten da die Spitze. Europa hat sich jedoch dem Musical gegenüber eine gewisse Skepsis bewahrt und bevorzugt weiterhin die Operette – eine Folge sicher auch des Mangels an geeigneten Komponisten und Interpreten.

Die Entwicklung in Amerika ist leicht zu erklären. Zwischen der Operette des 19. Jahrhunderts und dem heutigen Musical haben Hollywood und der Broadway eine Armee von Schauspieler-Sänger-Tänzern herangebildet. Niemand in Europa könnte mit einem Fred Astaire, einem Bing Crosby, einer Judy Garland oder einer Barbra Streisand wetteifern – um nur die berühmtesten Stars zu nennen.

Manchmal werde ich gefragt, ob die Ausbildung solcher Allround-Künstler ebensoviel Arbeit macht wie die eines Opernsängers. Ich kann das nur bejahen und hinzufügen, daß die Einstudierung eines Musicals am Broadway mehr Zeit, Mühe und penible Genauigkeit erfordert als die einer Oper an irgendeinem Theater.

Zunächst sind eine Unzahl von Proben nötig, bis die höchstmögliche Präzision erreicht ist. Dann wird das Stück sechs Monate in der Provinz ausprobiert, ehe es überhaupt auf eine New Yorker Bühne kommt. Der Broadway ist dermaßen teuer, daß die Produzenten keinen Durchfall riskieren können. Sie müssen sicher sein, daß wenigstens die hohen Produktionskosten wieder eingespielt werden. Orchester, Ballett, Darsteller, Kostüme und Ausstattung verschlingen Millionen Dollar. Darum sind bei der langen Probetournee stets der Regisseur, der Dialog-Texter, der *gag-man* (der witzige Einfälle beisteuert) und der Komponist dabei, um das Stück, je nach den Reaktionen des Publikums, immer weiter auszufeilen und zu verbessern.

Sechs Monate lang findet nach Ende der Vorstellung eine »Regiebesprechung« statt, jeden Vormittag wird geprobt und geändert: Hier wird ein Dialog gestrafft, dort eine treffendere Replik eingebaut, dort eine Nummer gazn gestrichen. Von Tennessee »tingelt« man so nach Philadelphia, von Philadelphia nach Chicago, und von Chicago gelangt man endlich, sofern man überall Erfolg gehabt hat, nach New York. Und doch bewahrt diese ganz ungeheuerliche Vorbereitung nicht mit hundertprozentiger Sicherheit vor Pleite: Es genügt, daß der Kritiker der *New York Times* am Premierenabend schlechte Laune hat, und das Theater muß nach acht Tagen zugemacht werden.

Auf diesem Gebiet verfährt man in den USA ungleich anspruchsvoller und mitleidloser als in Europa. Mit all der verbissenen Arbeit werden aber auch Resultate erreicht, von denen man bei uns nicht einmal träumen kann. *Hair* in Europa zu sehen, nachdem man die Originalversion in New York miterlebt hat, ist niederschmetternd. Was in Amerika »sexy«, aber immer natürlich und unverkrampft dargestellt wird, gerät hier, gelinde gesagt, zu einer einfallslosen Parade nackter Hintern. Ebenso sind die vorgeblichen Schlagersängerinnen, die über europäische Bildschirme flimmern, unerträglich albern im Vergleich zu dem, was man in der kleinsten Broadway-Show geboten bekommt.

Diese Feststellungen erklären vielleicht meinen Plan, einmal eine richtige Jazz-Oper herauszubringen. Bisher hatte ich kein Glück damit, aber ich geb's noch nicht auf. Die Idee kam mir, als ich sah, daß das Modern Jazz Quartett Millionen von Langspielplatten verkauft, während kein zeitgenössischer Opernkomponist mehr als bestenfalls zweihunderttausend Hörer errreicht hat. Warum also auf eine Musiksprache verzichten, die überall verstanden wird und am ehesten den unmittelbaren Kontakt zwischen Autor und Publikum herstellt?

11
Der Kamm der Gräfin

Gustav Mahler war Direktor der Wiener Hofoper. Ich habe die Programme wiedergefunden, die er während seiner Hamburger Zeit abwechselnd mit einem jungen Hausdirigenten, einem gewissen Bruno Schlesinger, dirigierte – demselben, der, um antisemitischen Nachstellungen zu entgehen, seinen jüdischen Familiennamen durch seinen zweiten Vornamen ersetzte und so Bruno Walter wurde, als er nach Wien ging.

Nun wäre es 1967 – also genau sechzig Jahre nach Mahler – fast dazu gekommen, daß ich diesen Intendantensessel eingenommen hätte.

Das erste Angebot aus Wien kam schon im Frühling, aber die anschließenden Gespräche zogen sich über Monate hin. Im September war die Sache beinahe perfekt. Ich war gerade auf dem Rückweg von Bukarest, wo ich Jurymitglied beim »Sängerwettbewerb Georges Enesco« gewesen war. Mein Aufenthalt in Wien fiel mit der Eröffnung einer hanseatischen Kunstausstellung zusammen, der auch der Hamburger Kultursenator beiwohnte, und bei dieser Gelegenheit erzählte ihm sein österreichischer Kollege von unseren Plänen.

Diese Indiskretion war mir um so peinlicher, als ich mit dem Hamburger Bürgermeister Herbert Weichmann auf sehr freundschaftlichem Fuße stand. Nach meiner Rückkehr ersuchte er mich sofort um eine Aussprache, die er ohne lange Vorrede so begann: »Es kommt gar nicht in Frage, daß wir Sie gehen lassen. Also, unter welchen Bedingungen werden Sie bleiben?«

Meine Antwort war einfach. Ich wünschte, daß die Hamburger Oper kein Theater zweiten Ranges sei und meine Politik strikt durchgeführt würde, um das zu erreichen. In meinem Vertrag möge eine Zusatzklausel des Inhalts eingefügt werden, daß der Opernetat von Hamburg von nun an immer um mindestens eine Mark höher sein solle als derjenige des am höchsten subventionierten deutschen Theaters. Hierauf machte der Bürgermeister geltend, daß Budget hänge vom Votum des Parlaments ab, und es würde sehr schwer sein, die gleiche Summe bewilligt zu bekommen, die bis jetzt nur der Münchner oder Berliner Oper zugestanden werde. Meine Starrköpfigkeit bewirkte eine außerordentliche Sitzung der Bürgerschaft, deren Teilnehmer für die Dauer meines Kontrakts zustimmten, daß das Budget der Hamburger Oper dem der Berliner anzupassen sei.

Dieses Entgegenkommen freute mich besonders, weil ich nun nicht weiter auf den Wiener Vertrag zu warten brauchte, der erst im November eintraf, als es zu spät war. Folglich blieb ich noch sechs Jahre in Hamburg und erinnerte mich nur selten, doch stets mit leiser Wehmut an das schöne Wien.

Wien hat nämlich das beste Opernpublikum der Welt. Ich spreche aus Erfahrung, denn ich habe vor dem »Anschluß« achtzehn Monate dort gearbeitet. Eines Tages besaß ich zwei Karten für *La Bohème,* war aber aus irgendwelchen Gründen verhindert und bot die Karten deshalb meiner Putzfrau an. »Nein, danke«, war die verblüffende

Antwort. »Heute abend singt die X. die Musette, und gerade in dieser Partie finde ich sie unausstehlich.« Das ist Wien! Wien, die einzige Stadt, in der die Straßenbahnschaffner Zauberflöten-Arien vor sich hin pfeifen . . .

Davon abgesehen, hatte ich nach zehn Jahren Opernleitung in Hamburg einen Tapetenwechsel dringend nötig. Die naheliegende Gefahr, in Routine zu erstarren, war der Grund, warum ich 1970, drei Jahre vor dem Ablaufen meines neuen Vertrags, den unwiderruflichen Entschluß kundtat, ihn nicht noch einmal zu verlängern. Nach im ganzen vierzehnjähriger Arbeit würde ich Hamburg nichts Neues mehr bieten können. Ich hatte dazu beigetragen, der Oper, die mittlerweile internationales Ansehen genoß, einen eigenen Stil aufzuprägen; unser modernes Repertoire war gerade mit triumphalem Beifall in New York aufgenommen worden. Dem hatte ich nichts mehr hinzuzufügen. Diese Oper brauchte einen phantasiebegabten Leiter, der neuen Ideen womöglich noch aufgeschlossener sein sollte als ich. Von den beiden Kandidaten, die ich als Nachfolger vorschlug, wurde schließlich August Everding gewählt.

Ich selbst wollte damals das Theater ganz aufgeben. Das deutsche Fernsehen hatte mir Arbeit angeboten, und ich dachte sogar wieder ans Komponieren, obwohl ich befürchten mußte, nach so langer Unterbrechung ein wenig eingerostet zu sein.

Einstweilen fühlte ich mich sehr erleichtert, den Rücktritt eingereicht zu haben, und hoffte, mich in den Winterferien zu erholen. Aber just während dieser Ferien in St. Moritz, im Februar 1971, bekam ich einen Telefonanruf aus Paris: Der Direktor des Musikdezernats im Kultusministerium, Marcel Landowski, bat mich um ein Treffen irgendwo in der Schweiz.

Ich dachte, er wollte mir eine Beratertätigkeit für die Pariser Opéra anbieten. Solche Gutachten hatte ich schon öfter angefertigt und fand diese Arbeit recht unbefriedigend und ärgerlich, zumal meine Vorschläge dann doch nie beachtet wurden. Es ist immer dasselbe: Man müht sich ab, bringt eine hundertseitige Dokumentation zustande, und kein Mensch liest sie. Die Verantwortlichen wollen nur etwas in Reserve haben, um den Abgeordneten im Notfall zu beweisen, daß eine tiefschürfende Analyse durchgeführt worden ist. Folglich hatte ich nicht die geringste Lust, noch einmal solche Frondienste zu übernehmen, und ich verabredete mich nur aus purer Höflichkeit mit Landowski.

Einige Tage später lernten wir uns in Zürich persönlich kennen. Landowski hatte Dominique Ponnau mitgebracht, den damaligen technischen Berater des französischen Kultusministers Jacques Duhamel. Zu meinem größten Erstaunen trugen mir die beiden Herren die Leitung der Pariser Oper an. Meine erste Reaktion war negativ, desgleichen die zweite und dritte. Ihr hartnäckiges Zureden brachte mich jedoch allmählich ins Wanken, obwohl mir bewußt war, daß ich in Paris praktisch bei Null neu anfangen müßte.

Die Grand Opéra war nämlich schon seit über einem Jahr geschlossen. Alle Verträge und Tarife waren gekündigt worden; es gab weder einen Chor noch ein ständiges Ensemble. Ich stand einer Situation gegenüber, wie sie höchstens einmal pro Jahrhundert vorkommt – und gerade diese düstere Perspektive verlockte mich schließlich ebensosehr wie der Charme der beiden Ministerialvertreter und der des Ministers selbst, denn Jacques Duhamel war mir als Ausnahmeerscheinung unter den Politikern bekannt.

Doch ich glaube, es war vor allem des Ministers Auto, das mich endgültig betörte! Als ich, zur Besprechung in Paris eingeladen, auf dem Flughafen Orly landete, wurde ich mit seiner DS-Limousine abgeholt, und der Chauffeur zeigte während der Fahrt auf einen Vorrat von Tonkassetten und fragte, was ich zu hören wünschte. »Hier sind die fünf Beethoven-Klavierkonzerte mit Emil Gilels, aber Sie können auch Mozart mit Geza Anda oder Chopin mit Rubinstein haben...« Ich fuhr also unter Mozartklängen zum Ministerium und sagte mir: »Mit einem Mann, der so ein Musiknarr ist, daß er sogar in seinem Wagen Stereophonie und dazu eine so erlesene Auswahl von Aufnahmen parat hat, muß es sich arbeiten lassen ...«

Jacques Duhamel, damals leider schon sehr krank, zeigte denn auch großartige Sachkenntnis, Klugheit und Verständnis. Nach langen und ergiebigen Gesprächen erlangten wir von Präsident Pompidou und seinem Finanzminister Giscard d'Estaing eine Subventionszusage in Höhe des Hamburger Opernetats. Das war zwar weniger als die Zuschüsse der Mailänder Scala, genügte aber, mich zur Übersiedlung nach Paris zu ermutigen.

Allerdings lief mein deutscher Vertrag noch über zwei Jahre, in denen ich zwischen Hamburg und Paris hin und her pendelte – zwischen einem gutgeölten Räderwerk in Deutschland und einem verwaisten Etablissement, das mir bald wie »das Schloß« von Kafka vorkam.

In Versailles, wo wir unsere Eröffnungsvorstellung probten, lernte ich das wahnwitzige Labyrinth der französischen Verwaltung erst so richtig kennen. Ich wollte meinen Amtsantritt mit einer Giorgio-Strehler-Inszenierung von *Figaros Hochzeit* im Versailler Schloß, genauer gesagt, im Théâtre Gabriel begehen. Mein Traum war, dort ein richtiges Mozartfest zu veranstalten.

Das Théâtre Gabriel war übrigens nur noch dem Namen

nach ein Theater, da es jeglicher technischen Vorrichtung ermangelte. Zudem hatte ich mir als Neuling nicht klargemacht, daß Versailles für die Pariser Opéra am Ende der Welt lag und wir uns schon mit den Transportkosten, Handwerkerrechnungen und allen möglichen sonstigen Zahlungen ruinieren würden. Jeder Scheinwerfer mußte einzeln herangeschafft werden, und ich mußte gute Miene zu Giorgio Strehlers Wutausbrüchen machen. Unaufhörlich schrie er nach anderen Requisiten und drohte immer wieder mit seiner unverzüglichen Rückkehr nach Mailand, wenn seine Befehle nicht binnen einer Viertelstunde ausgeführt würden. Nur ich, so schien es, war halbwegs imstande, ihn zu besänftigen; aber dazu mußte ich mich mindestens viermal täglich nach Versailles begeben.

Als die Proben zum zweiten Akt begannen, überkam Strehler eine seiner plötzlichen Inspirationen. Auf dem Toilettentisch der Gräfin müsse unbedingt ein Kamm liegen, damit sie nach der Kavatine »Porgi, d'amor ...« ein paar Locken zurechtfrisieren könne. Ich bat also den Requisitenmeister, gleich loszulaufen und im erstbesten Laden einen Kamm zu erstehen. Seine Antwort: »Besitzen Sie einen Gutschein?« Ich verneinte verdutzt, worauf er mir den Ablauf erläuterte: Zunächst müsse ich einen Antrag auf Kostenbewilligung einreichen, um nach Unterschrift des Finanzdirektors der Oper und Prüfung durch den Staatlichen Finanzkontrolleur, der das Amtssiegel aufzudrücken hätte, den Einkaufsgutschein zu erhalten, der mich dann berechtigen würde, einen Kamm zu erwerben ... »Klappt das wenigstens bis heute abend?« unterbrach ich. »Keinesfalls, da müssen Sie mit mindestens zehn Tagen rechnen.« Ich zog es vor, den Kamm aus eigener Tasche zu bezahlen. Er kostete 18,50 Francs.

Was die Pariser Oper selbst anging, so hatte ich sorgfältig Jean Vilars Vorschläge studiert und mich mit ihm persönlich darüber unterhalten, lange bevor ich wußte, daß ich einmal nach Paris gehen würde. Vilar wünschte glühend, das zu erreichen, wovon alle Theatermenschen träumen, nämlich eine zweckmäßige technische Installation der Szene. Tatsächlich hat die Riesenbühne der Opéra eine Schräge von fünf Prozent, was unsere Arbeit schauderhaft erschwert und Millionen kostet. Die Dekorationen wiegen mehrere Tonnen und müssen von Dutzenden von Bühnenarbeitern beaufsichtigt werden, damit sie nicht ins Orchester rutschen. Das Ideal wäre eine moderne Bühne mit Aufzügen, aber ein solcher Umbau würde sehr viel Geld kosten. Der Oper fehlte fast jede Grundausstattung. Wir brauchten elektronische Transportmaschinen und eine vorprogrammierte Beleuchtungsanlage, die heute in jedem großen Theater unentbehrlich sind. 1975 haben uns die Sicherheitsvorschriften genötigt, wahre Wunder zu vollbringen – mit einer Technik, die noch aus dem 19. Jahrhundert stammt. Um die Sevilla-Kulisse bei Don Giovannis Höllenfahrt im letzten Bild zurückzuziehen, mußten nicht weniger als fünfzig Leute anpacken ... Die Regierung sollte endlich begreifen, daß die Modernisierung der Pariser Oper nicht mit den Mitteln des gewöhnlichen Budgets stattfinden kann, sondern einen Sonderzuschuß erfordert.

Die zweite große Idee Vilars war die Demokratisierung der Oper. Was er schon mit Erfolg im Palais Chaillot (Théâtre National Populaire, T. N. P.) durchgesetzt hatte, wollte er auch hier erreichen. Dieses großzügige Projekt würde uns sicher viel rascher ein neues, nach unseren Wünschen zusammengesetztes Publikum verschaffen, aber leider kann ich nicht darauf hoffen, solange ich nur über eine einzige Bühne verfüge. Man gebe mir die Opéra Comique oder das Théâtre des Champs-Elysées, ich meine, einen Platz, wo ich mit einem guten französischen Ensemble zum Eintrittspreis von dreißig Francs Opern aufführen kann!

Inzwischen erwäge ich die Möglichkeit, einiges aus unserem Repertoire im Palais des Congrès konzertant aufzuführen. Zum Beispiel *Don Giovanni* ohne Dekorationen, aber in allerbester Besetzung vor viertausend Zuhörern zu verbilligtem Preis darzubieten, schien mir eine annehmbare Zwischenlösung.

Das sind nur einige der Pariser Opernprobleme; auf die dringlichsten anderen werde ich noch zu sprechen kommen.

Man fragt mich oft, warum ich es abgelehnt habe, mich der Berliner Oper anzunehmen, oder warum ich nicht die Met in New York anpeile. Meine Antwort ist immer dieselbe: Weil ich Paris liebe. Aber ich habe natürlich auch objektivere Gründe.

Die Berliner Oper ist und bleibt zwar ein ehrenwertes Haus mit einem hochrangigen Ensemble, aber ich hätte dort das Gefühl gehabt, im Grunde dieselbe Arbeit zu machen wie in Hamburg. Mich hätte allenfalls eine Fusion der Opern von Hamburg *und* Berlin interessiert, doch dem haben sich die Berliner Funktionäre heftig widersetzt.

New York ist für mich eine faszinierende Stadt, die ich sehr gern besuche. Dort wird jeden Tag ein neuer Film uraufgeführt, eine Ausstellung eröffnet, ein Tanzstar entdeckt, ein neues Unterground-Blatt herausgebracht, um das sich die Leute reißen. Aber die Metropolitan Opera hat einen verborgenen Schönheitsfehler: Ihre Finanzierung ist ganz vom Wohlwollen ihrer Mäzene abhängig, und ich wäre nicht der Mann, zu jeder Cocktailparty zu rennen, um wieder ein paar tausend Dollar zu erbetteln. Der jetzige Intendant der Met muß mehr Zeit aufwenden, um irgendwo Betriebskapital zu ergattern, als er der künstlerischen Leitung widmen kann. Da ist es mir doch immer noch lieber, mich mit Finanzministern herumzustreiten.

Im übrigen schließen geregelte staatliche Subventionen das private Mäzenat ja keineswegs aus. Beides läßt sich vorzüglich miteinander verbinden, wie es Kurt Körber, der phantasievollste Industrielle Deutschlands, in Hamburg mit der Gründung des Freundeskreises der Oper bewiesen hat. Dieser hat mir so beträchtliche Mittel zur Verfügung gestellt, daß ich Experimente und Neueinrichtungen wagen konnte, die mit den städtischen Zuschüssen allein nie möglich gewesen wären.

Selbstverständlich hängt die Höhe der Privatzuwendungen auch von der Steuergesetzgebung ab. In der Bundesrepublik Deutschland und in den Vereinigten Staaten dürfen alle Spenden, die kulturellen oder karitativen Zwecken zugute kommen, von der Steuer abgesetzt werden. Das sogenannte Mäzenatentum wird letzten Endes also doch vom Staat finanziert, der dabei ein Verlustgeschäft macht. Ich verstehe daher, wenn die Finanzministerien anderer westlicher Länder solche Steuernachlässe verweigern.

Auch sonst ist das New Yorker mäzenatische System mit Mängeln behaftet. Das Schenkungssystem garantiert nie eine stabile Finanzgrundlage der Metropolitan Opera und schränkt somit alle kühneren Versuche und langfristigeren Unternehmungen von vorherein ein. Ferner wird die Met oft unerträglichen Zwängen ausgesetzt: Mit dem Hinweis, daß sie ja dafür bezahlen, mischen sich die Spender in die Pläne der Intendanz ein. Dauernd sieht sich der Chef von Komiteemitgliedern umzingelt, die sich mit ihrem Lieblingsspielzeug beschäftigen wollen, sobald sie ihre Banken und sonstigen Großunternehmen verlassen haben.

Man sieht, diesseits und jenseits des Ozeans gibt es ungefähr die gleichen Probleme und Verdrießlichkeiten. Aber Paris bietet mir etwas, was mir New York trotz aller Freundlichkeit, geistigen Aufgeschlossenheit und nationalen Vorurteilslosigkeit nicht zu geben vermag: eine Erholungsmöglichkeit. Der Central Park kann nicht darüber hinwegtäuschen, daß New York eine einzige ungeheure Betonmasse ist. In Frankreich hingegen kann ich mich noch entspannen. Von der Place de l'Opéra gelange ich binnen zwanzig Minuten in die freie Natur. Was nützen mir alle New Yorker Anregungen, wenn ich nach vierzehn Tagen am liebsten nur noch Kühe und Bäume sehen möchte? In Paris kann ich beides haben: harte, aber begeisternde Arbeit und Ausflüge ins Tal der Chevreuse, wo ich manchmal sogar das kindliche Vergnügen genieße, einen Hasen über die Felder hoppeln zu sehen.

12
»Der Staat bin ich!«

Bei meiner Entscheidung für Paris hatte ich keine Ahnung, wie die kulturelle Hauptstadt Europas einen Fremdling empfangen würde, der nicht um sie geworben hatte, sondern geholt worden war.

Den gehässigen Artikeln, die Bernard Gavoty unter dem Pseudonym Clarendon im *Figaro* publizierte, maß ich keine große Bedeutung bei. Ich sah darin nichts weiter als die übliche Reaktion einer konservativen und etwas chauvinistisch angehauchten Bourgeoisie. Weniger war ich allerdings darauf gefaßt, bei der Linken chauvinistische Reflexe auszulösen. Dennoch: Bei meiner Ankunft in Paris sträubten die Gewerkschaften der Oper sofort kampfbereit das Gefieder. Ich hatte keinerlei Erfahrung mit den dortigen Gewerkschaftsbestimmungen, den Tarifverträgen, dem Arbeitsrecht, der altertümlichen Hierarchie usw. In Deutschland war nämlich alles ganz anders: Der Deutsche Bühnenverein und die Verwaltungen der Städte und Länder halten regelmäßig gemeinsame Besprechungen mit den Vertretern der Gewerkschaften ab. Die dabei getroffenen Vereinbarungen gelten dann für alle bundesdeutschen Bühnen. Ich hatte an diesen Tarifkämpfen nie teilgenommen, weil die Hamburger Opernintendanz durch Herbert Paris oder die Berliner oder Münchner Kollegen mitvertreten wurde.

Alle kleineren örtlichen Probleme wurden in wenigen Minuten auf gegenseitiger Vertrauensbasis gelöst. Ich erinnere mich nicht, jemals über gewerkschaftliche Angelegenheiten diskutiert zu haben, weder im schweizerischen noch im deutschen Rundfunk und auch nicht in der Oper.

Ich kam diesbezüglich als Ahnungsloser nach Paris und wurde sofort heftig angegriffen, besonders, weil man mir, völlig zu unrecht, die Schließung der Opéra Comique anlastete. Die einen warfen mir vor, daß ich mich als Tyrann aufspiele, der in Paris progressive Kulturpolitik diktieren wolle, die anderen betrachteten mich als stumpfsinnigen Teutonen, der Gounod und Massenet kaum dem Namen nach kannte. Wie war es dazu gekommen?

Die Einbeziehung der Opéra Comique stand tatsächlich in meinem Vertrag, aber ihre Schließung war auf Anordnung des Finanzmisteriums geschehen, nicht auf meine. Giscard d'Estaing war bereit, mir die nötigen Mittel zum Aufbau eines Operntheaters von internationalem Rang zu bewilligen, weigerte sich jedoch, zwei Bühnen zugleich zu finanzieren, die damals gar nicht genügend Publikum angezogen hätten. Die Richtigkeit seiner Annahme war nicht von der Hand zu weisen. Es schien lohnender, die Zuschüsse auf die Große Oper zu konzentrieren, als sie auf zwei halbleere Häuser zu verteilen.

Heute, da der große Finanzmann Pompidous selbst Präsident ist, hoffe ich unverdrossen, ihn zu einer neuen Entscheidung zu bewegen. Ich komme immer wieder auf mein Anliegen zurück, auch diese zweite Bühne in Betrieb zu nehmen, und zur Begründung lege ich unbestreitbare Tatsachen vor: Unser Vorverkaufspersonal ertrinkt beinahe in Korrespondenz und verbringt seine Arbeitszeit zur Hälfte mit der Rücksendung von Schecks an Kartenbesteller, die wir enttäuschen müssen; fast allabendlich bekommen etwa fünfhundert Opernbesucher keine Karten mehr. Das zeigt wohl zur Genüge, daß Paris sich jetzt durchaus eine zweite Opernbühne leisten könnte. Die Wiedereröffnung der Opéra Comique entspräche einem echten Bedürfnis und dürfte auch im Hinblick auf die gesamte französische Kulturpolitik sinnvoll sein.

Zum Glück begegneten mir die verantwortlichen Politiker in jener etwas unbehaglichen Anfangsphase sehr verständnisvoll. Pompidou war mir wohlgesinnt, und die nähere Bekanntschaft mit Jacques Duhamel vertiefte meinen ertsen Eindruck. Ich habe nie wieder einen so kunstliebenden und zugleich so hervorragenden Politiker kennengelernt.

Im übrigen hat mich die gütige Natur mit einem ziemlich dicken Fell beschenkt. So brachte ich es fertig, alles zu ignorieren – die bösen Presseangriffe, Flugblätter, Wandschmierereien und anonymen Briefe – und mich so gut wie möglich der Arbeit zu widmen, in ungebrochener Zuversicht, daß zumindest die Leute vom Fach ihre Vorurteile bald revidieren würden. Währenddessen tröstete mich die Solidarität der internationalen Künstlerschaft. Ihre Begeisterung und freundschaftliche Aufmunterung stärkten mir den Rücken mehr, als ich beschreiben kann.

Die größte Unterstützung aber fand ich von Anfang an beim Publikum. Beginnen wir mit der Schicht, die leicht ironisch »Tout-Paris« oder »Jet-Set« genannt wird. Sie war bei der Operneinweihung in Versailles dabei und ist uns seitdem treu geblieben. Auch das übrige »Stammpublikum« hat alle Neuerungen wohlwollend aufgenommen. Man hatte mir zwar dringend geraten, die altgewohnten Opernbräuche nicht umzukrempeln, aber wie sich dann zeigte, hatte ich recht, mich nicht beirren zu lassen.

Vor meiner Ankunft hatten die Aufführungen immer erst um einundzwanzig Uhr begonnen und so spät aufgehört, daß es unmöglich war, die Bühne hinterher für die nächste Vorstellung leerzuräumen. Wir setzten die neue Anfangszeit auf neunzehn Uhr dreißig fest, ohne auf den mindesten Widerspruch zu stoßen.

Ebenso hatte man mich vor dem – offenbar legendären – Mißtrauen der Pariser gewarnt. Dennoch kommen seit drei Jahren Kartenbestellungen mit beigefügten Blankoschecks, die von unseren Angestellten selbst ausgefüllt werden. Außerdem wurden die Abonnementslisten in Rekordzeit voll, ohne daß die Subskribenten vorher wissen konnten, welche Qualität ihnen dafür geboten werden würde.

Aber auch dies erweckte mein Erstaunen: Es bereitet den Franzosen offenbar ein ungeheures Vergnügen, Schriftsätze aller Art zu diskutieren, zu analysieren und interpretieren. Ich weiß inzwischen sehr wohl, daß die Pariser Oper nicht der einzige Ort ist, wo eine derartige Haarspalterei getrieben wird. Bei einem Diner im Elysée beklagte ich mich bitter bei Georges Pompidou über die Starre der französischen Verwaltung. Der Präsident erzählte mir daraufhin zum Trost folgendes: Als er noch Premierminister war, hatte er für sein Büro zwei moderne Bilder angeschafft. Einige Jahre später, nun als Staatsoberhaupt, bat er, dieselben Bilder an seinem neuen Arbeitsplatz im Elysée aufhängen zu lassen. »Aber ich bitte seit drei Jahren vergeblich darum«, schloß Pompidou. »Leider ist es unmöglich, Kunstwerke ins Elysée zu bringen, die zu Lasten des Premierminister-Etats erworben worden sind!«

So mußte auch ich, der ich mich seit meinem sechzehnten Lebensjahr für frei gehalten hatte, mit sechzig erfahren, was es mit Vormündern oder Paten auf sich hat. Mein Vormund ist der Finanzdirektor, der mir an Ort und Stelle scharf auf die Finger sieht; verweigert er mir eine Kostengenehmigung, so kann ich mich direkt an den Paten, den Finanzkontrolleur, wenden, und der sperrt mir sowieso jeden Kredit, weil er sich automatisch mit dem Finanzdirektor identifiziert.

Kurzum, die Machtbefugnisse eines Pariser Opernintendanten sind rein theoretischer Natur. Ich darf keine einzige Frage allein entscheiden; was ich für richtig halte, wird als ein Vorschlag unter mehreren betrachtet und von den Funktionären über meinen Kopf hinweg entschieden.

Wieder ein Beispiel von hundert: Seit meinem Amtsantritt habe ich die Einrichtung einer Sonderkasse für Notfälle gefordert. Wenn ein Sänger wenige Stunden vor der Aufführung absagt, muß man eiligst einen Ersatz aus London oder Mailand herbeirufen. Der Betreffende erwischt dann meistens gerade noch das nächste Flugzeug, aber er kommt ohne einen Sou, manchmal ohne Rasierzeug und Zahnbürste bei uns an. Diese Notlage muß mit einem Gagenvorschuß überbrückt werden, aber in Frankreich ist das nach den Bestimmungen unmöglich, weil die Gagenanweisung erst vom Finanzdirektor, dann vom Kontrolleur gestempelt und unterschrieben werden muß. Dieses Hin und Her zwischen Oper und Finanzbehörde nimmt durchschnittlich fünf Tage in Anspruch, und bis dahin singt unser Retter längst wieder in Wien oder Barcelona ...

Schließlich ist es mir gelungen, die Obrigkeit von der Unvernunft dieser Bestimmungen zu überzeugen und einen Spezialfonds von 10 000 Francs zu erhalten – gegen Hinterlegung einer Kaution in Form eines persönlichen Schecks, damit man auf jeden Fall abgesichert ist.

Wirklich, wenn es nur von der Verwaltung abhinge, würde sich der Vorhang der Pariser Opéra wohl niemals heben. Dabei sind die Herren, die unser Schicksal lenken, durchaus keine eiskalten Monstren aus der Welt von Orwells *1984,* sondern in den meisten Fällen sehr nett und gescheit. Was also macht solche ehrgeizigen Funktionäre um die Dreißig zu derartigen Amtsschimmelreitern? Die Antwort lautet schlicht: die Karriere.

Und Karriere macht man nicht, indem man sich für die Kostümfigurinen von Madame Herbert oder die Bühnenbilder Svobodas interessiert, sondern »Karriere« erfordert vor allem, das Finanzministerium zufriedenzustellen. Unser aufstrebender junger Mann besteht die Eignungsprobe für die Opernverwaltung, wenn er möglichst keinen Sou ausgibt. Zum Beweis seiner Fähigkeiten wird er versuchen, jeden Einzelposten zu beschneiden, ohne sich nach den Notwendigkeiten des Theaters zu richten, von dem er sowieso keinne blassen Schimmer hat. Seine Aufgabe ist nicht Förderung des Theaterlebens, sondern Sparen und Strammstehen vor geheiligten Normen. Für ihn bedeutet auch die Oper nur eine Bewährungsprobe und das Sprungbrett zu höheren Posten.

In Hamburg dagegen war der Verwaltungsdirektor ein Theatermensch. Er wachte zwar über die Gelder, ergriff aber auch die Initiative, um die Verwirklichung einer Bühnenproduktion zu fördern. Er lag nicht wie Fafner auf dem Hort; er war ein geachtetes Mitglied des Teams, das es sich zur Aufgabe machte, dem Publikum neue Opernwerke nahezubringen. Als wir *Kyldex I,* ein kybernetisch-audiovisuelles Experiment von Pierre Henry und Nicolas Schöffer inszenierten, was ein sehr teures Wagnis war, bemühte sich unser Finanzmann persönlich bei den Firmen Philips und

Siemens um die nötigen Mittel.

Das deutsche System hat wirklich sein Gutes, denn wenn das Budget einmal festgesetzt ist, wird es dem Intendanten restlos zur Verfügung gestellt. Am Ende jedes Rechnungsjahres prüft die Finanzbehörde seine Amtsführung; das ist alles.

In Frankreich führe ich einen entnervenden Kampf, um zugesagte Kredite lockerzumachen, um Leute an Versprechen zu erinnern, die sie mir leider »aus Versehen« nicht schriftlich gegeben haben. Hier müßte endlich einmal Klarheit über meine Pflichten geschaffen werden. Wenn ich dazu engagiert bin, stundenlang mit Finanzbeamten, Vorstands- und Gewerkschaftsmitgliedern zu verhandeln, so gestehe ich offen ein, daß ich dafür zu hoch bezahlt werde. Hat man mich aber gewählt, damit ich mich künstlerischer Arbeit widme, einem ganzen Ensemble unermüdlich neue Anstöße gebe, Kontakte zwischen Dirigenten und Bühnenbildnern, Regisseuren und Sängern knüpfe, dann muß ich sagen: Ich bin zu sehr mit Nebenbeschäftigungen belastet, ich habe dafür keine Zeit.

Statt die Zusammenarbeit zwischen Peter Stein und Georg Solti an der *Ring*-Tetralogie voranzutreiben, sitze ich in meinem Intendantensessel, eingekeilt zwischen Finanzproblemen und Gewerkschaftsforderungen.

Diese Scherereien, diese rein bürokratischen Komplikationen legen allmählich meinen Arbeitseifer lahm. Ich verkümmere, ich komme aus dem Takt, ich greife zu spät nach vorüberhuschenden Ideen, ich stochere argwöhnisch in den aufregendsten Angeboten, so überzeugt bin ich schon im voraus, daß sie am Ende doch im Verwaltungsmorast versinken werden.

Zur Hundertjahrfeier der Opéra – des Gebäudes natürlich – hatten wir im Grand Palais eine Ausstellung von Bühnenbildern und Kostümen geplant. Wir besitzen Kostbarkeiten, seit Jahrhunderten angesammelt, die wir bei dieser Gelegenheit zeigen und mit künstlerischen Darbietungen umrahmen wollten. Das Corps de ballet sollte in einem Degas-Saal tanzen, eine unserer Sängerinnen vor den wunderbaren Bühnenbildern Utrillos eine Arie aus Charpentiers *Louise* singen; wir hätten auch gern Strawinskys *Geschichte vom Soldaten* auf einer Gerüstbühne in der Ausstattung von Auberjonois gegeben. Nun, alles das hat nie stattgefunden – warum, weiß ich bis heute nicht. Zuerst waren alle Beteiligten hingerissen, die Köpfe loderten von Ideen, monatelang wurden Besprechungen abgehalten. Dann aber bröckelte das Projekt nach und nach ab, kränkelte dahin und starb schließlich nach anderthalb Jahren an perniziöser Anämie. Es ruht noch heute irgendwo, unter dicken Schichten von Aktenstaub.

Hier wie anderswo wäre es sinnlos, irgendwelche teuflische Verschwörer anzuklagen. Wenn man durchaus Schuldige finden will, schlage ich Ludwig XIV. und Napoleon vor: Sie sind die Erfinder dieser zentralisierten Verwaltung, in der jeder jeden so gründlich kontrolliert, daß nichts mehr vom Fleck kommt.

13
Die Vertrauensfrage

Bevor ich ihr Intendant wurde, kannte ich die Pariser Oper nur als Besucher und hatte manche großartige Galavorstellung miterlebt. Leider aber sank das Niveau der »gewöhnlichen« Abende ständig. Die Schlampereien der Beleuchter, Orchestermusiker, Choristen wurden unerträglich. Eine glanzvolle Vorstellung wiegt nun einmal keine wochenlange stupide Routine auf. Die großen Augenblicke des Theaters fallen nicht vom Himmel. Um nur einmal, und sei es durch Zufall, die absolute Vollendung zu erreichen, muß man täglich bestrebt sein, ihr wenigstens nahezukommen.

Ich habe versucht, ein guter Prinzipal – oder *patron,* wie die Franzosen sagen – zu werden, obwohl ich weiß, daß es den gar nicht geben kann. Ich meine aber, daß ich mich immer bemühe, die täglichen Schwierigkeiten *mit* meinen Schutzbefohlenen und zugleich an ihrer Spitze zu überwinden. Darin liegt der Unterschied zwischen Tyrann und Patron. Ein Tyrann tobt, droht, stelzt auf hohem Kothurn daher, hebt tadelnd die Brauen, unterschreibt Tagesbefehle und verschanzt sich in seinem Büro. Der Prinzipal dagegen wirbt um das Vertrauen seiner Mitarbeiter.

Wer selbst stets am Arbeitsort anzutreffen ist und durch den Erfolg beweist, daß seine Entscheidungen durchdacht und wohlbegründet sind, an dem kann man zwar immer noch herumnörgeln, aber er wird zum Blitzableiter für schlechte Launen, schlichtet Zänkereien und bringt so alle miteinander voran. Der Orchesterchef Horst Stein antwortete mir, als ich ihm meine Nachfolge in Hamburg anbot: »Nein, besten Dank! Ich werde nie irgendeinen Intendantenposten annehmen, dazu brauche ich viel zu sehr jemanden, an dem ich meine Wut auslassen kann . . .«

Den guten Prinzipal oder Intendanten erkennt man auch daran, daß er ständig zu erreichen ist. Ich habe in diesem Zusammenhang einmal von dem regieführenden Intendanten als dem Totengräber des Theaters gesprochen, aber das gleiche gilt natürlich auch für die dirigierenden Intendanten. Damit meine ich nicht diejenigen, die an ihrem eigenen Hause Regie führen oder dirigieren, sondern diejenigen, die ein halbes Jahr lang unterwegs sind, um sich auswärts einen Namen zu machen. Das bedeutet ja doch, daß dieser Mann seine Anordnungen bestenfalls aus Washington, New York oder San Francisco per Telefon gibt, sein Theater im Grunde jedoch führerlos ist und einem Stab mittelmäßiger Leute überlassen. Solche Intendanten-Regisseure und -Dirigenten sind meines Erachtens, auch wenn sie in ihrem Fach allererste Klasse sind, die Totengräber des Theaters. Richard Strauss war noch einsichtig genug, nach sechs Monaten von seinem Wiener Direktorenposten zurückzutreten, als er einsah, daß er nicht zugleich verwalten, dirigieren und komponieren konnte; und Gustav Mahler verließ Wien nie, solange die Spielzeit lief, und nahm sich erst danach die Zeit, woanders zu dirigieren oder zu komponieren. Auch Max Reinhardt hat fast ausschließlich an seinen eigenen Theatern Regie geführt. Es ist schade um jeden erstklassigen Dirigenten und Regisseur, aber es ist keinesfalls schade um irgendeinen Intendanten. Den findet man immer, während man sehr schwer gute Dirigenten oder Regisseure findet. Ich schlage also vor, daß die Regisseure Regie führen, die Dirigenten dirigieren und den Intendanten ihre Aufgabe überlassen.

Ein besonderer Fall ist Karajan. Er sagte mir einmal: »Ich kann es nicht aushalten, eine andere Farbe zu sehen, als ich höre. Und deshalb muß ich es selber machen.« Wenn man den musikalischen Rang Karajans besitzt und dazu noch seine organisatorischen Fähigkeiten, kann man vielleicht das Recht des Genies für sich beanspruchen. Karajan redet ja auch nicht bloß, sondern er handelt. Und wenn er sich irrt, dann ist das sein gutes Recht.

Um aber auf das unentbehrliche Vertrauen zurückzukommen. Wie soll man es erringen? Ich kenne nur das Rezept, seinen Beruf vollkommen ehrlich auszuüben. Vertrauen ergibt sich, sobald jedermann merkt, daß einer sein Handwerk versteht und nicht zu bluffen versucht. Nun glaube ich meinen Beruf durch und durch zu kennen; vierzig Jahre lang habe ich praktisch auf allen einschlägigen Gebieten gearbeitet. Und doch würde ich mir nie erlauben, etwa der Tuba im *Rheingold* einen anderen Fingersatz zu empfehlen. Man wird nur ernst genommen, wenn man Besserwisserei, Getue und große Worte vermeidet und im Rahmen seiner wirklich erprobten Kenntnisse bleibt.

Als ich in Paris anfing, hat kein Bühnenarbeiter meinen Gruß erwidert, wenn ich die Bühne betrat. Ein Jahr später brummelten ein paar ein undeutliches »Bonjour«, während die anderen geflissentlich wegsahen. Heute grüßt schon die Hälfte aus freien Stücken.

Mit den Beleuchtern hatte ich es relativ am leichtesten, dann mit den Requisiteuren, und eines Tages kriege ich vielleicht noch alle Bühnenarbeiter herum. Diese merkwürdigen Unterschiede erklären sich zum Teil aus der Art der jeweiligen Aufgaben. Die Beleuchter haben alle eine abgeschlossene Elektrikerlehre hinter sich, die meisten auch noch zusätzliche Fortbildungskurse. Die Bühnenarbeiter und ungelernten Hilfskräfte gehören einer ganz anderen Kategorie an. Ihre Arbeit erfordert beträchtliche Körperkräfte und ist nicht selten gefährlich, denn die riesigen Kulissen, mit denen sie hantieren, können böse Unfälle verursachen. Viele von ihnen sind »ungelernt«; die Jüngeren arbeiten nur am Theater, weil sie noch keine besser bezahlte oder für sie interessantere Stelle gefunden haben. Ein Job, der zum großen Teil aus Wartenmüssen und Sichabhetzen besteht, kann sie verständlicherweise kaum begeistern: Nachdem sie etwa im *Parsifal* zwei Stunden lang untätig herumgesessen haben, müssen sie plötzlich losstürzen, um in fünf Minuten die Dekoration zu wechseln. Danach wieder stumpfsinniges Warten auf den nächsten Umbau.

Eines meiner freudigsten Erlebnisse als neuer Intendant in Paris war der Moment, als ich einen Bühnenarbeiter zu den anderen sagen hörte: »Der *patron* ist da!« Genau in dieser Sekunde keimte die Hoffnung in mir auf, den Kampf um das Vertrauen eines Tages zu gewinnen.

Selbst in Hamburg habe ich zwei Jahre gebraucht, um das Klima gegenseitigen Verstehens zu schaffen, ohne das keine gleichbleibende Arbeitsqualität möglich ist. Mißtrauen und Ärger schaden auf die Dauer der schönsten Stimme und machen den Bogen in der Hand des Geigers schwer wie Blei.

In Paris sind wir nun auf gutem Wege; manchmal gibt es geradezu erhebende Momente der Kameradschaft. So fiel unsere Aufführung des *Requiems* von Berlioz im Invalidendom unter Colin Davis ausgerechnet mit dem großen Generalstreik im November 1974 zusammen. Und ich sah schon kommen, daß man mich zwingen würde, das Konzert ausfallen zu lassen. Da wurde ich von den Gewerkschaftsmitgliedern des Orchesters und des Chors schriftlich informiert, man sei sich bewußt, wie wichtig dieses Konzert sei, und deshalb bliebe es, bei aller Solidarität mit den streikenden Kollegen, bei ihrer Teilnahme.

Wir haben das Glück, den besten Opernchor der Welt zu besitzen. Der frühere war vor meiner Ankunft wegen Ablehnung der angebotenen neuen Gesamtarbeitsverträge entlassen worden. Georg Solti und ich durften also bei Null anfangen, um ein Ensemble zu bilden, das der Pariser Oper würdig war. Unter dem Vorsitz von Daniel-Lesur haben wir uns siebenhundert Anwärter angehört, darunter eine stattliche Anzahl ehemaliger Solisten, die von der neugebotenen beruflichen Sicherheit angezogen wurden.

Hiermit berühren wir ein heißes Eisen. Die Existenz eines französischen Opernsängers ist fürchterlich unsicher, besonders in der Provinz, deren Theater nicht genug Opern aufführen, um ihnen einen anständigen Lebensunterhalt zu bieten. In der Regel begnügt man sich mit einer Aufführung am Freitagabend und einer Matinee am Sonntag. Für diese kümmerlichen zwei Aufführungen eines Werks müssen die Solisten ihre Partien mit von ihnen bezahlten Korrepetitoren einstudieren und die Kostüme auf eigene Kosten ausleihen.

In der Bundesrepublik Deutschland spielen die großen Theater zehn Monat lang allabendlich, und auch in Städten mittlerer Größe, wo Opern mit Operetten und Sprechstükken alternieren, gehören die Sänger zum festen Ensemble, mit Jahresvertrag und bezahltem Urlaub. Damit verglichen, führt ein französischer Opernsänger ein Hundeleben. Und das ist der Grund, warum wir unter den hundert Choristen, die wir schließlich auswählten, so viele einstige Solisten haben, die es vorzogen, die ersehnte, aber nicht mehr wahrscheinliche »Karriere« gegen Sicherheit und garantierte Jahresgage einzutauschen. Zugleich erklärt dies die Güte unseres Chors, dessen Leiter Jean Laforge im Laufe kurzer Zeit eine unvergleichliche Homogenität und Klangschönheit erarbeiten konnte.

In keiner anderen Großstadt der Welt hätte man wagen können, die flämischen Abgesandten im *Don Carlos* von sechs Choristen singen und darstellen zu lassen. Ich konnte das ohne weiteres. Und einmal, als zwei Sänger des Grafen Luna im *Troubadour* gleichzeitig erkrankten, zögerte ich nicht, die Partie von Piero Cappuccilli und Norman Mittelmann einigen meiner besten Choristen anzubieten. Leider traute sich keiner zu, den Luna so von einem Moment zum andern zu übernehmen.

Ich bin also wohl mit Recht stolz auf diesen Chor und glaube, daß keines seiner Mitglieder der entschwundenen Karriere nachtrauert. Hier genießen sie wahrscheinlich einen besseren Ruf, als sie woanders je erreicht hätten, und wissen, was sie wert sind. Sie bewiesen es kürzlich damit, daß diejenigen, die in einer Vorsinge-Jury saßen, keinen einzigen Bewerber für würdig hielten, in ihre Reihen aufgenommen zu werden.

Was unser Orchester betrifft, so ist es wohl das beste in Frankreich, mit einer kleinen Einschränkung: unsere Musiker können wunderbar sein, *wenn sie wollen* – nur wollen sie nicht immer. Wenn sie sich über den Dirigenten ärgern, spielen sie wie die mieseste Vorstadtkapelle.

Normalerweise ist unser Orchester nicht mehr und nicht weniger diszipliniert als jedes andere. So sehr sich unsere Instrumentalisten in Einzelfällen sträuben können, haben sie doch ein untrügliches Gehör für das überlegene Talent: Ihre Zusammenarbeit mit Patané, Santi und anderen ist mustergültig. Und Solti wie Böhm werden bedingungslos respektiert. Solti, unter dem sich das Orchestre de Paris einige Male skandalös benahm, ist bei uns in der Opéra nie auf irgendwelche Schwierigkeiten gestoßen. Die einzige Beschwerde, die einmal gegen ihn vorgebracht wurde, kam von den Klarinettisten, die er anders als gewohnt placiert hatte. Sie beklagten sich, die Sänger nicht mehr richtig sehen zu können. Welch gutes Zeichen!

Im allgemeinen glaube ich zwar, daß es keine schlechten Orchester, höchstens schlechte Dirigenten gibt, doch bin ich glücklich, daß in unserem Orchestergraben wirklich ganz besonders viele ausgezeichnete Musiker sitzen. Ihr Kammerensemble ist in aller Welt berühmt, und die meisten Instrumentalisten könnten jederzeit als Konzertsolisten auftreten. Aber auch hier bedeutet das Streben nach Karriere ein ungeheures Risiko, und wenn ein junger, unverheirateter Musiker es auch in Kauf nehmen mag, sich ein paar Jahre durchzuhungern, um vielleicht eines Tages in der Carnegie Hall zu brillieren, so wird es sich ein Familienvater doch dreimal überlegen, ob er eine gesicherte Dauerstellugn aufgeben soll, um vielleicht ein zweiter Rostropowitsch, Heifetz oder Rubinstein zu werden.

Auf jeden Fall darf man das Orchester nicht für einen Zufluchtsort von Musikern halten, die es allein nicht geschafft haben. Zum Beweis habe ich in der Oper mit großer Freude sonntägliche Kammermusikkonzerte eingerichtet. Diese Matineen geben unseren talentiertesten Instrumentalisten Gelegenheit, sich einen Namen zu machen, was ihrem Selbstvertrauen sehr zuträglich ist. Oft genug haben ja nur Pech, Schüchternheit oder Armut verhindert, daß sie Solisten wurden. Wir erleichtern ihnen den Weg aus der Vesenkung, indem wir ihnen einen akustisch idealen Saal zur Verfügung stellen. Während ihre »freien« Kollegen sich in Schulden stürzen müssen, um die Salle Gaveau oder das Théâtre des Champs-Elysées zu mieten und Plakate, Anzeigen und Programme drucken zu lassen, können unsere Musiker den Reingewinn ihrer Konzerte für sich behalten.

Hinzu kommt, daß unsere Musiker sich durch die Kammerkonzerte verpflichtet und ermutigt fühlen, ihrem Instrument noch mehr Sorgfalt zu widmen als sonst, was wiederum dem Niveau des Gesamtorchesters zugute kommt. Man muß sich nur einmal ansehen, was sie bieten. Es handelt sich immer um anspruchsvolle Werke, und obwohl sie ihre Programme ganz frei gestalten, freue ich mich, daß sie meinem Wunsch Rechnung tragen, auch regelmäßig ein modernes Werk aufzuführen.

Mögen diese sonntäglichen Darbietungen mithelfen, das Tabu, das auf der Oper noch lastet, zu durchbrechen! Eines meiner höchsten Ziele ist es, den Bann von diesem Haus zu nehmen und seine Pforten vor allem den jungen Menschen zu öffnen, die der Oper noch voller Skepsis gegenüberstehen. Wenn wir sie mit dem Trio von Ravel oder dem Septett von Brahms dazu bringen könnten, ihre »Schwellenangst« zu überwinden und auch *Die Zauberflöte* bei uns zu hören, wäre schon viel gewonnen.

Übrigens gedenke ich nicht auf halbem Wege stehenzubleiben. Ein Orchester wie unseres, das hundertfünfzig Musiker zählt, stellt ein unerschöpfliches Reservoir dar. Als wir das gesamte Kammermusikwerk Ravels in zwei Teilen aufführten, konnte man feststellen, wie leicht sich alle dazu nötigen Kombinationen zusammenfügen ließen: Trio, Quartett, Quintett, Sextett, Oktett, mit Harfe, Cembalo, Fagott, Celesta etc. ... Es gibt überhaupt keine Besetzungschwierigkeiten. Ich habe zeitgenössischen Komponisten vorgeschlagen, Kammermusik zu schreiben, die den traditionellen Rahmen sprengt. Und wenn sie sich die verrückteste Instrumentierung einfallen lassen – für unser Orchester gibt es keine Probleme.

Um den sonst üblichen Qualitätsschwund im Laufe der vielen Wiederholungen nach einer Opernpremiere zu verhindern – oft sitzen dann schlecht vorbereitete Zweitbesetzungen im Orchester –, habe ich erreicht, daß immer dieselben Musiker dieselbe Oper spielen (gleiches gilt auch für Chor und Solisten!), solange die betreffende Inszenierung auf dem Spielplan steht.

Die ewigen Vertretungen sind nämlich der wunde Punkt vieler Opernorchester. In Wien sind manche Abende einfach katastrophal, weil die Wiener Philharmoniker gerade auf Tournee oder bei Schallplattenaufnahmen sind und ihre Schüler als Ersatz in die Oper schicken, wo sie eine Partitur vom Blatt spielen müssen, ohne sie vorher auch nur durchgelesen zu haben.

Das habe ich in Paris abgeschafft. Wir haben einen eigenen »Orchesterintendanten«, der in meinem Auftrag alles überwacht, was mit der Orchesterarbeit zusammenhängt. Ich bewillige kein Urlaubsgesuch, das nicht zuvor von ihm unterzeichnet worden ist. Dieses System verbindet die Freiheit des Musikers mit der Exklusivität, zu der er dem Hause gegenüber verpflichtet ist bei allen Werken, an deren Einstudierung er teilgenommen hat.

Anders gesagt: Die fünfzig Musiker, die unter Karl Böhm *Die Entführung aus dem Serail* einstudieren, werden auch sämtliche Aufführungen der ersten Serie spielen. Bei einer späteren Wiederaufnahme wechselt der Dirigent, und mit ihm wechseln auch einzelne, oder, wenn genügend Proben möglich sind, sogar alle Musiker; auf jeden Fall spielt dann wieder nur *dieses* Ensemble. So kommt es, daß beispielsweise im Laufe der fünf Serien, die wir innerhalb dreier Jahre vom *Troubadour* gegeben haben, jeder einzelne unserer hundertfünfzig Musiker einmal »dran« war. Abgesehen vom Qualitätsgewinn hat dieses System noch zwei weitere Vorteile. Erstens spart es viel kostbare Zeit. (So brauchte Karl Böhm für die Reprise der *Elektra* 1975 nur drei Proben und nicht zehn wie im Vorjahr, weil ihm wieder genau dasselbe Ensemble zur Verfügung stand.) Zweitens bekommt auf diese Weise jeder Musiker im Laufe der Zeit Gelegenheit, sich unter den besten Dirigenten mit den Meisterwerken des Opernrepertoires vertraut zu machen.

Ich komme nun zum dritten Ensemble der Oper – dem Ballett. Mit seiner dreihundertjährigen Tradition ist es die älteste und ehrwürdigste Einrichtung unseres Hauses. Noch vor der Oper selbst gegründet, wurde es von Ludwig XIV. so in Schwung gebracht, daß nichts und niemand es seither aufhalten konnte: Es tanzte durch alle Kriege und Revolutionen und sogar in den Tagen der Kommune.

Die Kehrseite der Medaille ist die Gefahr der Kastenbildung im Ballett. In der Tat ist es einer ungeheuer strengen Hierarchie mit entsprechend strengen Regeln unterworfen. Der Aufstieg der einzelnen Tänzer vollzieht sich auf einer starren Stufenleiter: Nach der Elevenzeit kommt man in die Quadrille, wird dann Koryphäe (*chef de file* oder Vortänzer), steigt auf zum *sujet,* wird vielleicht Solotänzer und schließlich *étoile,* Star. Außer den für den jeweiligen Spielplan angesetzten Proben haben alle Ballettmitglieder ein hartes Dauertraining unter Aufsicht erfahrener Lehrer zu absolvieren und pro Monat an mindestens zehn Trainingsstunden teilzunehmen.

Am Jahresende findet das große Tanzexamen statt: Ursache ungezählter Weinkrämpfe und Nervenzusammenbrüche. Vom Ausgang dieses Wettbewerbs hängt nämlich das Weiterrücken auf der ominösen Stufenleiter ab. Die Jury besteht aus fünf Vertretern der Intendanz, vier vom Ballettkorps und einem von der Nationalen Theatervereinigung. Ich als Vorsitzender des Ganzen habe das letzte Entscheidungsrecht, von dem ich aber nur selten Gebrauch mache. Fast stets kommt es zu einstimmigen Beschlüssen.

Außerhalb dieser Jahresprüfungen habe ich jedoch so gut wie keine Möglichkeit, den Aufstieg eines Tänzers zu beschleunigen. Früher verbot das Kastensystem sogar, daß eine *coryphée* mit einem *sujet* tanzte oder gar eine *étoile* sich mit einem *premier danseur* kompromittierte; die Stufenleiter hatte sogar noch Zwischensprossen: Man war *petit sujet* ehe man zum *grand sujet* aufrückte.

Alle diese Rangbezeichnungen und Kategorien, so wunderlich sie dem Außenstehenden erscheinen, gehören einer Tradition an, in die die Tänzer von Kindesbeinen an hineinwachsen. Die meisten Ballettmitglieder begannen schon mit acht Jahren in unserer eigenen Tanzschule, die zur Zeit von Claude Bessy geleitet wird. Der Kult des klassischen Stils und der Hierarchie wird ihnen sozusagen eingeimpft. Kleinere Revolten, wie sie 1968 vorkamen, enden gewöhnlich mit dem Ausscheiden der Aufrührer.

Bei allem Respekt vor der Tradition bin ich der Meinung, daß man eine fortschrittlichere Entwicklung einleiten muß. Aus diesem Grunde habe ich Carolyn Carlson engagiert, deren Blitzaufstieg zum Star stürmische Auseinandersetzungen innerhalb des Hauses provoziert hat. Wenn es mir schon verboten ist, eine *coryphée* zum *premier danseur* zu ernennen, so bleibt es mir doch glücklicherweise unbenommen, ihn außer der Reihe gleich zur *étoile* zu machen! Dieses Vorrecht habe ich genutzt, indem ich Carolyn zur *étoile choréographe* erhob und sie mit der Leitung der »Studiengruppe« betraute, die übrigens kaum eines unserer Ballettmitglieder je besucht hat, die aber andernorts viel Interesse erregt.

Ich kenne Carolyn Carlson seit Hamburg, wo sie in *Kyldex I,* in der Choreographie von Alwin Nikolais, auftrat. Ich halte sie für eine der größten Tänzerinnen unserer Zeit, sie ist voller Phantasie und Einfallsreichtum und versteht es, sich achselzuckend über alle Konventionen hinwegzusetzen.

Die Vorbehalte, mit der man sie an der Pariser Oper empfing, erklären sich daraus, daß unsere Ballettmeister und Tänzer sich als Wächter eines musealen Heiligtums betrachten. Sie hüten und bewahren eine französische Tradition von dreieinhalb Jahrhunderten, die von Marius Petipa nach Rußland exportiert wurde, dann nach London kam und heute in der ganzen Welt berühmt ist. Ich habe Primaballerinen weinen sehen, als Carolyn in *Sablier-prison* – ihrer ersten abendfüllenden Choreographie – tanzte. »Wozu haben wir uns fünfzehn Jahre lang abgestrampelt«, stöhnten sie, »wenn jetzt so was zum Star gemacht wird?« – »So was«, zielte nicht direkt auf Carolyn Carlson, sondern auf alles, was sie und ihr Ensemble an Neuerungen mitbrachten: nackte Füße statt der geschnürten Spitzenschuhe, Entspannung statt Verkrampfung, kurz alles, was den amerikanischen *modern dance* charakterisiert. Nachdem man schon Merce Cunningham nur mit Mühe verkraftet hatte, mußte man auch noch eine Carolyn Carlson dulden, die an Modernität zum Beispiel Maurice Béjart weit hinter sich ließ! Man fiel über mich her, nannte mich einen Verräter, der die andern um ihr Erbe betrog und ihr Ansehen unterminierte. Aber meine Gewissensbisse bleiben in Grenzen. Es ist ja nur ein normaler Angst- und Abwehrreflex, der sie so vehement gegen die »barbarische Invasion« zu Felde ziehen läßt.

Ich verstehe sie sehr gut. Sie alle haben schwere Opfer gebracht, um mit zwanzig oder dreißig Jahren endlich an die Spitze der Hierarchie zu gelangen. Und dann kommt eine Person daher, unversehens, wie vom Himmel gefallen, pfeift auf jegliche Rangordnung und macht ihnen grausam deutlich, wie sehr ihre Überlieferungen Alternativen erfordern. Das ist schwer zu schlucken! Aber noch schwerer wohl, daß Rudolf Nurejew Henzes *Tristan* mit Carolyn tanzte – daß ein so gewissenhafter Künstler wie er, der Inbegriff des klassischen Tanzes, sich herabließ, fünfzig Minuten lang ihr Partner zu sein! Das gab zu denken ...

Inzwischen versuche ich eine Art Trojanisches Pferd in diese scheinbar unbezwingliche Festung einzuschmuggeln, und zwar mit dem regelmäßigen Herausstellen »junger Tanzhoffnungen«. Es handelt sich um einstündige Vorstellungen, so ähnlich wie unsere Kammermusik-Matineen, die außergewöhnlichen Talenten die Möglichkeit geben, sich ans Publikum heranzukämpfen. Talentierte *coryphées* und *sujets* können einmal aus der Anonymität des Ballettkorps heraustreten und beweisen, daß sie das Zeug zu künftigen *étoiles* haben. Natürlich werden hierfür keine Glanzstücke, etwa aus dem *Schwanensee*, ausgewählt, für die ein junges Mädchen noch nicht die nötige Widerstandskraft aufbringt, und der junge Mann, der sie eine Viertelstunde lang durch die Luft schwingen muß, noch weniger. Dafür dürfen sie in kleinen *pas de deux* und *pas de quatre* glänzen, die das Publikum mit größerer Sicherheit freundlich stimmen.

Für mich, in meiner Eigenschaft als professioneller Beobachter, sind diese Nachwuchsvorstellungen ein wertvolles Versuchsfeld. Ich sehe sie mir so oft wie möglich an, denn die tägliche Arbeit im Probensaal sagt mir nicht viel. Ich muß wissen, wie sich die jungen Leute in Kostüm und Maske und vor allem vor echtem Publikum bewähren und wie dieses reagiert. Da erst zeigt sich, was eine junge Begabung wert ist. Und ich wiederhole: Sollte ich bei diesen Gelegenheiten eine oder einen *quadrille* entdecken, der mich stark beeindruckt, so werde ich sie oder ihn ohne Zögern zur *étoile* ernennen.

Bei Georges Balanchine in New York gibt es natürlich keine solche Hierarchie. So einen Unsinn läßt er nicht zu. Er wählt für jedes Ballett genau die Leute aus seiner Truppe aus, die für die einzelnen Rollen am besten passen. Sein Beispiel sollte allgemein Schule machen.

14
Die Stunde der Wahrheit

Die Überschrift signalisiert bereits, daß ich jetzt auf diejenigen zu sprechen komme, ohne die es gar keine Oper gäbe: die Gesangssolisten und die Dirigenten.

Da ich in Hamburg neben der Opernarbeit auch ein Jahr lang stellvertretender Intendant des Deutschen Schauspielhauses war, kann ich den Beruf des Schauspielers recht gut mit dem des Sängers vergleichen. Auch im Schauspielhaus werden Arien gesungen – ich weiß nicht mehr, wie viele davon ich mir im Direktionsbüro habe anhören müssen. Man meint immer, der Beruf eines Operndirektors erfordere ganz besondere Qualifikationen oder wäre besonders schwierig. Ich würde sagen, daß es nichts Schwierigeres gibt, als Schauspieldirektor zu sein. Ich hatte das Schauspielhaus auf die persönliche Bitte meines Freundes Weichmann übernommen, aber es war mein glücklichster Tag, als diese Gespräche mit nervösen Schauspielerinnen und großen, stimmgewaltigen Herren, die mir im Büro den »Osterspaziergang« vortragen wollten, ein Ende hatten.

Der erste Unterschied ist der, daß der sprechende Komödiant physisch bedeutend weniger anfällig ist als sein singender Kollege. Ein Schnupfen, ein rauher Hals, eine angeknackste Rippe hindern ihn kaum daran aufzutreten. Er braucht sich nicht Tag für Tag ängstlich vor jedem Luftzug zu hüten. Ein Kaiserschnitt oder eine simple Mandeloperation ruiniert nicht gleich seine ganze Karriere.

Zweiter Unterschied: Der Schauspieler darf und soll ein Illusionist sein, während der Sänger die Ehrlichkeit in Person sein muß. Schauspieler »spielen« dauernd; sie sind unfähig, sich im gewöhnlichen Alltag ohne merkliche Rückgriffe auf ihre Glanzrolle zu bewegen. Wie viele Fausts, Hamlets und Alkesten habe ich in meinem Büro empfangen! Bei den Damen kann dies rasch zu Bewußtseinstrübungen entarten. Sie fühlen sich unverstanden, wollen den ganzen Krempel hinschmeißen, für den Rest ihrer Tage ins Klsoter oder auf eine einsame Insel fahren, lieber im tiefsten Urwald die Schwären Aussätziger pflegen als an einem Theater bleiben, wo niemand, am allerwenigsten der Regisseur, das ganze Ausmaß ihrer Begabung erkennt. Gleich nach derartigen Ausbrüchen lenken sie jedoch ein: Sie würden sich ja trotz allem zum Spielen bereitfinden, wenn die Rolle nicht so belanglos und der Partner nicht so stupide wäre...

Um die *Elektra* des Sophokles auf die Schauspielbühne zu bringen, mußte ich wochenlang einer Dame standhalten, die mich unaufhörlich fragte, ob die Rolle der Elektra denn wirklich interessant genug für sie sei und ob ich ihr als Orest einen Partner versprechen könne, mit dem sie sich nicht sofort in die Haare gerate. Und dazu das allgemeine, unvermeidliche Gejammer über das ewige Thema: »Das Publikum ist stumpfsinnig, die Stücke sind mies, und das Theater ist sowieso am Ende!«

Wenn ich dagegen einer Birgit Nilsson die Elektra von Strauss anbiete, antwortet sie umgehend und sachlich, sie nehme gern an, unter der Bedingung, daß ihr Gastspiel sich auf vier Vorstellungen beschränke und sie zwischendurch jedesmal einige Ruhetage einlegen könne. Das hat Sinn, das ist klar, das ist ehrlich. Sie kommt, sie probt, sie singt, sie kassiert ihre Gage und reist wieder ab.

Das Verhalten der Schauspieler, wie ich es nach eigener Erfahrung beschrieben habe, ist die Folge einer Berufskrankheit – des gewohnheitsmäßigen Vortäuschens. Wer dauernd fiktive Helden auf der Bühne verkörpert, verliert nach und nach seine Eigenpersönlichkeit. Opernsänger sind viel weniger gefährdet, sich so mit Wort und Gedanken eines anderen zu identifizieren. Ein großer Sänger kann dem Publikum nichts vormachen, ein großer Schauspieler fast immer.

Ich gebe gern zu, daß mancher Darsteller des Philipp in Schillers *Don Carlos* mich tief ergriffen hat; viel öfter aber merkte ich, daß selbst große Tragöden sich vom Text zu Übertreibungen hinreißen ließen. In der Oper ist es unmöglich, durch Dickauftragen Eindruck zu schinden. Wer Nicolai Ghiaurov als Philipp in Verdis *Don Carlos* erlebt hat, weiß, daß die herzzerreißende Qual der Anfangsszene im fünften Aufzug nur so gesungen werden kann, wenn sie *echt* nachempfunden wird. Ebenso aus dem Herzen kommt Mirella Frenis »Ave Maria« in *Othello,* und das unbezwingliche Zittern Kiri Te Kanawas, die eine halbe Stunde braucht, um nach dem Ende einer *Don Giovanni*-Aufführung ihre Nerven wieder unter Kontrolle zu bekommen, ist keineswegs »Theater«.

In der gesamten Opernliteratur gibt es für einen Sopran vielleicht nichts Schwereres als die Pamina-Arie »Ach, ich fühl's« aus der *Zauberflöte* oder Susannas Rosenarie aus dem letzten Akt von *Figaros Hochzeit.* Das ist ein Sehnsuchtsgesang von absoluter Reinheit, bei dem das Orchester gleichsam auf Zehenspitzen begleitet – weiter nichts. Die

Sängerin ist mit sich und ihrer Stimme allein auf der Welt, und um diese Arie so zu singen wie Irmgard Seefried, muß man sein ganzes Wesen in den Glauben an die Liebe legen.

Auf der Sprechbühne dagegen fängt die Verstellung schon ohne Schminke bei den ersten Verständigungsproben an, zu denen der Schauspieler oft erscheint, ohne seinen Text ordentlich zu können. Daß sie, das Textbuch noch in der Hand, schon zu spielen anfangen, macht mich schaudern. In der Oper wäre es undenkbar, daß ein Sänger zur Bühnenprobe kommt, ohne seine Partie in- und auswendig zu beherrschen. Ein falsches Achtel genügt, um einen cholerischen Dirigenten in Wut zu bringen! Sänger können nie etwas vertuschen; das Publikum reagiert unerbittlich auf jeden falschen Ton. Berühmte Schauspieler aber haben auf »Falschspielerei«, ich meine, auf das Improvisieren und Extemporieren, geradezu ihre Karriere aufgebaut und sind ihr Leben lang dabei geblieben.

In der Oper wird die Stunde der Wahrheit mit dem Aufgehen des Vorhangs eingeläutet. Die auftretenden Sänger sind allen Gefahren ihres Berufs auf einmal ausgeliefert: den Dirigenten nicht richtig sehen zu können und daher einen Einsatz zu verpassen, in den »Schmiß« eines Partners verwickelt zu werden, einer Konkurrenzintrige zum Opfer zu fallen, die ersten Symptome einer Halsentzündung zu spüren, mit dem Atem zu kämpfen, der in einer langen Phrase knapp zu werden droht, in der Höhe zu kieksen und so weiter ... Das einzige, wovor der Schauspieler sich wirklich ängstigen muß, ist eine plötzliche Gedächtnislücke, und da hilft ihm meistens der Souffleur oder eben sein eigenes Improvisationstalent aus der Patsche.

Der Beruf des Opernsängers ist höllisch aufreibend. Ich kann das wahnsinnige Lampenfieber nachfühlen, das die meisten jeden Abend von neuem überfällt. Elisabeth Schwarzkopf bleibt für mich die herrlichste Gräfin, die ich je in *Figaros Hochzeit* gehört habe, aber als in Salzburg der Vorhang zum zweiten Akt aufging, der mit der großen Kavatine beginnt, konnte man während der zehn ersten Takte deutlich sehen und beinahe hören, wie der Sängerin das Herz klopfte.

Wenn diejenigen »Kenner«, die wegen eines Kieksers gleich lospfeifen oder buhen, sich nur mal klarmachten, wie schwer es die Sänger haben, würden manche Operntheater weniger an altrömische Zirkusarenen erinnern.

Eine internationale Karriere fordert dem Künstler das Äußerste an Selbstverleugnung und das völlige Hintanstellen des Privatlebens ab. Eine junge Sängerin mag eine noch so schöne Stimme haben: Sie wird es nie zu Weltruf bringen, wenn sie das tägliche Üben vernachlässigt, um für ihre Kinder zu sorgen oder in die Ferien zu fahren. Birgit Nilsson hat mir erzählt, daß sie sich nie mehr als zehn Tage Pause leisten kann, sonst brauche sie drei Monate, um ihre Stimme wieder in Form zu bringen. Vor jeder Aufführung schließt sie sich schon vier Stunden vorher in ihrer Garderobe ein, um die Partitur noch einmal durchzugehen und sich »einzusingen«, bevor sie auf der Bühne erscheint.

Fiorenza Cossotto bietet ein weiteres Beispiel dieser Perfektionsbesessenheit. Nach der Generalprobe arbeitet sie noch weiter an ihrer Rolle, weil sie mit der Kontroll-Bandaufnahme, die ihr Mann am Vorabend gemacht hat, nicht zufrieden ist. Ich kenne nur wenige Künstler, deren Gesang soviel Glück ausstrahlt und auf die Hörer überträgt. Aber dieser Eindruck ist das Ergebnis unablässiger Mühen.

Übrigens – und das gilt für alle Interpreten – erlebt jeder Künstler seine Feuerprobe erst vor dem Publikum, dessen Reaktion sein Talent bestätigt oder anzweifelt. Es gibt Pianisten, die im stillen Kämmerlein meisterhaft die *Revolutions-Etude* von Chopin spielen, auf dem Podium aber vor Lampenfieber fast umkommen. Ihr Finger werden steif und unsicher; die Hälfte ihrer Begabung hat sich spurlos verflüchtigt. Ehrgeiz und Selbstvertrauen müssen sich also die Waage halten, beide sind ebenso wichtig wie Talent und Fleiß.

Und selbst wenn alles das sich glücklich vereint, verläuft das Leben der Stars, die sich zwischen Beruf und Privatem zerreißen, nie ungetrübt. Margaret Price, von Angeboten überhäuft und ständig »ausgebucht«, singt Mozart von Land zu Land, von Stadt zu Stadt, oft ohne auch nur die Koffer auszupacken, und in Momenten der Ermattung fragt sie sich, was das alles eigentlich soll. Trotzdem macht sie weiter. Wer einmal ins Räderwerk der Oper geraten ist, kommt nicht so leicht wieder heraus.

Große Opernkarrieren sind mit einem unbeirrbar funktionierenden Mechanismus zu vergleichen. Sobald ein Name aufblinkt, strömen von allen Seiten Angebote heran, die der Künstler nicht abzulehnen wagt. Man läßt die endlich zustande gekommene Verbindung mit London, Wien, Mailand oder New York ebensowenig wieder abreißen, wie man die Vorschläge großer Schallplattenfirmen zurückweist, und man kann Dirigenten wie Karajan, Böhm und Solti nicht gut nein sagen ... Und im Handumdrehen sieht sich der Künstler in einen Strudel hineingerissen, aus dem er sich kaum unbeschadet ans Ufer retten kann – wo dann düstere Depressionen lauern und bestenfalls die Einsamkeit eines Palastes.

Am Anfang entschädigt der heißersehnte Applaus für vieles, aber man gewöhnt sich schnell daran, und die Ovationen des Publikums trösten eine weltberühmte Gastsängerin auf die Dauer nicht über den Zwang hinweg, hinterher mit ihr unbekannten und völlig gleichgültigen Honoratioren essen zu müssen, dann ein paar Stunden in einem Hotel zu verbringen und am frühen Morgen schon wieder ins Flugzeug zu steigen, während die Rosen ihrer Bewunderer unbeachtet im Hotel verwelken.

Diese Vereinsamung überfällt, zugleich mit dem Ruhm, auch die jüngeren Sänger. Die Neuseeländerin Kiri Te Kanawa litt sehr unter der langen Trennung von ihrer Familie und fragte während der *Don Giovanni*-Proben immer wieder: »Wozu nimmt man das alles auf sich?« Man verzichtet auf Kinder, man hat kein richtiges Zuhause. Man langweilt sich in öden Hotels und überfrißt sich in Restaurants . . . Man probt, man singt, und wie zum Trost nascht man . . . Um die Isoliertheit der Künstler, die neu in Hamburg waren und sich noch nicht recht eingelebt hatten, etwas zu lindern, bat ich die »Freunde der Oper«, sie an den Weihnachtsfeiertagen doch zum Mittag- oder Abendessen einzuladen. Diese einfache Geste hat ihnen wohlgetan.

Ich persönlich habe »meine« Sänger nicht nur gern, sondern ich bewundere sie. Bei jeder Premiere zittere ich für sie und mit ihnen; ich warte mit angehaltenem Atem auf schwierige Stellen. Überwinden sie die Hürde mit Bravour, so freue ich mich mit ihnen; brechen sie sich den Hals, so stürze ich zu ihnen in die Garderobe, um die Geknickten wieder aufzurichten. Dabei wundert es mich am allermeisten, daß es immer wieder junge Menschen gibt, die sich in so strapaziöse Abenteuer stürzen.

Bei den Dirigenten ist es mit dem Zwang zur Ehrlichkeit nicht ganz so weit her. Die Schauspieler haben das Vorrecht, dem Publikum Sand in die Augen zu streuen, nicht allein gepachtet: Es gibt auch hochgelobte Dirigenten, die kaum mehr als die Oberstimmen der Partitur kennen, die sie gerade dirigieren. Zwar außerstande, bei der und der Nummer das Einsatzzeichen für die Klarinette zu geben, machen sie doch am Pult vermittels beschwörender Gesten und fesselnder Pantomimen großen Eindruck. Dieser Bluff bleibt bei der öffentlichen Aufführung meist unbemerkt, weil ein gutes Orchester zu gut eingespielt ist, um sich so leicht aus der Fassung bringen zu lassen. Aber während der Proben werden alle Mängel und Oberflächlichkeiten des Dirigenten offenbar. Und was die Regisseure betrifft: Wie viele unter ihnen, auch sehr bekannte, wagen sich an Werke, die ihre Kräfte weit überfordern!

Wie ich höre, liebäugelt Placido Domingo, den ich zur Zeit für einen der besten Tenöre der Welt halte, mehr und mehr mit dem Dirigentenberuf. Ich verstehe diese Leidenschaft, die ich selbst mehrmals verspürt habe, sehr gut und weiß, daß Domingo mit dem Singen schon genug Geld verdient hat, um einem eventuellen Berufswechsel ein paar Jahre zu opfern. Ich frage mich nur: Ist das, was einen wirklich guten Dirigenten ausmacht, vergleichbar mit dem, was man von einem großen Opernsänger verlangt?

Andersherum gefragt: Welche Voraussetzungen muß man mitbringen, um ein weltberühmter Dirigent zu werden? Erstens natürlich eine außergewöhnliche Persönlichkeit und das »gewisse Etwas«, die Ausstrahlung, die jeder Star hat, sonst wäre er ja keiner. Aber was noch? Welche Fähigkeit ist es, der Domingo auf der Bühne entraten kann, die er aber am Pult unbedingt braucht?

Darauf gibt es nur eine Antwort: die Fähigkeit, sechzig Leute immer wieder zu freudigem Mitmachen zu bewegen. Ein guter Dirigent rüttelt die Musiker im Orchestergraben auf, facht den Funken in ihnen an, der sie einst, mit zehn oder fünfzehn Jahren, auf ihre Bahn getrieben hat – er vereint diese sechzig so unterschiedlichen Temperamente zu einem gemeinsamen Stil und läßt dabei doch jedem das beste seiner Eigenart. Wenn er will, daß seine sechzig Musiker um zehn Uhr vormittags mit feuriger Begeisterung die *Don Giovanni*-Ouvertüre proben, muß er sie vergessen machen, daß sie sie schon hundertmal gespielt haben.

Sie alle kommen mit ihren Gewohnheiten, Kümmernissen, Sorgen und Launen zur Probe und musizieren für wen? Für einen Herrn, der mit einem Stöckchen bewaffnet ist und von ihnen Gehorsam und ungeteilte Aufmerksamkeit verlangt. Wie wird sich dieser Herr nun seinerseits einer Gruppe gegenüber verhalten, die anfangs unweigerlich opponiert, eben weil er der Boß ist, der ihnen Befehle erteilen darf?

Die Musiker reagieren wie ich, als ich einfacher Soldat war. Wenn wir an einen Hauptmann gerieten, der klüger war als die anderen, brachte er uns leicht auf seine Seite, auch wenn wir das Maschinengewehr vierzig Kilometer weit schleppen und dabei noch singen mußten. Hatten wir es aber mit einem Blödian zu tun, der uns anbrüllte, um seine Macht zu zeigen, so ließen wir die Last nach fünfhundert Metern zu Boden poltern und meldeten uns krank.

Wieviel mehr gilt das für ein Orchester, das nicht aus harmlosen Rekruten, sondern aus Könnern, aus lauter Solisten besteht! Nur menschliche Qualitäten und überlegene Technik können solche Leute überzeugen, denn das Werk, die Musik, kennen sie genausogut wie er. Heutzutage muß ein guter Dirigent zugleich ein ausgekochter Psychologe sein – es sei denn, was nur ganz selten vorkommt, er kann sich einfach alles erlauben.

Karl Böhm ist so eine Ausnahme. Er schert sich den Teufel um die Gefühle seiner Musiker, er wütet gegen sie und beleidigt sie nach Strich und Faden. Und doch ist das Prestige dieses großen alten Mannes derart, daß jedermann sich wiederspruchslos von ihm beschimpfen läßt.

Ich habe ihn bei den *Elektra*-Proben beobachtet. Er beseelt das Orchester mit epischem Atem, ohne das geringste Detail zu vernachlässigen. Mitten in dieser überbordenden Partitur gab er dem zweiten Fagott, ohne sich im Dirigieren zu interbrechen, ein Zeichen, daß es einen halben Takt im Rückstand war! Er hat das absolute Gehör, eines der Kennzeichen des großen Orchesterleiters; von der intellektuellen und körperlichen Kraft, die er in seinem Alter noch aufbringt, gar nicht zu reden. Karajan hat mit sechsundfünfzig Jahren endgültig darauf verzichtet, *Elektra* zu dirigieren, weil sie ihn psychisch und physisch völlig auspumpte. Karl Böhm macht weiter. Natürlich ist auch er nach jeder Aufführung erledigt; er trinkt eine Flasche Mineralwasser und geht unverzüglich schlafen. Aber man muß ihn sehr gut kennen, um ihm seine Erschöpfung anzusehen; nicht einmal sein Hemd ist durchgeschwitzt.

Böhm gehört, wie einst Hermann Scherchen, zu den Dirigenten, die eine Partitur förmlich auseinandernehmen, um bis in die verborgensten Winkel hineinzuleuchten. Jeder gewöhnliche Sterbliche kann in ein paar Stunden lernen, den Takt zu schlagen, aber nur die Großen entwickeln einen eigenen Stil. Einem Werk diese persönliche Prägung zu geben, ohne es zu vergewaltigen, das ist es, was den überragenden Künstler von einem mittelmäßigen Maestro unterscheidet. Man kann einen dekorativ-graziösen *Don Giovanni* im Geist des Rokoko durchaus gelten lassen, aber kaum hört man die ersten Takte unter Solti, dieses düstere D der Kontrabässe, so taucht man ins Musikdrama ein mit all seinem genialen Pathos.

Die *Persönlichkeit* hat meist wenig mit der *Person* zu tun, die mit unterschiedlichem Glück den Orchesterchef spielt. Toscanini war, ungeachtet seines Genies, ein Tobsüchtiger, der unaufhörlich schrie, mit den Füßen stampfte und seinen Musikern den Taktstock ins Gesicht warf.

Im Sommer 1937 war ich in Salzburg dabei, als Toscanini den *Falstaff* mit Mariano Stabile in der Titelrolle probte. Es wurde eine historische Aufführung, weil Toscanini im folgenden Jahr Salzburg für immer den Rücken kehrte, um den Nazis zu entgehen, und dafür die Festspiele von Luzern ins Leben rief.

Damals war jede Probe ein Drama für sich. Einmal feuerte der Unbeherrschte den vier Damen die Partitur vor die Füße, weil sie auseinandergeraten waren; ein andermal sagte er dem Schlagzeuger, er solle einen bestimmten Paukenwirbel ganz am Rand der Pauke ausführen, um den Ton heller zu machen. Offenbar gelang es dem Paukisten nicht, die gewünschte Klangfärbung zu erzeugen, denn Toscanini stürzte sich plötzlich auf ihn, entriß ihm die Schlägel, zerdrosch damit das Paukenfell und verließ wild fluchend den Saal.

Nachdem sie aus ihrer Schreckensstarre zu sich gekommen waren, erklärten die Wiener Philharmoniker dem Festspielpräsidenten ihre einmütige Weigerung, mit Toscanini weiterzuproben, wenn er sich nicht in aller Form bei dem Paukisten entschuldigen würde. Dabei waren es nur noch fünf Tage bis zur *Falstaff*-Premiere ... In der Hoffnung, daß des Maestros Jähzorn inzwischen verraucht war, begab sich der Präsident gegen Abend zu Toscanini, um ihm das Ultimatum der Philharmoniker zu überbringen. Zur großen Überraschung war Toscanini sofort bereit. Schnurstracks eilte er zu dem Gekränkten, umarmte ihn und sagte: »Mißverstehen Sie mich bitte nicht! Ich habe nichts gegen Sie, Sie sind ein vortrefflicher Musiker. Wenn ich mich so aufrege, geschieht es doch nur für Verdi!« Und damit wurde die Arbeit wieder aufgenommen.

Diese Anekdote zeigt Toscanini von seiner besten Seite. Sein Kampfgeist, seine unbedingte Offenheit und Werktreue sind legendär geworden. Er schonte weder sich noch andere, ließ sich niemals auf Kompromisse ein, geißelte unerbittlich die Schlampereien der italienischen Schule und die Primadonneneitelkeiten, indem er den Sängern die Partitur entgegenhielt. Toscanini hat das Operntheater, das er vorfand, gereinigt und das strenge, objektive Festhalten am Notentext eingeführt. Dieser aus modernen und archaischen Elementen zusammengesetzte Tyrann war, wenn man schon vergleichen will, Carlos Kleiber, Pierre Boulez und italienischer Bauer in einer Person.

Zu diesem Toscanini ist kein größerer Gegensatz denkbar als Wilhelm Furtwängler. Er liebte seine Musiker und ließ es sie fühlen. Sein vornehmer Charakter, seine warmherzige Anteilnahme allein hätten schon genügt, ihm ihre Anhänglichkeit zu sichern. Es war nicht seine Art, zu schreien und zu strampeln. Seine Gegenwart allein verschaffte ihm Autorität. Jedes Gespräch verstummte, sobald er am Pult erschien.

Dennoch hatte er es nach dem Krieg zunächst sehr schwer, weil er, anders als Bruno Walter, Klemperer, Krips und so viele, die ins Exil gegangen waren, Hitlerdeutschland nicht verlassen hatte. Nun wurde ihm vorgeworfen, er habe sich von den Nazis als Aushängeschild mißbrauchen lassen, und ich muß gestehen, daß auch ich ihn lange Zeit so streng beurteilte – bis zu dem Tage, Anfang der fünfziger Jahre, als ich Arthur Rother, den Chefdirigenten der Städtischen Oper Berlin, besuchte. Er hatte eine Fotografie von Furtwängler auf seinem Schreibtisch stehen, und als er mein Erstaunen bemerkte, sagte er: »Ja, Furtwängler hat mir das Leben gerettet. Er hat mich in seiner Wohnung versteckt und auf seine eigenen Lebensmittelmarken mitversorgt, denn nach mir wurde gefahndet. Als das Versteck in seiner Wohnung zu gefährlich wurde, brachte er mich heimlich in das einsame Landhaus, das er außerhalb Berlins besaß, und dort bin ich bis zum Kriegsende unentdeckt geblieben.« Heute wissen wir, daß Rother nicht der einzige war, der Furtwängler sein Überleben verdankt.

Leider habe ich ihn erst sehr spät persönlich kennengelernt, aber ich bewahre kostbare Erinnerungen an ihn. Er hatte sogar die Güte, mehreren Proben meiner *Penelope*-Oper bei den Salzburger Festspielen beizuwohnen, worauf der Rundfunk mich aufforderte, ihn zu einer Unterhaltung mit mir über moderne Musik zu gewinnen.

Furtwängler bat sich einen Tag Bedenkzeit aus und lud mich für den nächsten Nachmittag zum Tee ein. Ich sehe ihn noch: hochgewachsen, magnetische Kraft, Intelligenz und Aufrichtigkeit ausstrahlend. Wir einigten uns bald über die Einzelheiten des Radiogesprächs und verabredeten ein weiteres Treffen. Wenige Tage später ließ er mich jedoch wissen, daß er es sich anders überlegt hätte. »Ich habe viel über diese Sendung nachgedacht«, erklärte er mir,

»und ich bin überzeugt, daß es ein großer Erfolg für Sie wäre, aber eine noch größere Niederlage für mich. Sie sind jung, Sie blicken in die Zukunft und können nicht umhin, die konservativen Ansichten eines Mannes in meinem Alter ein wenig anzukratzen. Für Sie ist es wichtig, Ihren Standpunkt durchzusetzen, und das wird Ihnen auch mühelos gelingen. Sagen Sie nun selbst: Warum sollte ich mich zu so einem grausamen Spiel hergeben?« Das war der ganze Furtwängler: ehrlich und auf souveräne Art bescheiden.

Gegen Ende seines Lebens litt er an zunehmender Schwerhörigkeit. 1954 in Salzburg konnte er nur mit Mühe den Rezitativen im *Don Giovanni* folgen, und die Sprechdialoge im *Freischütz* hörte er kaum mehr. Drei Monate danach starb er, und ich bin überzeugt, daß der Tod ihm willkommen war. Obwohl erst achtundsechzig Jahre alt, wies er hartnäckig die Antibiotika zurück, die seiner Krankheit vielleicht noch Einhalt geboten hätten. Es mag sein, daß dieser Mann, der sein ganzes Leben der Musik geweiht hatte, den Gedanken an den Verlust des Gehörs nicht ertragen konnte.

Ein anderer hervorragender Dirigent, Hans Knappertsbusch, hatte einen wahren Horror vor jeder Probenarbeit. Er verließ sich ganz auf seine makellose Technik. So erschien er zu den Vorbereitungen einer Bruckner-Sinfonie in Salzburg um zehn Uhr vormittags bei den Wiener Philharmonikern, dirigierte drei Takte und legte dann den Stab nieder. »Meine Herren«, sagte er, »Sie kennen diese Sinfonie auswendig und ich ebenfalls. Warum also noch mehr Zeit auf Proben verschwenden?« Der Konzertmeister versuchte einen schüchternen Einwand. »Sie haben natürlich recht, Maestro, aber der Tempowechsel an dieser kritischen

Stelle da ist noch a bisserl unbehaglich. Wir wüßten schon gern, wie Sie das haben wollen.« Knappertsbusch nahm seufzend den Taktstock wieder auf, dirigierte ein einziges Mal die fünf oder sechs Takte, um die es sich handelte, und verschwand.

Am Konzertabend passierte dann die Katastrophe; die Musiker waren an der bewußten Stelle ratlos. Natürlich mogeln sich Orchester und Dirigenten solchen Ranges immer unauffällig über derartige Patzer hinweg, und nach ein paar Takten war auch für die Philharmoniker die Welt wieder in Ordnung. Aber während des Schlußbeifalls raunte Knappertsbusch der Ersten Violine zu: »Da sehen Sie, wie Sie mich mit Ihrer Proberei durcheinandergebracht haben!«

Ausdauer und Geduld waren nun einmal nicht seine Stärke. Man erzählt von einem Probesingen an der Münchner Oper, bei dem Knappertsbusch den Vorsitz hatte: Einer der Bewerber, ein junger Tenor, wollte sich mit der »Gralserzählung« des Lohengrin vorstellen. Sie beginnt mit den Worten »In fernem Land ...« und scheint endlos, wenn sie nicht sehr gut gesungen wird. Der Prüfling also warf sich in Positur, holte tief Atem und begann: »In fern ...«

»Genügt!« rief Knappertsbusch.

So verschieden Toscanini, Furtwängler und Knappertsbusch auch in ihrem Wesen sein mochten, ihre Liebe zur Musik war größer als die Versessenheit aufs Dirigieren. Das hört sich an wie eine Binsenwahrheit, und doch kenne ich nicht viele Kapellmeister, die freiwillig Opernaufführungen besuchten. Meist sind sie zu egozentrisch dazu.

Zu Beginn ihrer Laufbahn ist die Musik ihre Leidenschaft. Aber das gibt sich im Lauf der Jahre, und schließlich arrangiert man sich wie in einer eingespielten Ehe; die Leidenschaft macht der Gewohnheit und gegenseitigen Zugeständnissen Platz.

Diesem Vorwurf wird gern die Theorie entgegengehalten, die auch Hermann Scherchen vertrat: Ein Dirigent soll zwar Emotionen wecken, sich selbst aber nicht davon mitreißen lassen. Doch ich kannte Scherchen gut genug, um zu wissen, wie abstrakt solche Sprüche für ihn waren und daß er sich selbst nie danach richtete.

Ein Beispiel dafür lieferte er, als er mit mir den *Bolero* von Ravel durchnahm, dessen berühmtes Thema vor dem Tonartwechsel achtzehnmal wiederkehrt. Mathematisch und theoretisch ist es ganz einfach, die Dauer der Aufführung abzumessen; man braucht ja nur die des Themas mit achtzehn zu multiplizieren und den Abschluß hinzuzufügen. Zuerst hörten Scherchen und ich mit der Stoppuhr in der Hand alle *Bolero*-Aufnahmen an, deren wir habhaft werden konnten. Nicht zwei davon hatten die gleiche Dauer; schon die Einführung des Themas dauerte bei dem einen fünfzig Sekunden, beim andern zweiundfünfzig, bei einem dritten nur achtundvierzig Sekunden. Wenn diese Zeiten dann wenigstens in der Fortsetzung gleichgeblieben wären, also entweder achtzehn mal fünfzig oder achtzehn mal achtundvierzig! Aber auch da stimmte die mathematisch errechnete Zeit nicht ein einziges Mal mit der tatsächlichen überein. Damit hatten wir den Beweis, daß kein Dirigent auf Erden, und sei er noch so nüchtern und Herr seiner Gefühle, diesem mitreißenden Crescendo widerstehen kann.

Nun verbiß sich Scherchen erst recht in die Aufgabe. »Man stelle sich nur mal die Wirkung vor«, sagte er, »wenn wir das Tempo strikt einhalten!« Ich markierte also pfeifend das Orchester, er schlug den Takt – immer mit Stoppuhrkontrolle –, und von Tag zu Tag kamen wir dem Ideal näher. Unsere »Bestzeit« wies im ganzen nur noch einen Unterschied von acht Sekunden auf.

Als es aber zum öffentlichen Konzert kam, wich Scherchen wieder um zwanzig Sekunden vom »rechten Weg« ab. Er hatte mit der hämmernden Wiederholung des Leitmotivs im Publikum eine so anhaltende, sich ständig steigernde Spannung erzeugt, daß die Leute von den Sitzen sprangen und ihre Begeisterung hinausschreien. Dabei hatte alle Konzentrationskraft und Objektivität seine Arme nicht daran hindern können, eigenen inneren Befehlen zu gehorchen.

In seinen *Paradoxen über den Schauspieler* nennt Diderot die Fähigkeit zu klarem Denken mit Recht eine Grundbedingung, über die ein Mann des Theaters verfügen muß. Nur die Musik bringe solche Leidenschaften ins Spiel, daß der kritische Geist allein nicht lange bestehen könne.

15
Neue Wege des Lernens

Die Pariser Oper nimmt, wie gesagt, eine Sonderstellung ein. Sie ist den Sängern von Weltruf vorbehalten und soll es bleiben. Wenn man mir vorwirft, nicht mehr als ein Dutzend französischer Künstler in Hauptrollen herausgebracht zu haben, kann ich nur antworten: Das ist doch ganz normal. Mehr als ein Dutzend Sänger von Weltruf bringt kein Land hervor, außer den USA, die natürlich aus einem viel größeren Reservoir schöpfen können. Die Franzosen brauchen deswegen keine Minderwertigkeitskomplexe zu haben. Auch die Deutschen haben längst festgestellt, daß die Hälfte ihrer Sänger-Elite aus dem Ausland stammt.

Alle jungen Sänger, die sich in ungeduldigem Übereifer vor den Pforten der Pariser Oper drängen, sollten wissen, daß beispielsweise in Österreich kein Mensch daran dächte, sich bei der Wiener Oper zu melden, bevor er sich seine Sporen an kleineren Bühnen verdient hat. In Italien wagt man sich an die Scala erst heran, wenn man in ersten Rollen in Palermo oder Genua geglänzt hat, und auch in Hamburg kommen nur Sänger in Betracht, die bereits Erfahrungen in anderen Städten hinter sich haben. So kam Hans Sotin aus Krefeld zu uns, und Kurt Moll hatte in Wuppertal den Osmin in der *Entführung aus dem Serail* gesungen; trotzdem mußten sie in Hamburg gewissermaßen neu anfangen und sich zunächst mit Nebenrollen begnügen.

In Paris dauert es auch noch aus anderen Gründen besonders lange. Wien hat neben seiner großen Oper noch die Volksoper, Mailand die Piccola Scala neben der Scala, New York die City Opera neben der Metropolitan, London außer Covent Garden die English National Opera (die frühere Sadler's Wells Opera). Paris hat die Opéra – und das ist alles. Darum komme ich immer wieder auf die Notwendigkeit zurück, ihr ein zweites Theater anzuschließen wie früher die Opéra Comique, die zugleich als Musikhochschule für Gesang und für das Studium des französischen Opernrepertoires dienen könnte.

Meine Pläne lehnen sich im wesentlichen an das britische Vorbild an. In London wird die Arbeit äußerst zweckmäßig zwischen Covent Garden und der English National Opera aufgeteilt. In diesem zweiten Theater werden alle Werke nur in englischer Sprache aufgeführt und nur von Künstlern aus Commonwealth-Ländern. So kann man dort beispielsweise den *Ring* unter der Stabführung des Australiers Charles Mackerras und mit einem englisch singenden Ensemble aus Großbritannien, Kanada und Neuseeland hören.

Eine weitere löbliche Besonderheit der ENO: Sie verfügt über zwei fest engagierte Truppen, die umschichtig je sechs Monate in der Provinz und im Londoner Stammhaus spielen. Mit dieser Methode kann man einer beachtlichen Menge junger Künstler die Chance geben, sich hervorzutun, und wirklich kristallisieren sich jedes Jahr ein oder zwei künftige Stars heraus. Wenn Großbritannien zur Zeit im Ruf steht, die Brutstätte großer Stimmen zu sein, so ist das vornehmlich der ENO zu danken.

Mehr als die Hälfte der denkwürdigen Pariser *Don Giovanni*-Besetzung war aus London importiert. Wirklich hat sich in diesem Land, das seit dem Verschwinden der Kastraten keine großen Sänger mehr hervorgebracht hatte, ein Wunder vollzogen, vergleichbar nur dem, das sich in Österreich ereignete, als die Wiener Oper nach dem letzten Krieg Namen wie Erich Kunz, Paul Schöffler, Anton Dermota, Irmgard Seefried und Elisabeth Schwarzkopf ankündigen konnte.

In England gibt es mehrere Gründe für diesen Sprung nach vorn, erst einmal einfach die Existenz der ENO, die die Talente aus den einstigen Dominions nach London zieht, zum andern das Wirken Georg Soltis, der Covent Garden zu einer der bedeutendsten internationalen Opernbühnen gemacht hat. Hinzu kommt der fruchtbare Boden, vorbereitet durch eine ausgezeichnete Fachpresse und durch Gesangspädagogen, die, zum Teil vom Faschismus aus Mailand, Berlin und Wien vertrieben, hier einen neuen Wirkungskreis gefunden haben, um das Erbe der großen Meister zu verwalten und ihre eigenen Erfahrungen weiterzugeben.

Als ich im Begriff war, die Leitung der Pariser Opéra zu übernehmen, schlug ich Duhamel und Pompidou vor, bei der Neuorganisation des Instituts das Beispiel von London nachzuahmen. Eine förderliche Opernpolitik setze zwei Theater voraus, das eine für höchste internationale Ansprüche, das andere vorwiegend für französische Werke in französischer Sprache, gesungen von schon einigermaßen bekannten einheimischen Sängern. Dies könnte zugleich eine praktische Ausbildungsstätte für vielversprechenden Nachwuchs sein.

Das reiche französische Erbe an Spiel- und Kammeropern sollte ohnehin wieder mehr Beachtung finden. Wer wäre nicht entzückt von so reizvollen Partituren wie denen von Reynaldo Hahn oder André Messager? Aber diese Feinschmeckerspezialitäten kämen in dem Riesenraum der Opéra nicht zur Geltung; die Salle Favart (also die Opéra Comique) hätte gerade die richtigen Dimensionen.

Außerdem fänden viele begabte Ensemblemitglieder der Opéra, die sich bis jetzt mit Nebenrollen begnügen müssen, dort endlich den gebührenden Platz. Sie alle sind junge Franzosen, die sich im Kontakt mit den Stars weiterbilden und auf die Chance warten, für einen von ihnen einzuspringen und zu beweisen, was sie können.

Viele Talente verschleißen sich ohne festes Engagement unter unzumutbaren Bedingungen in der Provinz. Man sollte ihnen eine Sicherheit bieten, von der ihr künstlerisches Niveau nur profitieren kann. Auch dafür wäre die Opéra Comique der richtige Platz. Wer in Paris debütiert, braucht Ermutigung durch ein wohlwollendes Publikum, das *seine* Leistung würdigt, statt sie dauernd an jenen der Spitzenstars zu messen.

Schließlich – und das ist nicht das schlechteste Argument für die Wiederbelebung der Opéra Comique – müßten dort weit geringere Gagen und Nebenkosten aufgebracht werden als in der Großen Oper.

Übrigens habe ich bei diesen Erörterungen keineswegs vergessen, daß in den Räumen der Opéra Comique schon ein Opernstudio existiert, dessen Aufgabe hauptsächlich im Heranbilden eines Nachwuchsensembles besteht, über dessen Arbeit ich jedoch nicht urteilen kann. Es liegt nicht an mir, daß zwischen uns kaum Kontakte gepflegt werden.

Dieses Studio hat neue Studienfächer eingeführt, zum

Beispiel tägliche Gymnastik- und Yoga-Übungen. Dagegen ist nichts einzuwenden, nur bezweifle ich ein wenig, daß es genügt, mühelos und ausdauernd auf dem Kopf zu stehen, um unser Metier zu lernen, ganz abgesehen davon, daß diese Haltung das Blickfeld doch etwas einengt. Wäre es nicht nützlicher, die Füße auf dem Boden zu behalten und gelegentlich zur Opéra hinüberzuschauen? Etwa zu beobachten, wie Karl Böhm eine *Elektra*-Probe abhält oder Solti die Chöre in *Moses und Aron* ausarbeitet? Ich würde den jungen Leuten jederzeit freien Zutritt zu den Proben gewähren und bin sicher, daß auch die Künstler nichts gegen ihre Anwesenheit hätten. Nur hat uns bisher niemand um diese Erlaubnis gebeten, auch nicht, um wenigstens einmal Giorgio Strehler oder Mirella Freni bei der Arbeit zu erleben.

Man sollte die Ausbildung junger Sänger wirklich mit den höchsten Maßstäben europäischer Kunst messen. Einen Jurastudenten, der am Tag nach seinem Abschlußexamen gleich das erste Plädoyer hält, kann man sich doch auch kaum vorstellen. Er muß sich ebenfalls langsam in seinen Beruf einfühlen und bewähren. In allen europäischen Konservatorien lernen die Schüler perfekte Stimmbeherrschung, nehmen Schauspielunterricht und büffeln nebenbei Musikgeschichte. Und auch wenn die Begabtesten bei Nachwuchs-Wettbewerben erste Preise einheimsen, müssen sie doch immer noch das Wichtigste, nämlich Berufspraxis, dazuerwerben. Leider hört in Europa die Gesangsausbildung meistens am Tage des ersten Engagements auf, während in den Vereinigten Staaten noch weit darüber hinaus fleißig weiterstudiert wird.

Da ich selbst Gastkurse an amerikanischen Universitäten gegeben habe, kann ich die Nützlichkeit dieses Systems beurteilen. Beinahe jeder Campus besitzt einen modernen

Theaterbau mit einer weiträumigen Bühne, entsprechenden technischen Einrichtungen und zwei- bis dreitausend Zuschauerplätzen. Dieses ganzjährig geöffnete Theater ist sämtlichen Bewohnern der Gegend zugänglich und ersetzt damit zu aller Vorteil unsere Stadttheater, die gar nicht oder nur unter größten Mühen ordentlich unterhalten werden können. Die amerikanische Provinz kennt dergleichen überhaupt nicht, alle Theater gehören den Colleges und Universitäten, die meist über beachtliche Mittel verfügen. So belief sich der Immobilienwert der Universität von New York 1975 auf 300 Millionen Dollar.

Der »Opera Workshop« der Universität von Indiana, der von Zinka Milanov und Hans Busch geleitet wird, bringt jedes Jahr sechs Neueinstudierungen heraus. Ich habe dort eine Schülervorstellung des *Parsifal* gesehen. So etwas ist nur möglich, wenn die Studenten nach Abschluß ihrer musiktheoretischen Studien an der Universität bleiben, um sich mit der Praxis vertraut zu machen. Die angehenden Sänger, Instrumentalisten, Dirigenten und Regisseure, die auf diese »Oberstufe« gelangen, sind streng ausgewählt, denn die Professoren lassen Minderbegabte bei den Prüfungen glatt durchfallen, im Gegensatz zu Europa, wo am Konservatorium fast jeder zugelassen wird.

Die amerikanischen Meisterschüler studieren gründlich den größten Teil aller Partien, die ihrem Stimmfach und ihren derzeitigen Möglichkeiten entsprechen. Jedes Jahr müssen sie drei bis vier komplette Rollen singen und spielen – und nicht nur eine »Vorsingarie« parat haben wie bei uns! –, mit Begleitung des Studentenorchesters unter der Leitung eines fertigen Dirigenten und eines erfahrenen Regisseurs. Nie würde man einen Anfänger eine Rolle singen lassen, der er noch nicht gewachsen ist und die seiner

Stimme schaden könnte. Jeder Schritt wird von großen Künstlern überwacht, die ihre eigenen Erfahrungen an die neue Generation weitergeben.

Ist auch diese Ausbildungsphase abgeschlossen, so erhalten die Amerikaner oft ein Stipendium für Europa, wo sie gegenüber den einheimischen Absolventen der Musikhochschulen und Konservatorien so vorteilhaft abschneiden, daß sie meist vom Fleck weg engagiert werden. Wenn sie zum Vorsingen kommen, weisen sie ein Repertoire vor, das sie schon unter nahmhaften Dirigenten vor großem Publikum gesungen haben; ihre Partien sind ihrem Alter und Können angepaßt, sie verfügen schon über bemerkenswerte stimmliche und szenische Kontrolle und manchmal sogar über einen persönlichen Stil.

Dabei sind sie eigentlich weder begabter noch schöner als die anderen, und billiger erst recht nicht. Ihre Überlegenheit ist nichts als die Folge einer viel konsequenter aufs Ziel gerichteten Ausbildung. Resultat: Über sechshundert Amerikaner singen heute allein auf deutschen Bühnen die Hauptrollen, und die Festspiele von Salzburg und Bayreuth wären ohne sie gar nicht mehr vorstellbar.

Ich habe neulich drei dieser jungen Leute in New York gehört – drei Stars von morgen. Der Nachfolger von Nicolai Gedda ist jetzt dreißig; innerhalb einer Stunde hat er mir Faust, Hoffmann, Tamino und andere willkürlich ausgewählte Arien vorgesungen, alle auswendig und sogar in drei Sprachen. Ich habe ihn für die nächste Wiederaufnahme des *Faust* in Paris vorgemerkt. Und wenn die dreiundzwanzigjährige Sopranistin, die ich hörte, sich Zeit nimmt, sich nicht drängen läßt, keine Stufen unbedacht überspringt, dann hat sie das Zeug zu einer zweiten Callas.

Diese großartige Musikausbildung beschränkt sich übrigens nicht auf die Oper. An der Universität von Los Angeles habe ich eine erstaunlich gute Streicherklasse bei der Arbeit gesehen. Kein Wunder bei folgender Professorenliste: Violoncello – Gregor Pjatigorsky; Violine – Jascha Heifetz; Bratsche – William Primrose. Jeden Samstagnachmittag gaben diese drei großen Künstler ein öffentliches Konzert, zu dem regelmäßig einer der Studenten hinzugezogen wurde, um mit ihnen ein Streichquartett zu spielen.

So anders sind drüben die Bräuche, verglichen mit dem alten Kontinent! In den Vereinigten Staaten vergräbt man sich nicht in staubigen Wälzern, um Musikgeschichte oder Abhandlungen über den Kontrapunkt auswendig zu pauken. Amerikanische Musiker spezialisieren sich beizeiten. Statt sich mit entlegenem Wissensballast vollzustopfen, lernt beispielsweise ein Oboist das Fachgebiet seines Instruments in der Zusammenarbeit mit dem Orchester kennen, und ein Tubaspieler wird lieber das Fafner-Motiv aus dem *Rheingold* üben, statt sich in Richard Wagners Briefwechsel mit Ludwig II. zu vertiefen.

Ich räume allerdings ein, daß die Finanzprobleme drüben bedeutend geringer sind als bei uns. Die amerikanischen Universitäten sind Privatgründungen aus dem vorigen Jahrhundert, und zu den Stiftern gehören Rockefeller, Ford und Vanderbilt. Klar, daß kein Mensch in Europa solche Mittel aufbringen kann, andererseits dürfen wir uns nicht mit so billigen Argumenten zufriedengeben.

Ich bin überzeugt, daß man, wenn man nur wirklich wollte, auch in Frankreich Mäzene finden könnte, die bereit und in der Lage wären, Arthur Rubinstein zu bezahlen, und er hätte, solange es seine Gesundheit noch zuließe, sicher gern drei oder vier junge Pianisten in die künsterischen Erfahrungen seiner langen Karriere eingeweiht. Nur hatte bisher leider niemand den Mut, ihn darum zu bitten, oder, was wohl eher zutrifft: Die Leute, die dafür zuständig gewesen wären, haben einfach nicht daran gedacht.

Ebenso brauchte man nur ein wenig Mut und Geld, um Gundula Janowitz oder Margaret Price dafür zu gewinnen, zu Studienzwecken etwa die *Figaro*-Gräfin mit einer Schülerin als Susanna darzustellen. Wieviel könnte eine Anfängerin aus so enger Zusammenarbeit lernen! Margaret Price, um beim Beispiel zu bleiben, könnte jede Interpretation anschließend vor den Schülerinnen analysieren, ihnen erklären, wann, wo und warum sie atmet, und etwaige Fehler ihrer jungen Partnerinnen von Fall zu Fall korrigieren ...

Malraux hatte eine nur vermeintlich gute Idee, als er seine »Maisons de la Culture« schuf. Es wäre besser gewesen, jeder Universität Mal-, Musik- und Schauspielschulen anzuschließen, die an den Staatszuschüssen teilgehabt hätten. Diese Fakultäten hätten, wie in den Vereinigten Staaten, für die erwünschte kulturelle Belebung gesorgt.

Wir müssen endlich vernünftig vorgehen. Unsere europäischen Konservatorien, egal ob in Frankreich, Italien, Deutschland oder in der Schweiz, sind veraltet. Ihre Aufgaben müssen neu durchdacht und nach den Modellen durchgeführt werden, die in Amerika wie auch in der Sowjetunion bereits mit Erfolg ausprobiert worden sind.

16
Gesellschaftspsychologie des Publikums

Ich verlasse jetzt einmal die Bühne und begebe mich in den Zuschauerraum. Zu jedem Theater gehören zwei – die Künstler, von denen ich im Moment genug gesprochen habe, und das Publikum. Nun ist das Opernpublikum, zumal in Paris, wieder ein sehr spezielles, und es wird von zwei scheinbar widersprüchlichen Tendenzen geprägt: dem Elitebewußtsein und der Demokratisierung.

Ich habe schon erwähnt, welche Rolle das *Tout-Paris,* die Oberschicht, bei meiner Ernennung zum Pariser Opernintendanten gespielt hat. Bevor ich näher darauf eingehe, muß ich ziemlich weit zurückgreifen.

Ausgenommen meine Militärdienstzeit, habe ich während des letzten Krieges in Ascona gewohnt. Einer meiner Freunde, Baron Schey, der Inbegriff eines Wiener Aristokraten alter Schule, hatte dort ein Flüchtlingszentrum des Hilfskomitees für jüdische Waisen gegründet, dessen Präsident er war. Das Zentrum konnte immer ungefähr achtzig der Kinder aufnehmen, die die Schweiz auf Grund einer Absprache zwischen dem Internationalen Roten Kreuz und der Hitlerregierung beherbergte. Die Nazis hatten das Rote Kreuz ermächtigt, Nonnen auf deutsche Bahnhöfe zu entsenden und jüdische Kinder aus den dort haltenden Deportationszügen zu holen, vorausgesetzt, daß die Eltern ein

Verzichtsformular unterschrieben: Die Szene spielte sich auf dem Bahnsteig vor den Viehwagen ab, in denen die Unglücklichen zu den Gaskammern transportiert wurden, und um ihre Kinder vor dem sicheren Tod zu bewahren, mußten die Eltern sie unter den Augen ihrer Bewacher »verstoßen«!

Die Schweiz bot nach und nach etwa zwölfhundert jungen Juden Obdach. Sie mußten möglichst rasch eingeschult werden, aber da Ascona im italienischen Sprachgebiet liegt, kam es nicht in Frage, sie dort zur Schule zu schicken. Wir mieteten also ein geräumiges Haus, dessen größte Räume in Klassenzimmer umgewandelt wurden. Ich übernahm es, den Älteren Englisch und Mathematik beizubringen, wozu ich selbst fieberhaft Grammatik- und Algebra-Leitfäden wälzen mußte. Noch heute bekomme ich zuweilen Briefe von ehemaligen Schülern, die mir schreiben wie einem lieben alten Pauker!

Ich staunte über die Haltung dieser Kinder, die sich von derjenigen ihrer Altersgenossen grundlegend unterschied. Heutzutage wird ein Klassenverweis selten als ernsthafte Strafe aufgefaßt – für unsere Flüchtlingskinder aber gab es keine schlimmere Züchtigung, als auch nur eine halbe Unterrichtsstunde versäumen zu müssen. Wenn ich ihnen fast flehentlich zuredete, etwas für ihre Gesundheit zu tun und an Ausflügen in die Berge teilzunehmen, antworteten sie feierlich: »Wir haben keine Zeit zum Spazierengehen. Wir haben nichts und niemanden mehr. Wer weiß, ob wir nicht demnächst auch aus der Schweiz vertrieben werden? Wir müssen lernen, solange und soviel wir können!«

Diese Hilfsorganisation konnte ohne Geld nicht funktionieren, aber Baron Schey hatte zwei liebe und bezaubernde Töchter, Alix und Minka, die ihm tatkräftig halfen, welches zu beschaffen. Sie mobilisierten für uns die »große Welt«. Ihre Repräsentanten interessieren sich im Grunde wahrscheinlich mehr für Jagd als für Kinderheime, aber *wenn* sie sich für etwas engagieren, können sie ungeahnte Triebkräfte entwickeln, alles mögliche auf die Beine stellen, Organisationen ins Leben rufen und die ausgefallensten Unternehmungen zum »letzten Schrei« machen.

Was meine neue Intendantenrolle in Paris betraf, so hatte der Auslöser gleich bei der Premiere am 30. März 1973 in Versailles geklickt. Alsbald gehörte es bei der eleganten Welt zum *dernier cri* oder auch nur zum guten Ton, ein Opernabonnement zu besitzen. Man knüpfte an die Gepflogenheit der Vorkriegsgesellschaft an, in der es als besonders fein galt, eine Loge für die ganze Spielzeit zu haben.

Diese Elite der Pariser Gesellschaft ist nicht mit der Oberschicht irgendeiner anderen Großstadt zu verwechseln. In Hamburg kam die Hautevolee natürlich auch zu jeder Premiere, die Bankiers, Großhändler und Reeder ... Wie in den übrigen westlichen Ländern ist die Gesellschaft meist sehr klar geschichtet und hängt hauptsächlich von der Höhe des Einkommens ab.

In den USA können praktisch nur solche Leute unbefangen miteinander verkehren, deren Bankkonten sich gleichen. Wenn die Finanzämter eine Art *Who's Who?* zusammenstellten, ergäbe jede zusätzliche Null nach der ersten Ziffer eine säuberlich von den anderen getrennte neue Gruppe.

Doch allgemein gesprochen, ist die Spitze der Pyramide, das heißt, sind die Besitzer der dicksten Brieftaschen in letzter Zeit etwas verschreckt. Seit dem Krieg stellt man seinen Reichtum nicht mehr so gern zur Schau. Die Milliardäre der Belle Epoque sind allenthalben verschwunden und mit ihnen die Galadiners für zweihundert Gäste und andere prunkvolle Empfänge. Alles das gehört der Vergangenheit an, schon weil sich die Presse auf jedes äußere Merkmal des Reichtums stürzt, angefangen vom Kaviar bis zum goldenen Tafelbesteck.

Das deutsche Unternehmertum ist wendig wie eh und je, und mangels eines Gegners, der sich mit offenem Visier zum Kampf stellt, muß jegliche Opposition auf die Dauer die Waffen strecken. Die deutschen Kapitalisten verteilen Aktien an die Arbeiter und verwandeln sie so in Minikapitalisten. Nichts dergleichen in Frankreich.

Mag man *Tout-Paris* wegen seiner Oberflächlichkeit und seiner verzuckerten Bosheiten anprangern, wie man will, es besteht doch aus einer vorwiegend witzigen Mischung von Aristokraten, Finanziers, Schriftstellern, Modeschöpfern, Parfumeurs und Theaterleuten aller Art. Es ist eine elegante Clique, mit dem Talent, alles aufzugreifen, was gerade originell ist oder scheint, und es augenblicklich wieder fallenzulassen, wenn es langweilig wird. Ihre Fähigkeit, Amüsantes und Überraschendes anzunehmen, Lästiges aber von sich fernzuhalten, steht in der Welt einzig da. Das sind die Leute – ein Cocktail aus Guermantes, Swann und Cocteau, nicht zu vergessen ein paar attraktive Schauspielerinnen –, die in Paris einen bemerkenswerten Einfluß ausüben und mich vor den anfänglichen Attacken und Verleumdungen der Presse in Schutz genommen haben.

Übrigens haben mir die Pariser auch schon in Hamburg geholfen. Angeführt von Claude Rostand, dem großen Kenner deutscher Musik, besuchte eine Gruppe von Interessierten jede unserer Welturaufführungen in Hamburg, und als ich dann selbst nach Paris kam, stärkten sie mir weiter den Rücken.

Heute, da das Stadium der Anfeindungen längst überwunden zu sein scheint, muß ich einer anderen Gefahr die Stirn bieten: den internationalen Snobs. Die Pariser Oper hat ihren Platz in der Spitzengruppe der großen Opernbühnen der Welt wieder eingenommen, und überall haben sich die Reisebüros angewöhnt, für ihre Kunden gleich hundert Plätze auf einmal zu reservieren. Man kommt von New York herüber, um *Hoffmanns Erzählungen* zu sehen. Amerikanische und japanische Fluggesellschaften schließen einen bis zwei Opernabende bei uns in ihre Europa-Rundreisepauschale ein. Und neulich hat uns Harold Schonberg, der hervorragende Musikkritiker der *New York Times,* bei einer Meinungsumfrage dermaßen mit Lob überschüttet, daß wir auf weitere Touristenströme aus Amerika gefaßt sein müssen.

Das ist alles gut und schön, aber auch problematisch für die Zukunft; denn nun bin ich an höchste Maßstäbe gebunden. Schon die geringfügigste Niveau-Einbuße käme einer Katastrophe gleich. Außer im Fall einer Etatkürzung hoffe ich denn auch, dieses Niveau, das nur zwischen »erstklassig« und »außerordentlich« schwanken darf, bis 1980 halten zu können. Möglicherweise werden einige Wiederaufnahmen sogar besser als die Premieren sein, obwohl das Publikum vorläufig kaum eine andere *Figaro*-Gräfin mehr hören will als Margaret Price oder Gundula Janowitz; diese Verwöhnheit fängt an, mir Kopfschmerzen zu machen.

Auf die Gefahr hin, mich zu wiederholen: Ich sehe da keinen anderen Ausweg als die Wiedereröffnung der Opéra Comique. Nur mit dem Aufbau eines Parallel-Ensembles und der Suche nach neuen Wegen können wir den gesteigerten Anforderungen gerecht werden.

Dieses so außerordentlich anspruchsvolle, unerbittliche

Publikum macht sich nicht klar, daß auch wir jeden Abend Zufällen ausgeliefert sind, die womöglich Proteststürme im Zuschauerraum entfesseln können. Chauvinismus einerseits, Ablehnung französischer Künstler andererseits sind noch die geringsten unberechenbaren Ungereimtheiten des Publikums. Manchmal habe ich den Eindruck, daß es in Frankreich starke intolerante, um nicht zu sagen rassistische Strömungen gibt; die anonymen Briefe, die ich bekomme, sind zur Zeit zahlreicher und widerlicher als früher. Andererseits benehmen sich dieselben Franzosen, die mich wegen »Ausländerwirtschaft« beschimpften, infam gegen ihre eigenen Landsleute. Mit welcher Niedertracht haben sie zum Beispiel Régine Crespin aufs Korn genommen: abscheuliche Briefe, gemeine Anrufe – alles mit dem einzigen Ziel, sie fertigzumachen und zum Aufgeben zu nötigen.

Desgleichen sind fast alle französischen Dirigenten in der Opéra ausgepfiffen worden. Ein Mann wie Georges Prêtre, auf den die Franzosen stolz sein sollten, hat die Nerven verloren und seine Verträge gelöst.

Obendrein ist heuzutage noch mit einer Minderheit von Fanatikern zu rechnen, den bedingungslosen Anhängern der Stereo- und Quadrophonie mit ihrer künstlichen Perfektion. Sie sind eine Plage aller großen Opern in aller Welt.

Es passierte einmal, daß Raina Kabaivanska nach längerer Krankheit zum ersten Mal wieder als Elisabeth in *Don Carlos* auftrat, mit etwas zurückgehaltener Stimme, aber musikalisch und darstellerisch makellos. »Lauter bitte!« schrie alsbald so ein Banause vom Rang herunter. Vielleicht sollte man Kraftmenschen seiner Art mal erklären, daß es der Technik noch nicht gelungen ist, ein Mikrofon direkt in den Kehlkopf einzubauen und Stimmen bedenkenlos zu manipulieren wie im Schallplattenstudio oder bei elektronisch verstärkten Hit-Paraden ...

Diese »Diskomanen«, wie ich sie nennen möchte, sind in ihrer Liebe wie in ihrem Haß gleichermaßen vernagelt. Auch in Hamburg hatte ich meine Pappenheimer, aber mit denen konnte ich wenigstens noch reden, weil sie ihre Briefe mit Namen und Adresse zu versehen pflegten. In Paris geht das nicht. Gehässige Briefe kommen stets anonym.

Zum Schluß sind noch die organisierten Krachmacher zu erwähnen. Hier bleibt die Pariser Opéra weit hinter der Mailänder Scala zurück, die auf diesem Gebiet alle Rekorde schlägt. Dort weiß man nie, warum und wann plötzlich regelrechte »Störtrupps« die Vorstellung kaputtmachen. Im Herbst 1974 wurde die neue Saison mit Donizettis *Favoritin* eröffnet, in den Hauptrollen Pavarotti, Cappuccilli, Cossotto – also eine absolute Idealbesetzung. Vergebliche Liebesmüh! Jeder der Stars wurde umschichtig von seinen jeweiligen »Feinden« ausgebuht.

Das Pariser Publikum ist im allgemeinen zivilisierter. Es möchte *genießen,* schöne Musik, wohlklingende Stimmen, ein gutes Glas Wein hinterher und dann in Hochstimmung nach Hause gehen. Doch manchmal wüten selbst hier Parteienkämpfe, wie sie sich zum Beispiel die Claques der Callas und der jungen Cossotto während der legendären *Norma*-Aufführungen der fünfziger Jahre lieferten. Das ganze Publikum wurde mit hineingerissen, man schrie und beschimpfte einander aufs unflätigste – aber es war doch eher komisch als ernst gemeint. Man erinnerte sich dabei wohl an die goldenen Zeiten des Belcanto, als dieser Zirkus zum italienischen Theater einfach dazugehörte.

Ich persönlich ziehe solchen Krawall immer noch der Sturheit vor, die man in gewissen amerikanischen Publikumskreisen antreffen kann. Es ist nun über zwanzig Jahre her, daß ich in Chicago war, wo Fritz Reiner mein *Konzert für Jazzband und Sinfonie-Orchester* dirigierte. Das berühmte Sinfonie-Orchester der Stadt spielte viermal wöchentlich, und ich freute mich besonders auf das Dienstagsprogramm, das *Feuerwerk* von Strawinsky, das *Dritte Klavierkonzert* von Rachmaninow mit Arthur Rubinstein als Solisten und Tschaikowskys *Pathétique* verhieß. Reiner und sein Orchester schätzte ich sowieso, und Rubinstein stand damals auf der Höhe seiner Kunst.

Aber was erblickte ich, als ich ein paar Minuten vor Konzertbeginn meinen Platz im Saal einnahm? Dreitausend ältere Damen mit gebläuten Locken, alle behandschuht oder mit Strickzeug beschäftigt. Nach Strawinskys *Feuerwerk* rührte sich keine Hand zum Applaus; sie strickten weiter. Nur Rubinstein, der seinen Rachmaninow wie ein Gott spielte, konnte sie dazu bewegen, die Arbeit ein paar Sekunden lang sinken zu lassen, um höflichen Beifall zu spenden, aber für mehr als zwei Verbeugungen reichte es auch nicht. Lediglich ein Dutzend klatschte so begeistert weiter, daß Rubinstein zum dritten Mal herauskam.

Hier muß ich einfügen, daß ich von der Schallplattenindustrie inzwischen eine Menge dazugelernt habe. Diese teilt die Künstler in zwei Kategorien ein. Die Prominenten sind am Verkauf ihrer Platten prozentual beteiligt; die Vertragsgesellschaft trägt die Produktionskosten (die in den USA enorm sind) und das Risiko. Die Stars bekommen ihre Tantiemen unabhängig davon, ob sich die Platte gut oder schlecht verkauft. Die weniger Berühmten aber kriegen keinen roten Heller, bevor die Produktionskosten nicht restlos amortisiert sind. Dieses System, das ganz und gar auf dem kommerziellen Erfolg basiert, ist für den Künstler, der seinerseits Zeit, Kraft, Geld und Prestige investiert hat, natürlich sehr riskant. Der Vollständigkeit halber sei noch eine dritte Art von Verträgen erwähnt: Der Künstler erhält für die Aufnahme ein einmaliges Pauschalhonorar und verzichtet dafür auf alle Nebenrechte, die dann der Firma bei geschickter Verwendung unter Umständen schweres Geld einbringen.

Als ich Fritz Reiner hinterher bei einem Essen gestand, daß ich zum kleinen Häuflein derer gehört hatte, die Rubinstein zum dritten Mal herausgerufen hatten, platzte er los: »Das ist es ja, was mich so ärgert!« Und dann erklärte er die Sachlage. Am selben Vormittag hatte er das Rachmaninow-Konzert mit Rubinstein und dem Chicago-Orchester auf Platte genommen, und Rubinstein, »dieses Aas«, hatte, tantiemengesichert, die Kadenz siebenmal wiederholt, wobei jede Minute Tausende von Dollar Aufnahmekosten verursachte. Da aber Dirigent und Orchester erst nach Amortisation der Produktion etwas bekamen, war es kein Wunder, daß die Musiker ihrem Solisten den heutigen »Publikumserfolg« bitter verübelten.

Ich möchte diese Kurzanalyse des internationalen Opernpublikums nicht ohne ein Dankeschön an die Londoner abschließen. Sie sind das loyalste und rücksichtsvollste Publikum, das ich kenne. Unter ihrer sprichwörtlichen Fairneß und dem Wohlwollen, das sie auch Anfängern entgegenbringen, die im Notfall für einen Star einspringen müssen, gedeiht die Opernkunst vortrefflich. Angesichts des hohen Niveaus, das die Aufführungen jenseits des Kanals bieten, sollte diese Haltung überall mehr Nachahmer finden.

17
»Kulturpolitik«

Die Demokratisierung der Oper hat sowohl weltanschauliche als auch praktische Aspekte. Das ganze Problem besteht darin, beides zu vereinen. Niemand hat ernstlich etwas dagegen, daß die Oper allen zugänglich sein sollte – fragt sich nur, wie? Man darf nicht vergessen, daß die Oper ursprünglich eine höfische Kunst war, während das Schauspiel aus dem Volk kam. Und es gibt Anzeichen, daß die Oper eben deswegen einige Schwierigkeiten hat, sich einer demokratischen Struktur einzufügen.

Eine öffentliche Institution wie die unsrige ist verpflichtet, das Kennenlernen, Durchschauen und Verstehen der gebotenen Werke zu erleichtern. Die Oper muß entmystifiziert werden. Die Dramaturgen strengen sich in dieser Hinsicht schon sehr an. In den Programmheften stehen neben der ausführlichen Inhaltsangabe auch Kommentare des Regisseurs, des Dirigenten und des Bühnenbildners zu dem gerade aufgeführten Werk, Auszüge aus Presseberichten und Briefwechseln und andere Beiträge, die zum besseren Verständnis des Werks verhelfen können.

Meiner Meinung nach darf man es aber nicht übertreiben. Ein Zuviel an Belehrung schadet mehr, als es nützt. Die Frankfurter Oper hat uns da ein warnendes Beispiel geliefert: Anläßlich der *Götterdämmerung* (1975) gab die

Intendanz ein über hundertfünfzig Seiten dickes Programmheft heraus, in dem tiefschürfende Essays über das Werk wie auch über die Regieabsichten enthalten waren. Leider verstand von denen, die sich überhaupt an die Lektüre wagten, kaum einer ein Sterbenswort! Dasselbe würde auch uns passieren, wenn wir ehrgeizige junge Genies mit dem Seziermesser auf jede Neuinszenierung losließen.

Das Publikum, das musikwissenschaftliche Vorlesungen besucht, ist keineswegs identisch mit dem, das in die Oper geht. Das Warum und Wieso von Regieeinfällen sollte sich darum von der Bühne herab selbst erklären. Das Theater ist kein Gymnasium, wo man mit erhobenem Zeigefinger auf jede Einzelheit hinweisen und erläutern muß, warum man das gerade so und nicht anders gemacht hat. Das Publikum geht mit, oder es geht nicht mit – mehr ist dazu nicht zu sagen.

Eine der klassischen Streitfragen in der Operndiskussion ist die der Werktreue. Vorauszuschicken ist, daß die Darbietung von Opern in der Originalsprache nicht nur eine Mode, sondern aus verschiedenen Gründen wünschenswert bis notwendig ist.

Boris Godunow beispielsweise klingt nur auf russisch »richtig«, und so hört man ihn auch in Mailand, London und Paris am liebsten. Aber es gibt natürlich auch Ausnahmen. *Moses* und *Aron* haben wir in Paris französisch gegeben, weil ich fürchtete, daß die sehr langen Sprechpassagen des Moses die Geduld des Publikums überfordern könnten. Dafür gab es in Hamburg, mit Zustimmung von Ernest Ansermet, *Pelleas und Melisande* auf deutsch; wir hatten eine Übersetzung von Hans Reinhart benutzt, die poetisch und musikalisch so einfühlsam gelungen ist, daß der Oper in Deutschland erstmals ein breiter Erfolg zuteil wurde.

Aber im allgemeinen vertragen sich Übersetzungen nicht sehr gut mit Meisterpartituren, die so auf den Originaltext komponiert sind, daß die gleiche lebendige Einheit nicht wiederhergestellt werden kann. Außerdem ist es schwierig für die Sänger, plötzlich Konsonanten auf lange Noten und Vokale auf kurze singen zu müssen. Die Ansicht des britischen Musikers Rodney Miles, Originalfassungen errichteten unnötige Sprachbarrieren und damit politische Spannungen zwischen den Menschen, wirkt demgegenüber ein bißchen naiv, zumal große Kunstwerke ihrer Natur nach immer und in jeder Sprache revolutionär sind.

Nein, die Demokratisierung der Oper ist eine zu ernste Aufgabe, um sich mit solchen Einwänden aufzuhalten. Sie allen Leuten zugänglich zu machen, ist ja vor allem eine Frage der Organisation und des Geldbeutels.

Die Deutschen haben die Quadratur des Kreises mit Hilfe der Volksbühne zu lösen versucht – ein Beispiel, das einige Bemerkungen verdient. Allein in Hamburg zählt die Volksbühnenvereinigung fünfzigtausend Mitglieder, die für einen bescheidenen Monatsbeitrag das Recht haben, alle städtischen Theater zum Einheitspreis von wenigen Mark zu besuchen. Der einzige Nachteil dabei ist, daß sie weder das Stück noch ihren Sitzplatz selbst wählen können, weil alles ausgelost wird. Es ist eine Art »Kulturlotterie«, durch die man per Zufall heute in die Oper, morgen ins Schauspielhaus, übermorgen in irgendein anderes Theater kommt und ebenso zufällig in eine Orchesterloge oder in den letzten Rang.

Diese Organisation wird vom Staat unterstützt und mietet reihum die Theater zu einem vereinbarten Preis. Zu meiner Zeit gehörte die Oper jeden Montag der Theatergemeinde, und die zweitausend Besucher, die das Los gezogen hatten, brachten uns eine Einnahme von 7000 DM. Da die normale Abendkasse 21 000 DM betrug, lag der Nachteil dieser schönen Einrichtung für uns auf der Hand: vierzig- bis fünfundvierzigmal jährlich bekamen wir von der Volksbühne nur ein Drittel.

In Berlin gehört fast jeder, der sich auch nur von fern für das Theater interessiert, der Volksbühne an, was die Theater vor knifflige Probleme stellt. Zum Beispiel decken die Einnahmen der Deutschen Oper in Berlin nur ca. 14 Prozent der Betriebskosten. Zum Vergleich: Die Pariser Opéra erreicht 28 Prozent und die Metropolitan kommt sogar auf 70 Prozent – bei viertausend fast immer ausverkauften Plätzen –, was bekanntlich nicht verhindert, daß ihr ständig die endgültige Pleite droht. Ihr Dilemma sind eben die fehlenden 30 Prozent, denn sie erhält keinerlei staatliche Unterstützung.

Die Freie Volksbühne ist 1890 von den Sozialisten gegründet worden, um »auch die Arbeitermassen fürs Theater zu gewinnen«. Ihr Dachverband wurde 1933 von den Nazis aufgelöst und nahm seine Tätigkeit erst nach 1945 wieder auf. Mit ihrer Stärke von mehr als einer halben Million Mitgliedern hat diese Zuschauervereinigung gewiß viel dazu beigetragen, das deutsche Theater am Leben zu erhalten, es zum Teil aber auch verspießert.

Was die Preise betrifft, so kann man nun einmal keine Wunder erwarten – die Oper ist und bleibt eine kostspielige Einrichtung. Wenn der Staat oder die Gemeinden auch den wirklich Minderbemittelten den Zutritt ermöglichen wollen, müssen sie die Zuschüsse erhöhen.

In Paris scheint sich eine Besserung anzubahnen, weil die Jugend endlich anfängt, in die Oper zu gehen. Für sie war das Palais Garnier, in dem die Grand Opéra spielt, bis vor kurzem ein Baudenkmal wie viele andere, an dem man oft vorbeikommt, ohne im Traum daran zu denken, hineinzugehen. Man mußte sie erst einmal auf den Geschmack bringen. Das ist zweifellos unseren Kammermusik- und Tanz-Matineen zu verdanken. Allmählich, aber unaufhaltsam füllen junge Leute die oberen Ränge, und ich bin entzückt, so viele Blue jeans auf dem Vormarsch gegen die Smokings zu sehen.

Damit es dabei bleibt, möchte ich die Eintrittspreise von zehn bis dreißig Francs festlegen. Die dabei sinkenden Einnahmen müßten durch erhöhte Subventionen ausgeglichen werden. Aber das wäre eine rein politische Angelegenheit, für die nicht die Opernintendanz, sondern das Parlament zuständig ist. Dem Buchstaben nach könnten die Abgeordneten übrigens sogar freien Eintritt für den Louvre, die Oper und die Comédie Française beschließen – obwohl da in meinen Augen immer noch eine Art Schutzgebühr, meinetwegen von zehn Francs, angebracht wäre. Eine solche Entscheidung würde mir die allergrößte Freude machen, denn ich finde nichts törichter, als die Menschen nach ihrem Geldbeutel einzuteilen. Um die Kultureinnahmen wettzumachen, müßte der Staat nur gelegentlich eine solche Summe lockermachen, wie er sie etwa für einen Panzerwagen ausgibt. Mit pro Jahr weniger Geld, als ein »Mirage«-Flugzeug kostet, wäre die Opernfrage ein für allemal geregelt: Eintritt für alle für zehn Francs auf allen Plätzen!

Nun, ich weiß, daß mein Traum ein frommer Wunsch bleibt und wir weiterhin genötigt sind, im Rahmen eines Budgets zu arbeiten, das auf einem Einnahmen-Voranschlag beruht. Gegenüber 1975 sind die Orchestersitze bei Premieren im Preis um 50 Prozent erhöht worden. Trotz dieser enormen Verteuerung werden just diese Plätze mühelos verkauft. Aber für die »gewöhnlichen« Abende und für das durchschnittlich verdienende Publikum sind wir hart an der Grenze des Zumutbaren, und ich bemühe mich mit allen Kräften zu bremsen. Meine Rolle als Intendant besteht sozusagen darin, den Stoßdämpfer zwischen Publikum und Staat zu spielen. Doch der Staat allein ist für eine echte Demokratisierung der Oper zuständig.

Angenommen, wir beschließen eine allgemeine Eintrittspreissenkung um 90 Prozent bei einem Jahresbudget von ungefähr 120 Millionen Francs (oder auch nur 80 Millionen), so wird ein Fünftel von Abonnement und Abendkasse aufgebracht. Bei einer Ermäßigung von 90 Prozent müßten wir vom Staat 22 Millionen mehr Subventionen erhalten, was, gemessen am übrigen Staatshaushalt, eine Bagatelle wäre. Aber würde ein solcher Beschluß nicht den berechtigten Unmut aller Abgeordneten und Bürgermeister der Provinzstädte erregen, die so gut wie nichts für ihre Stadttheater bekommen? Sie hätten leichtes Spiel beim Stadtrat von Paris mit der Forderung, auch uns – wie bisher – nicht den kleinsten Zuschuß zu bewilligen. Für die Spielzeit 1976/77 wollte die Stadt 10 Millionen zur Erhaltung ihrer Oper beitragen. Leider ist die Zahlung bis heute nicht erfolgt. Warum sollten die Pariser billiger ins Theater kommen, während das kulturelle Leben im ganzen übrigen Frankreich mangels Krediten dahinsiecht?

Damit bin ich wieder beim politischen Dilemma. Die Lösung ist weder, die Provinz für die Unterhaltung der Pariser mitbezahlen zu lassen, noch das, was uns abgezogen wird, als Almosenbröckchen an Lyon, Toulouse oder Nancy zu verteilen. Wir alle wollen unser Niveau halten und wenn möglich steigern. Die einzige Lösung ist also, *alle*

Theater staatlich zu unterstützen. Machen wir in diesem Zusammenhang ein kleines Rechenexempel: Das Kulturbudget in Frankreich beläuft sich auf 0,51 Prozent des gesamten Staatshaushalts. Übertragen wir diesen Prozentsatz spaßeshalber auf den einzelnen Bürger. Ein Bühnenarbeiter verdient etwa 2500 Francs monatlich. Wenn er 0,50 Prozent davon für kulturelle Zwecke ausgibt, macht das 12,50 Francs für die ganze Familie. Ist das nicht ein bißchen wenig?

Man wird mir entgegenhalten, die Oper sei ein »Hätschelkind der Reichen«, und ich kann es nicht einmal leugnen – sie ist ein Luxus. Nun, wenn man so will, ist alle Kultur ein Luxus, und insbesondere bei der Oper kann die Demokratisierung nur in den seltensten Fällen auf der Bühne stattfinden.

Man muß wissen, was man will. Wenn die Regierung eine »billige« Oper wünscht, ist das mit einer Saisonverkürzung auf sechs Monate, mit einem zweitrangigen Orchester und drittrangigen Sängern zu bewerkstelligen. Legt die Regierung jedoch Wert auf eine Oper von Weltklasse, so muß sie auch die Mittel dafür aufbringen.

Als wir die Eröffnungsvorstellung von *Figaros Hochzeit* in Versailles vorbereiteten, staunten einige Jounalisten nicht wenig, daß ein »Linker« wie Giorgio Strehler sich dazu hergab, eine Prunkoper zu inszenieren, deren Premierenplätze bis zu tausend Francs kosteten. Strehler antwortete, ganz in meinem Sinne: »Das Theater ist nun mal elitär. Auf der Bühne kann ich das nicht ändern. Die Preisfrage hängt von politischen Beschlüssen ab, auf die ich als Künstler nicht den geringsten Einfluß habe.«

Auch Jean Vilar hat betont, daß das Theater ein »notwendiger Luxus« ist und dieses Bedürfnis wohl ebensoviel

Recht auf Befriedigung habe wie andere nationale Leidenschaften – etwa der Stierkampf in Spanien und der Fußball sonstwo. Dort hielten die hohen Eintrittspreise das Volk keineswegs vom Besuch ab. Bis jetzt ist es auch bei der Pariser Oper so. Noch lassen sich die Leute nicht abschrekken; die Vorstellungen sind fast immer ausverkauft.

Mit diesen Beobachtungen sollte ich mich vielleicht zufriedengeben, aber ich kann es nicht. Wenn wir uns schon im Kreis drehen, müssen wir ihn wenigstens vergrößern. Ich habe konzertante Aufführungen unserer schönsten Opern und Freilichtaufführungen unserer populärsten Ballette zu herabgesetzten Preisen angeregt. So wurde bereits *Dornröschen* im großen Hof des Louvre getanzt: wir erreichten damit hundertdreißigtausend Zuschauer mehr, in einem würdigen Rahmen und dennoch zu erheblich günstigeren Preisen, als es in der Oper möglich wäre.

Aber ich bin mir bewußt, daß diese Notlösungen nicht genügen. Ich denke an regelmäßige Vorstellungen für Großunternehmen und Zuschauervereinigungen. Wir spielen noch viel zuwenig. Für ein Haus, in dem elf Monate lang gearbeitet wird, genügen rund hundertzwanzig Opern- und hundert Ballettabende bei weitem nicht. Mindestens hundert zusätzliche Aufführungen würden uns einen annehmbaren Gewinn verschaffen, der wiederum den Gemeinschaften zugute käme.

Wenn die enge Zusammenarbeit zwischen der Mailänder Scala und der Pariser Oper sich wie geplant auswirkt, bekommen wir in den nächsten zwei Jahren von Mailand die Strehler-Inszenierung von *Simone Boccanegra* sowie die wundervolle Aufführung eines als unaufführbar geltenden Werks, nämlich Maurice Ravels Oper *L'Enfant et les Sortilèges,* inszeniert von Jorge Lavelli, den *Oedipus Rex* von

Strawinsky und, im Austausch mit unserer geplanten integralen Aufführung von Alban Bergs *Lulu,* den *Wozzeck* unter Claudio Abbado. Wir haben bereits die Bühnenbilder und Kostüme von Chagall für Ravels Ballett *Daphnis und Chloë* nach Mailand geschickt – wobei sich übrigens ein unerwartetes Problem ergab: Da die Dekorationen original von der Hand des großen Künstlers gemalt sind, war keine Versicherung der Welt bereit, ihren Transport zu versichern. Der Wert des Objekts war einfach nicht in Zahlen auszudrücken. In Zukunft erhält Mailand von uns zwei frühe Barockopern, Monteverdis *Krönung der Poppäa* und *Platée* von Jean Philippe Rameau. Leider sind die Proben-Einsparungen, die durch die Fusion mit der Scala erreicht werden sollten, durch den Weggang ihres Direktors Paolo Grassi nicht zustande gekommen. Da das Orchester bei den Austauschproduktionen die Werke einstudieren muß, als wären es hauseigene Inszenierungen, ist es noch immer nicht für zusätzliche Aufführungen frei. Sobald wir zu Atem kommen, streichen wir die Samstagsproben zugunsten öffentlicher Matineen, womit wir auch dem Wunsch älterer und behinderter Leute entgegenkämen, die zwar gern in die Oper gehen würden, sich jedoch abends nicht mehr auf die Straße wagen.

Übrigens könnten wir die Aufführungszahl schon jetzt erhöhen, unter den beiden Voraussetzungen – es sind immer dieselben! –, daß wir einen eigenen Probensaal bekommen und die technischen Einrichtungen modernisieren. Das dafür nötige Betriebskapital ließe sich durch die Mehreinnahmen rasch amortisieren. Da Charles Garnier, der Erbauer der Opéra, leider an keinen Probensaal gedacht hat, müssen wir vor einer Premiere immer wieder das Haus schließen. Ich habe daher vorgeschlagen, eine Räumlichkeit unserer Ateliers am Boulevard Berthier zweckentsprechend herzurichten, um diese Ausfälle zu vermeiden. Ich plane dort sogar eine mobile Bühne mit fünfhundert Zuschauerplätzen. Sobald meine Projekte genehmigt werden, kann ich die reguläre Aufführungszahl von zweihundertfünfundzwanzig auf dreihundert steigern. Bei einer täglichen Durchschnittseinnahme von 100 000 Francs und dank privater Stiftungen könnte dann ein Kredit von 30 Millionen in vier Jahren getilgt werden.

Das Publikum würde sich über die gewonnenen fünfundsiebzig Opernabende freuen, und kaum ein Künstler würde sich sträuben, vierzehn Tage länger in Paris zu bleiben – laut eigener Aussage lieben sie die Stadt und sind gern hier. In diesem Jahr (1977) haben zwölf Aufführungen der *Zauberflöte* unter Karl Böhm stattgefunden, aber nichts würde mich hindern, ihn um fünfzehnmal zu bitten, wenn ich es rechtzeitig tun könnte. Ebenso könnten wir den Theatergemeinden drei Abende pro Monat bewilligen statt nur einen. Kurz: Ein kleiner Ruck an höchster Stelle, und alle Welt wäre zufrieden.

18
Intendanten-Alltag

Einmal in Paris seßhaft geworden, kann man sich ein Leben woanders kaum noch vorstellen. Aus meinem Fenster sehe ich Saint-Gervais, die Sainte-Chapelle, Notre-Dame, das Pantheon und die Seineufer bis zur Conciergerie. Frühmorgens scheint mir Paris am schönsten. Jeden Vormittag, wenn ich mich am Louvre vorbei in die Oper begebe, wiederholt sich der Zauber. Ob man es selber merkt oder nicht, eine Stadt kann einen ebenso beeinflussen und verändern wie eine menschliche Beziehung. Jemanden, der in Zürich geboren ist, dieser ganz vom protestantischen Geist Zwinglis durchdrungenen Stadt, kostet es nicht geringe Mühe, sich anzupassen. Ich, der biedere Zürcher, geriet mit all meinem schwerfälligen Ernst und meinem Sinn für mathematische Präzision plötzlich in das ungewohnt legere, geistvoll-witzige, manchmal aber auch boshafte Pariser Leben. Ich war dazu erzogen, daß Verabredungen pünktlich auf die Minute eingehalten werden und ein Wort ein Wort ist. In dieser Hinsicht mußte ich an meiner neuen Arbeitsstätte einige Überraschungen erleben . . .

Glücklicherweise hat der technische Direktor der Pariser Oper die nötige Ruhe und behebt auch das hoffnungsloseste Schlamassel, wenn jeder schon aufgegeben hat. Josef Svoboda kommt, um die Ausführung seines Bühnenbildes zu überwachen, aber das dazu notwendige Material ist noch nicht da, ja nicht einmal bestellt, denn der Finanzkontrolleur hat noch nicht unterschrieben. Alles gerät in Panik, mit Ausnahme meines Dickhäuters, der mietet, borgt, telefoniert, Fehlendes per Flugzeug heranschaffen läßt – und siehe da, eine Stunde vor der Premiere ist alles fertig.

So eine Angstpartie wäre in Hamburg undenkbar gewesen. Dort war schon eine Woche vor der Premiere alles an seinem Platz. Die Generalprobe war eine bis ins kleinste ausgefeilte Vorstellung, während hier in Paris bei der letzten Probe noch alles drunter und drüber geht. Zu Anfang hat mich das krank gemacht; heute rege ich mich kaum noch darüber auf und gewinne diesem Durcheinander und all den improvisierten Lösungen sogar einen gewissen Reiz ab.

Jede einzelne Arbeitsphase weicht deutlich von dem ab, was ich in Hamburg gewohnt war. Ich muß hier schrittweise vorgehen und mir die Beteiligten an jeder Neuinszenierung einzeln und ausschließlich sichern, vom Orchester und Chor bis zu den Solisten, und das gleich zweimal, nämlich auch für die spätere Wiederaufnahme mitsamt den dazugehörigen neuen Proben. Dieses Prinzip wurde vor Paris nur in London versuchsweise angewandt; wir haben es weitergeführt und verbessert.

So bahnt sich – im guten Sinne des Wortes – jedesmal eine Art »Verschwörung« zwischen Orchestergraben und Bühne an, weil die Künstler kontinuierlich zusammenarbeiten und einander gut kennen. Wenn sich die Sänger wohlfühlen, stellt sich fast automatisch eine wunderbare Wechselwirkung her; auch das Orchester steigert seine Leistung, und so wächst allmählich jeder über sich selbst hinaus.

Wenn eine Besetzung so gut ist wie die vom *Don Giovanni*, fügen sich die Dialoge ganz natürlich in den Handlungsablauf ein; sind die Sänger indessen weniger begabt, langweilen sich die Musiker in ihrer Versenkung bei den Rezitativen, und das merkt man sofort. Gleichermaßen ansteckend wirkt alles Schöne und Gelungene – es ist, als streife etwas Magisches hauchzart über alle Beteiligten hin, von der ersten Violine bis zum diensthabenden Feuerwehrmann in der Kulisse. In solchen Momenten ist das ganze Haus wie in allumfassender Spannung vereint.

Vor einiger Zeit stand ich einmal am Ende des ersten Aktes von *La Bohème* hinter der Szene. Luciano Pavarotti sang den Rodolfo, Mirella Freni die Mimi, und in den letzten zwanzig Minuten herrschte eine unbeschreibliche Atmosphäre. Niemand brauchte mehr, wie sonst üblich, mit einem »Pst!« zur Ruhe ermahnt zu werden; alles war wie entrückt. Diese Sternstunden, die in der Oper häufiger vorkommen als sonst irgendwo, wiegen allen Verdruß auf, mit dem man sich normalerweise herumschlägt. Aber sie sind an das Prinzip der gleichbleibenden Besetzung gebunden. Ständiger »Schichtwechsel« bringt auch die besten Orchester und Solisten durcheinander und läßt eine richtige Einstimmung und innere Harmonie gar nicht erst aufkommen.

Ich erinnere mich an eine *Don Carlos*-Aufführung, bei der das Cellosolo, das beim Aufgehen des Vorhangs zum fünften Bild erklingt, genau die schwermütige Phrasierung vorwegnahm, die Ghiaurov dann in seinem Philipp-Monolog sang. Das sind Feinheiten, die vielleicht nicht jeder im Publikum bemerkt, aber die Sänger haben eine empfindliche Antenne dafür, und solche Nuancen dürften die Sympathie erklären, die heute viele Künstler für die Pariser Oper hegen. Die größten Bässe wetteifern um die Ehre, hier den *Boris Godunow* singen zu dürfen. Was für einen Weg habe ich seit jenen Tagen hinter mir, als ich Birgit

Nilsson nur mit Mühe und Not zu ein paar Gastspielen in Paris überreden konnte, dessen ewige Überraschungsstreiks ihr auf die Nerven gingen! Die Aussicht auf lange Probenwochen für nichts und wieder nichts war wirklich nicht sehr verlockend.

Bisher haben wir unsere Verpflichtungen – mit einer einzigen Ausnahme – immer eingehalten. Und als 1975 unsere Bühnenarbeiter und Requisiteure zum größten Teil in wilden Streik traten, haben wir den *Faust* dennoch aufgeführt – nur ohne Dekoration. Und über 90 Prozent der Zuschauer, denen wir die Rückerstattung des Eintrittsgeldes anboten, blieben. Sie vertrauten mit Recht darauf, daß ihnen auch auf leerer Bühne eine ausgezeichnete Leistung geboten werden würde.

Ich halte solche Erfolge hier mit Freude, aber ohne Eitelkeit fest. Denn natürlich gab es auch Enttäuschungen, und in Zukunft werden wir zweifellos noch weitere erleben.

Eine der schmerzlichsten war für mich der *Don Quichotte* von Massenet. Ghiaurov war hinreißend in der Titelrolle, und Robert Massard stand ihm als prächtiger Sancho Pansa zur Seite. Abgesehen von der miserablen spanischen Tanzgruppe, die man engagiert hatte, war ich von der Einstudierung und den originellen Ideen und Ausstattungsgags von Peter Ustinov begeistert. Sein schwarzer englischer Humor war ganz nach meinem Sinn. Die Franzosen dagegen haben zwar viel Esprit, doch keinen Humor. Außerdem hingen sie an ihrem romantischen Don Quichotte des 19. Jahrhunderts, also dem Don Quichotte, der in der Massenetschen Verzuckerung jegliche Dämonie verliert und vor allem der Liebhaber der Dulcinea ist. Den wollten die Franzosen sehen. Und genau ihn bekamen sie nicht zu sehen. Die Ablehnung durch die französische Presse war einstimmig und gnadenlos. Ich war gezwungen, das Stück aus dem Repertoire zu nehmen, so leid es mir tat, erstens aus Freundschaft zu Ustinov, und zweitens weil ich die Inszenierung großartig fand. Aber sie war gegen Frankreich nicht zu verteidigen. Weitere Aufführungen hätten ein finanzielles Fiasko bedeutet: Der Kartenverkauf war fast um die Hälfte zurückgegangen.

Dagegen errang Schönbergs *Moses und Aron* einen überraschenden Publikumserfolg. Über 90 Prozent verkaufte Plätze sind bei einem so schwierigen modernen Werk mehr als ermutigend. Und gerade diesmal hatte mich die Inszenierung nicht so recht überzeugt, besonders nicht der Tanz um das Goldene Kalb. Diese berühmte Orgie ist ein Problem, weil Schönberg sich höchst eigenwillig von der dramatischen biblischen Situation entfernt und statt des erwarteten wilden Bacchanals reine Kammermusik geschrieben hat. Strawinsky hätte an dieser Stelle sicherlich einen wilden Rausch ausbrechen lassen; Schönberg aber bringt eine zurückhaltend-verinnerlichte Musik, die keinen plausiblen Bezug zu dem Tumult hat, der sich auf der Bühne abspielt. Soviel ich weiß, ist bis heute noch keinem Regisseur eine Lösung dieses Widerspruchs eingefallen.

Die häufigsten Mißgeschicke sind indessen nicht auf die Regie zurückzuführen, sondern darauf, daß die Interpreten indisponiert sind. Das kann zu schauerlichen Kettenreaktionen führen, wie etwa im Herbst 1974, als drei Gräfinnen und zwei Cherubinos sich im *Figaro* wegen Indisposition die Klinke in die Hand gaben. Es ist klar, daß in solchen Fällen auch die sorgfältigste Einstudierung auf der Strecke bleibt.

Fast noch schlimmer erging es uns einmal mit dem *Trou-*

badour. Norman Mittelmann, damals unser Graf Luna, teilte mir in durchaus angemessener Frist mit, er sei erkrankt und könne leider nicht singen. Ich setzte mich sofort mit Piero Cappuccilli in Verbindung, der auch bereitwillig die nächste Maschine von Mailand nach Paris nahm – und total heiser bei uns ankam. Was nun? Absagen und die Karten an der Kasse zurücknehmen? Ich bot die Partie einigen Choristen an, die sicher fähig gewesen wären, sie durchzuhalten, aber keiner traute sich. Am frühen Nachmittag fiel jemandem ein, daß im Funkhaus gerade eine Oper mit italienischen Sängern geprobt wurde; vielleicht könnte man sich da einen ausleihen? Tatsächlich fand sich ein Bariton, der den Luna studiert hatte, aber er konnte nicht zur vorgesehenen Anfangszeit in der Oper sein.

Wir fertigten in aller Eile Anschlagzettel an, um den Besuchern den Grund der Besetzungsänderung und der damit verbundenen Verspätung mitzuteilen. In der Garderobe umdrängten die Schneiderinnen unseren Retter, um das Graf-Luna-Kostüm seiner Figur anzupassen, während der Dirigent Julius Rudel die heikelsten Stellen mit ihm durchging und ihn mit den wichtigsten Regieanweisungen versah.

Die Aufführung begann mit einer halben Stunde Verspätung, und alles schien gutzugehen. Ich kehrte aufatmend in mein Büro zurück – wo ich in der ersten Pause erfuhr, daß Placido Domingo, von plötzlichem Stimmschwund befallen, nicht weitersingen konnte! Ich stürzte in die Garderobe, wo der Tenor, der bis dahin so herrlich wie stets gesungen hatte, matt darniederlag und sich mit letzter Kraft der flehentlichen Bitten des Dirigenten erwehrte, der übrigens ebenso wie ich am Anfang von Domingos Karriere Pate gestanden hatte. Wir riefen den Theaterarzt, der ihm eine Spritze gab und eine Viertelstunde Ruhe verordnete. Bei unserer Rückkehr hatte sich Domingo so weit erholt, daß er weitermachen wollte, sofern ich bereit sei, das Publikum zu informieren, daß er eine Arie auslassen müsse.

Mittlerweile hatte sich die Pause so ausgedehnt, daß die Zuschauer, die ihre Plätze längst wieder eingenommen hatten, unruhig zu werden begannen. Als der Inspizient endlich Domingos Indisposition bekanntgab, brach schallendes Gelächter los: Erst das Drama mit den Baritonen und jetzt das mit dem Startenor!

Domingo hielt dann bewundernswert und mit letzter Kraft bis zum Schluß durch, und jedermann ging zufrieden nach Hause. Gewiß machte sich kaum einer Gedanken darüber, an wie vielen Abenden der ungestörte Ablauf der Vorstellung gefährdet *ist*, der Angstschweiß nicht nur vor, sondern auch hinter den Kulissen trieft und jeder Mitwirkende den letzten Takt des Finales herbeisehnt – doch das Publikum merkt nichts von diesen Ängsten und Nöten.

Das Niveau der Opéra macht rasche Umbesetzungen im allgemeinen fast unmöglich. Schlecht erging es uns einmal, als wir *Die Sizilianische Vesper* mittendrin wegen einer Indisposition der Elena (Martina Arroyo) abbrechen mußten. Ein Teil des Publikums machte Miene, die Bühne zu stürmen, und beschimpfte uns als Gauner, weil wir keinen Ersatz parat hatten. Aber woher den nehmen von einer Minute zur anderen?

Bei Nebenrollen gibt es natürlich keine großen Probleme, doch wer könnte es wagen, Birgit Nilsson als Elektra zu vertreten? Zur Zeit gibt es höchstens drei Sängerinnen in der Welt, die dazu imstande wären, aber ich kann schließlich Ursula Schröder-Feinen nicht ersuchen, jedesmal, wenn die Nilsson bei uns singt, »für den Notfall«

nach Paris zu kommen. Und was für die gigantische Rolle der Elektra gilt, gilt auch für viele andere, selbst wenn ihnen der Kraftaufwand nicht so anzumerken ist, wie etwa den geradezu berüchtigten Wagner-Partien.

Was also ist zu tun, wenn ein Star plötzlich ausfällt? Darf ich die Rolle und die große Chance flugs einer jungen Nachwuchskraft geben, wie ich es mit dem Cherubino im *Figaro* und dem Marcello in *La Bohème* gemacht habe, oder soll ich die Vorstellung absagen und lieber das Publikum verärgern, das ohnehin immer verwöhnter und schwieriger wird? Kann ich es verantworten, daß ein Sänger, der von Wien herbeigeeilt ist, um eine Vorstellung zu retten, sich dann zum Dank ausbuhen lassen muß? Da heißt es – ebenfalls in Eile – reiflich erwägen: die stimmlichen Möglichkeiten, die besonderen Probleme, die sich für ihn aus der ganz vom Gewohnten abweichenden Inszenierung oder vielleicht auch aus der übrigen Besetzung ergeben.

Zum Glück sagt ein Sänger im allgemeinen wenigstens einen Tag vor der Aufführung ab, und diese Frist erlaubt es, einen etwa gleichwertigen Ersatz zu finden. Joan Ingpen, unser Planungsgenie, hat in ihrem Büro die Programme und Besetzungslisten aller großen europäischen Opernhäuser. Im Notfall weiß sie sofort, wo gerade ein rettender Engel frei wäre, aber meistens kostet es noch eine ganze Menge Zeit und Mühe, ihn zu überreden, sich so Knall und Fall unserem verwöhnten Publikum zu stellen.

Diesem kann ich den leisen Vorwurf nicht ersparen, daß es die Oper zuweilen mit einem Zirkus verwechselt. Es bejubelt tollkühne Drahtseilakte und verhöhnt den Unseligen, der nur ein wenig ins Schwanken gerät. Diese Haltung verrät nicht gerade viel Liebe und Verständnis, weder für die Musik noch für die Sänger, und meiner festen Überzeugung nach ist daran vor allem die Schallplatte schuld, die perfekte, preisgekrönte Stereo- oder Quadrophonie-Einspielung.

In Hamburg galt es während der sechziger Jahre hauptsächlich, neue Musikwerke durchzusetzen, während wir hier in Frankreich erst einmal ein Repertoire wiederaufbauen müssen. Unser erstes Ziel, das wir bis Ende der Saison 1977/78 zu erreichen hoffen, ist, ständig dreißig berühmte Opern und zwanzig Ballettprogramme zur Verfügung zu haben, in denen sämtliche »klassischen«, das heißt eigentlich romantischen Ballette enthalten sind. Die beabsichtigte Zusammenarbeit mit der Scala wird unsere Lücken ausfüllen helfen. Auf dieser unverzichtbaren Grundlage, die den »Glanz« jeder großen Oper ausmacht, können wir uns dann zielstrebig an kühnere Wagnisse, nämlich Uraufführungen zeitgenössischer Werke heranpirschen.

Zu diesem Zweck habe ich schon Kompositionsaufträge an Henri Dutilleux und Olivier Messiaen vergeben, ebenso an André Jolivet, dessen früher Tod aber leider seine Mitarbeit vereitelte.

Wie bereits erwähnt, hatte ich bei meinem Antritt in Hamburg von meinem Vorgänger Günther Rennert ein tadellos eingespieltes Repertoire übernehmen dürfen. Nichts dergleichen in Paris! Gerade das bewog mich, den Fehdehandschuh aufzuheben, selbst auf die Gefahr hin, daß ich mir dabei selbst ziemlich »konservativ« vorkommen würde. Hierzu muß ich allerdings betonen, daß mein eigener Geschmack bei der Programmgestaltung sowieso kaum je den Ausschlag gibt. Viel öfter sind es historische und nationale Gesichtspunkte. So hege ich persönlich keinerlei Vorliebe für *Samson und Dalila* von Saint-Saëns und verstehe nur mit Mühe, daß diese Oper allein in Paris schon über tausendmal vor ausverkauftem Haus gegeben worden ist. Aber sie hält sich nun einmal zäh auf dem internationalen Spielplan, weil Sänger wie Placido Domingo, John Vickers, Christa Ludwig und Fiorenza Cossotto auf die dankbaren Titelpartien nicht verzichten wollen. Darum sah ich ein, daß *Samson und Dalila* ihren hundertsten Geburtstag 1977 natürlich in Paris feiern mußte.

Wenn ich noch in Hamburg wäre, würde ich natürlich auch nicht versäumen, zum hundertfünfzigsten Todestag Beethovens 1977 eine Neueinstudierung des *Fidelio* auf die Bühne zu bringen. In Paris dagegen ist es angebracht, *Die Trojaner* zu geben, obwohl ich kein Berlioz-Fan bin. Er paßt nicht in meine musikalische Linie; der instrumentale Größenwahn des 19. Jahrhunderts macht mich nervös. Zwar war sein *Requiem* unter Colins Davis im Invalidendom sehr beeindruckend und das Tenorsolo darin herrlich, aber ich frage mich doch, wozu diese vier schmetternden Blasorchester und dreihundert Chorsänger gut sein sollen. Den Beweis, daß sie besser klingen als hundertfünfzig, müssen sie notgedrungen schuldig bleiben.

Tröstlicherweise hat Berlioz auch feiner strukturierte Werke geschrieben, wie die bezaubernde *L'Enfance du Christ,* die sozusagen ein vorweggenommener Fauré ist. Aber bei seinem pompösen Kitsch kriege ich stumpfe Zähne. Ich kapsele mich instinktiv dagegen ab, genau wie gegen die *Gurrelieder* von Schönberg oder die *Sinfonie der Tausend* von Mahler.

Aber das sind rein persönliche Einwände, und die Pariser Oper darf und muß weiterhin *Die Trojaner* spielen, wie auch *Faust, Pelleas und Melisande* und *Carmen* zum ständigen Repertoire gehören. Das bringt mich auf die

Kopfschmerzen, die ich mir erst vor kurzem gemacht habe. Ich wollte statt der herkömmlichen *Carmen* die ursprüngliche Oper, wie Bizet sie beabsichtigt hat, neu beleben. Dazu mußten vor allem die Stücke, die seit der Uraufführung weggelassen worden sind, wieder eingefügt und die nachkomponierten Rezitative durch den gesprochenen Originaldialog ersetzt werden. Das erfordert Sänger, die ein tadelloses, natürliches Französisch sprechen können, was bei unseren internationalen Besetzungen große Probleme mit sich bringt.

Dabei ist *Carmen* durchaus nicht die einzige Oper, die zur Zeit Besetzungsschwierigkeiten macht. Wenn man an Max Lorenz oder Lauritz Melchior zurückdenkt, genügt einem kein junger Siegfried von heute. Ebenso dünn gesät sind die Butterflys und Lady Macbeths ...

Oft ertappe ich mich bei Träumereien von einem idealen Repertoire. Ich liebäugle mit Verdis Jugendwerken, wie *Attila* und *Die Lombarden,* die man heute wieder auszugraben beginnt. Und ich würde auch den »feierlichen« Mozart nicht vergessen, seinen *Idomeneo* und *Titus.*

Paris ist es sich eigentlich schuldig, einen guten *Werther* von Massenet auf die Beine zu stellen und sich nicht durch Inszenierungsschwierigkeiten davon abschrecken zu lassen, endlich Ravels Ballettoper *L'Enfant et les Sortilèges* aufzuführen. Und da ich schon von französischer Musik spreche – wie wäre es mit Gabriel Fauré und vor allem mit Albert Roussel, einem der schmählichst vernachlässigten Komponisten unseres Jahrhunderts?

Was die anderen Modernen betrifft, so bin ich überzeugt, daß *Dantons Tod* von Gottfried von Einem gerade hier einen enormen Erfolg hätte, ganz zu schweigen von Alban Berg, Dallapiccola, *Krieg und Frieden* von Prokofieff und

Katerina Ismailowa von Schostakowitsch ... Man müßte wirklich zwanzig Theater und zwanzig Intendantenleben haben, um alles aufzuführen, was man gern möchte.

Nun ja, ich muß aus den Wolken auf die Erde zurückkehren und mich nach den oft so arg begrenzten Möglichkeiten richten. Die Wünsche dessen, der angeblich den ganzen Opernbetrieb entscheidet, spielen in Wahrheit eben kaum eine Rolle.

Um einen Begriff von meinem Tagesablauf als Überredungskünstler, Pannenflicker und Seelsorger zu geben, brauche ich nur aufs Gratewohl eine Seite in meinem Terminkalender aufzuschlagen, etwa den 24. Februar 1975. Langes Frühstück mit Georg Solti, den ich überzeugen will, daß Peter Stein der ideale Regisseur für den *Ring des Nibelungen* ist – ein Meinungsaustausch voller Widerhaken. Die Pariser haben im Odéon mit Erstaunen und Begeisterung Steins Inszenierung des *Prinz von Homburg* gesehen, und einer seiner Mitarbeiter, Klaus Grüber, hat kürzlich in der Salpétrière einen ungewöhnlichen *Faust* aufgeführt. Es hilft nichts, Solti hat eine fast unüberwindliche Abneigung gegen alle Regisseure, die er nicht kennt. Ich habe größte Mühe, ihm klarzumachen, daß Stein heute einer der interessantesten Theatermacher ist und wir nur deshalb die unverhoffte Chance haben, ihn zu gewinnen, weil er das Angebot, den *Ring* in Bayreuth zu inszenieren, nach drei Monaten Bedenkzeit abgelehnt hat.

Zum Glück erinnerte sich Solti, daß er seine größten Londoner Triumphe immer gemeinsam mit besonders waghalsigen Regisseuren errungen hatte, und schließlich verführte ihn der Gedanke, den *Ring* in Paris mit einem Deutschen zusammen aufzuführen, nur drei Monate nachdem er in Bayreuth mit zwei Franzosen, Pierre Boulez und Patrice Chéreau, herausgekommen war ...

Aber ich greife vor, kehren wir zum 24. Februar 1975 zurück. Nachmittags: Unterredung mit Jocelyn Herbert, der grande dame des englischen Kostümentwurfs. Sie hatte schon fünfhundertfünfzig Kostüme für *Die Macht des Schicksals* entworfen – auf diese Art liefen wir Gefahr, an den Bettelstab zu kommen. Ich mußte sie also überreden, erst einmal in unserem Fundus zu stöbern, wo sich sicherlich für den Chor ein paar brauchbare Sachen finden ließen. »Ihre Mönchskutten passen aber nicht zum Stil des Bühnenbildes!« klagte sie. »Wenn wir uns da konsequent an Goya halten, müssen die Kostüme mindestens wie von El Greco sein!« Es bedurfte meiner ganzen Diplomatie und Unnachgiebigkeit, um ihr klarzumachen, daß ich wegen Vergeudung von Staatsgeldern vor Gericht gestellt werden würde, wenn es ihr nicht gelänge, die Verschmelzung von Goya und El Greco etwas billiger zu bewerkstelligen ...

Abends: totaler Szenenwechsel. Henri Dutilleux, bei dem ich eine Oper bestellt habe, klagt mir sein Leid, weil er noch immer kein passendes Libretto hat. Ich mache ihn spontan mit François Billetdoux bekannt. Um ein Uhr nachts spazieren wir noch auf der Île Saint-Louis herum, reden uns die Köpfe heiß und brüten über ungeschriebenen Opern, die vielleicht eines Tages hübsch und brauchbar aus der Schale kriechen.

Am Vormittag darauf muß ich Soltis momentane Zugänglichkeit nutzen, um den *Ring* zu schmieden, solange er heiß ist. Nach Erledigung der dringendsten Post und sonstiger Büroarbeiten Abflug nach Berlin. Um achtzehn Uhr Treffen mit Peter Stein und seinen Mitarbeitern, um seine unerhörte Inszenierung von Gorkis beklemmenden

Sommergästen zu sehen. Anschließend Aussprache bis vier Uhr morgens. Wir einigen uns auf einen Wagner-Stil, der Solti nach seiner *Don Giovanni*-Premiere dargelegt werden soll.

Am nächsten Morgen unausgeschlafen zurück nach Paris, gleich ins Büro, Telefongespräche mit Ingmar Bergman, nach wie vor wegen der *Zauberflöte*. Dann erzähle ich Solti von meinen Berliner Erlebnissen und empfange Michel Plasson, der nach Georges Prêtres Kündigung bereit ist, den *Faust* zu übernehmen. Dabei erhebt sich ein neues Problem: Max Bignens, dem langjährigen Mitarbeiter von Jorge Lavelli, schwebt, nach seiner Skizze zu urteilen, ein so großräumiges, aufwendiges Bühnenbild vor, daß es ausgeschlossen ist, es in unserer Oper auszuführen . . . Ich bitte ihn also, alles etwas kleiner zu machen und das Bild unseren finanziellen und technischen Möglichkeiten anzupassen. Nach Bignens' Plan wiegt schon die Domkuppel nahezu vier Tonnen und hat einen Durchmesser von über zwanzig Metern. Nun ist unsere Bühne nur vierzehn Meter breit, und das riesige Metallgerippe hätte die Beleuchtung vom Schnürboden her behindert. Außerdem hätte das Aufbauen allein zwei Tage Arbeit gekostet, und man hätte außer *Faust* längere Zeit keine andere Oper spielen können.

Ich weiß im voraus, daß Bignens sich auf diese Einwände hin beklagen wird, man wolle sein Bühnenbild verschandeln; ich muß also mit ihm zu einer realisierbaren Zwischenlösung kommen. Wenn man bedenkt, daß die Oper dann nach all dem Hin und Her wegen des Streiks der Bühnenarbeiter schließlich viele Abende ganz ohne Dekorationen gespielt wurde . . !

Auch sonst schien es der Teufel persönlich auf diese Inszenierung abgesehen zu haben. Roger Soyer, unser Mephisto, mußte nach sechswöchiger Probenzeit absagen. Nicolai Ghiaurov sprang bei der Premiere für ihn ein. Bei der Wiederaufnahme, sechs Monate später, stand dann Ghiaurov auf dem Programm – und wer sang wirklich: Soyer!

Außerdem scheint die Originalpartitur von Gounod vom Teufel geholt worden zu sein. Es heißt seit Jahren, daß gewisse Stellen, besonders im Duett Margarete-Valentin, im Spottchor der Mädchen, in der Walpurgisnacht und in der Wahnsinnsszene der Margarete, nicht mit der Originalfassung übereinstimmen. Jean Pierre Gounod, der Urenkel des Komponisten, sollte die Partitur nach dem Tod seiner Mutter erben und hatte versprochen, sie uns zu zeigen, damit wir die fraglichen Stellen vergleichen könnten.

Wir erwarteten mit gerührter Spannung die Öffnung des Banktresors. Was kam zum Vorschein? *Rien!*

Rien – »nichts«. Das ist auch das erste Wort des französischen Librettos. Man kann sich vorstellen, welche Heiterkeit es im Publikum erregte, als wir die Oper ohne Dekorationen spielen mußten.

Diese Kostproben haben vielleicht einen kleinen Einblick in die täglichen Probleme eines Intendanten gegeben. Dabei habe ich noch relativ ruhige Tage beschrieben – keine Auseinandersetzung mit den Gewerkschaften oder der Finanzverwaltung, keine Prozeßandrohung seitens geldgieriger Erben.

Ich weiß, daß diese letzte Bemerkung herzlos klingt, aber man macht sich ja keine Vorstellung von den endlosen, zermürbenden Verhandlungen, die ich mit Neffen, Enkeln, Ur- und Ururnichten mancher Komponisten führen muß. Es gehört zu den Paradoxen unserer Gesetzgebung, daß es den lebenden Meistern die kalte Schulter zeigt, dann aber voller Milde und Güte für ihre Nachkommen sorgt. Wenn diese sich wenigstens mit den Tantiemen bis ins dritte und vierte Glied begnügen wollten, ginge es noch, aber das französische Gesetzt spricht ihnen obendrein den »moralischen Schutz« der Werke zu, von denen die Nachfahren leben. Und damit beginnt der Ärger.

Wenn man den Erben freie Hand ließe, würden sie am liebsten selbst über Regisseure, Besetzungen und Dirigenten bestimmen. Es fehlte nur noch, daß die Tochter der zweiten Frau Debussys mir vorschriebe, welche ihrer Privatlieblinge ich für *Pelleas und Melisande* zu engagieren hätte – dann bliebe mir nichts übrig, als meine Siebensachen zu packen. Und wenn wir ihr hundertmal zu erklären versuchen, daß wir mehr für sie tun, als sie aus eigenen Kräften je tun könnte – sie hält uns offenbar allesamt für blutige Laien.

Der berühmte französische *Code civil* ist übrigens der einzige auf Erden, der den Erben so ausschweifende Privilegien einräumt. Ein Werk wird erst siebzig Jahre nach dem Tod seines Autors frei. Und all diese Jahrzehnte hindurch dürfen die Erben nicht nur Tantiemen kassieren, sondern auch diese absurde »moralische Kontrolle« ausüben.

Außerhalb Frankreichs kenne ich nur *einen* ähnlichen Fall. Hierbei handelt es sich um die Witwe Alban Bergs und dessen *Lulu*. Der Komponist hat die Oper vor seinem Tod bekanntlich nicht mehr vollendet, das heißt, der dritte Akt ist nicht mehr ganz orchestriert worden, er liegt nur im Particell vor. Gemeinsam mit der Universal Edition in Wien, Inhaberin der Alban-Berg-Aufführungsrechte, habe ich während fünfundzwanzig Jahren immer wieder versucht, Frau Helene Berg zu überreden, sie möge Pierre

Boulez das Recht einräumen, die Orchestrierung, soweit sie fehlte, zu komplettieren. Es liegen orchestriert etwa die ersten 250 Takte vor, dann fehlen ca. 600 Takte, und dann beginnt, von Berg instrumentiert, der letzte Teil des Werks, der üblicherweise gesondert als *Lulu-Sinfonie* aufgeführt wurde. Außerdem fehlte im Particell die Ausarbeitung von 16 Takten der Singstimmen. Es handelte sich also, wie man sieht, um eine Kleinigkeit, das Werk nachträglich zu vollenden.

Inzwischen ist dies geschehen, und zwar im Auftrag der Universal Edition durch den österreichischen Komponisten, Dirigenten und Musikwissenschaftler Friedrich Cerha. Seine Arbeit ist von kompetenten Kennern Bergs begutachtet und als vorzüglich beurteilt worden. Die Uraufführung des integralen Werks soll im Februar 1979 unter der musikalischen Leitung von Boulez und in der Inszenierung von Patrice Chéreau mit Teresa Stratas als Lulu in Paris stattfinden. Allerdings hat die Witwe des Komponisten, die dieses Werk aus sehr persönlichen Gründen nie mochte, vor ihrem Tod (1976) noch eine ernst zu nehmende Barriere errichtet, indem sie das Gesamtwerk Bergs einer Stiftung zugunsten junger Komponisten vermachte, mit der ausdrücklichen Bestimmung, daß die *Lulu* unangetastet bleiben müsse.

Gegen diese Verfügung gibt es meines Erachtens zwei gravierende Einwände: der erste ist, daß Berg der Allgemeinheit gehört und die Veröffentlichung seines Gesamtwerks nicht von dreißig Jahre nach seinem Tod noch lebendigen negativen Emotionen der Witwe verhindert werden dürfte, besonders, wenn die Fertigstellung der Partitur nach Auffassung der Experten einwandfrei ist. Zum andern wird die *Lulu* Mitte der achtziger Jahre urheberrechtlich frei, so daß dann jeder Pfuscher sich über die Partitur hermachen könnte. Das Interesse der Stiftung ist also ein zweifaches: die Bewahrung des Werks vor Mißbrauch und die Rettung der Tantiemen zugunsten eines so exzellenten Zwecks. Welch ungeheurer Verlust hätte die deutsche Literatur, die Weltliteratur getroffen, wenn Max Brod sich seinerzeit an das Testament Franz Kafkas gehalten und die hinterlassenen Manuskripte seines Freundes ungelesen vernichtet hätte! Und dabei handelte es sich um den Letzten Willen des Autors selbst und nicht etwa um die Anordnung einer Witwe vierzig Jahre nach dem Tod des Schöpfers ... Ich zweifle indessen nicht daran, daß die Mitglieder des Kuratoriums der Stiftung, lauter im österreichischen Kulturleben hervorragende Persönlichkeiten von höchstem künstlerischem Ethos, zu den gleichen Überlegungen und Resultaten kommen und der Aufführung einer »integralen *Lulu*« keine Hindernisse in den Weg legen werden.

Der Intendant ist also derjenige, bei dem sich alle Konfliktstoffe kristallisieren. Glücklicherweise kann ich mich bei der Musik erholen, wenn ich das Hinundhergezerre satt habe und in Depressionen zu versinken drohe. Eine einzige Probe kurbelt mich wieder an, und nach einer halben Stunde *Don Giovanni* lösen sich alle Verkrampfungen in mir. Von aufgestauten Aggressionen und Bitterkeit befreit, fühle ich mich dem täglichen Berufsärger wieder gewachsen – zumindest fast jedem!

Schlimm wird es meist, wenn ich in einen handfesten Krach zwischen dem Regisseur und dem Dirigenten hineingerate – im Grunde eine klassische Theatersituation. In dieser Hinsicht waren die Vorbereitungen zu *Figaros Hochzeit* unvergeßlich, denn selten prallen zwei so gegensätzliche, aber gleich starke Persönlichkeiten zusammen wie Georg Solti und Giorgio Strehler.

Schon nach wenigen Stunden konnten sie einander nicht mehr ertragen. Im dritten Akt zum Beispiel hatte Strehler die Sänger in den Bühnenhintergrund gestellt. Solti konnte sie dort kaum sehen und verlangte, daß sie näher an die Rampe kämen, aber Strehler erwiderte, seine Anordnung habe ihren wohlüberlegten dramaturgischen Sinn, und jede Änderung raube der Handlung die letzte Glaubwürdigkeit. Und im nächsten Augenblick fingen beide an zu schreien: Jeder beschuldigte den anderen, seine Arbeit zu sabotieren.

Der kritische Moment ist gekommen. Solti ruft den Himmel zum Zeugen an und fragt in die betretene Runde: »Machen wir nun Musik oder nicht?« Strehler droht mit sofortiger Rückreise nach Mailand, Solti mit der seinigen nach London. Ich werfe den schüchternen Vorschlag ein, man könne einander vielleicht so entgegenkommen: Die eine Sängergruppe steht zehn Meter weiter vorn, und Susanna, die sie nicht »bemerken« darf, tritt von der anderen Seite her mit abgewandtem Gesicht auf ... Nach einer Viertelstunde legt sich der Sturm; jeder sieht ein, daß die angefangene Arbeit auf jeden Fall zu Ende geführt werden muß, und bis zum nächsten Krach ist man ein Herz und eine Seele.

Solche Streitereien gehören zum Alltag und verschlimmern sich natürlich, sobald der Dirigent bei den reinen Klavierproben zusieht, denn er kann gar nicht anders, als sich dauernd einzumischen, und der Sänger, der sich erst einmal nach den Regieanweisungen richtet, kann nicht gleichzeitig an alle musikalischen Feinheiten denken. Doch kaum hat er eine Sechzehntelnote vergessen, so moniert der Dirigent den Fehler und verlangt sofortige Wiederholung;

auf diese Art bringt er den Regisseur zur Verzweiflung, die armen Sänger wissen nicht mehr aus noch ein, und jeglicher Elan kommt zum Erliegen. Darum ist es mir immer bedeutend angenehmer, wenn der Dirigent erst in den letzten zehn Tagen vor der Premiere zu den allgemeinen Proben erscheint. Dann liegt der Spielablauf in großen Zügen fest, Kompromisse sind jedoch noch möglich, und die gegenseitigen Beschimpfungen führen nur selten zu totaler Unversöhnlichkeit.

Allerdings kann es zwischen Persönlichkeiten wie Solti und Strehler auch kaum zu völliger Einigkeit kommen. Der Ungar mit dem englischen Paß ist von einer magnetischen, fast dämonischen Introvertiertheit, während der extravertierte Strehler das überschäumende Temperament in Person ist: Er möchte alles selbst machen, spielen, singen, am liebsten auch gleich dirigieren. Er schlüpft von der Rolle des Cherubino in die der Susanna und von der in die Gräfin oder den Figaro, alles im Handumdrehen und mit verblüffender Echtheit, und zum Überfluß ist er auch noch ein vorzüglicher Musiker. Welch eine Geduldsprobe für den Dirigenten!

Nachdem Solti zu den Proben von *Figaros Hochzeit* in Versailles eingetroffen war, bemerkte Strehler zu seinem Mißvergnügen, daß er nicht mehr Alleinherrscher war. Dieser Rivale, dem ein ganzes Orchester zur Verfügung stand, machte ja sogar noch etwas mehr Lärm als er! Giorgio wußte sich Rat: Er setzte sich ein wenig schräg hinter Solti und sang alle Arien mit, immer in ganz leicht abgewandeltem Tempo. Solti versuchte diese Faxen eine halbe Stunde lang zu ignorieren, aber dann ging er in die Luft. Darauf stieg Strehler auf die Bühne und stellte sich unter dem Vorwand, Anweisungen geben zu müssen, immer so vor den jeweils agierenden Sänger, daß er Solti die Sicht versperrte, der Sänger kein Einsatzzeichen sah und den Mund nicht mehr aufzumachen wagte, worauf Strehler, aufs neue von heiligem Feuer durchglüht, statt seiner aus vollem Halse sang ... Am Schluß jener ersten gemeinsamen Probe waren wir alle am Rand des Nervenzusammenbruchs.

Heute, etliche Jahre älter und gewissermaßen »abgeklärt«, kann ich diese Theaterkräche nur noch belächeln, aber früher haben sie mich oft in Furcht und Schrecken versetzt. Es bedarf großer Erfahrung und psychologischer Einfühlungsgabe, um zwischen solchen Kampfhähnen zu vermitteln. Wenn die Probenatmosphäre mir heutzutage allzu ungemütlich wird, lade ich einfach beide zum Essen ein, wobei es meist zu vernünftiger Aussprache kommt. Und selbst damals waren alle Spannungen vergessen, als der Vorhang sich zu dem Wunderwerk hob, das unser *Figaro* schließlich geworden war, und alles strahlte vor Glück. Strehler war zwar gleich nach der Generalprobe abgereist, aber von Mailand aus schickte er allen Beteiligten, auch Solti, ganz reizende Glückwünsche.

Im Grunde sind diese »feindlichen Brüder« Strehler-Solti keine Ausnahme, sondern ganz besonders typisch; ich könnte ihnen viele ähnliche Gespanne zur Seite stellen. Die Gegnerschaft zwischen Regisseur und Dirigent liegt in der Natur der Sache. Normalerweise finden die ersten Verständigungsproben nur mit der Klavierbegleitung des Korrepetitors statt; jeder folgt erst einmal den Spiel- und Tempovorstellungen des Regisseurs. Erscheint dann aber der Orchesterchef und schlägt den Takt, wie *er* es für richtig hält, so klappt plötzlich nichts mehr. Entweder läßt die Regie einer musikalischen Phrase nicht genügend Zeit, sich in vollem Bogen auszubreiten, oder die rascher werdende Musik läuft der Spielszene davon. Nun erhebt sich der alte Streit um die »Werktreue«. Bei den Rezitativen ist alles klar, aber bei den Arien beginnen die Meinungsverschiedenheiten, und bei Ensembles und Chören steigern sie sich leicht bis zu Wutausbrüchen.

Kehren wir noch einmal zu *Figaros Hochzeit* zurück. Strehler kannte die Partitur in- und auswendig und fühlte sich daher berechtigt, einige Originalideen beizusteuern. So wünschte er das Duettino Susanna-Cherubino im zweiten Akt (vor dem berühmten Fenstersprung) schneller, huschender, gehetzter, und auf der kleinen Bühne von Versailles, nur mit Klavier, machte sich das ganz entzückend. Aber später, im Riesenraum der Opéra und mit vollem Orchester, herrschte Rat- und Verständnislosigkeit. Strehlers hinreißendes Tempo wurde zu atemloser Hektik, Cherubino und Susanna mußten lauter singen, um auf allen Plätzen gehört zu werden, was aber auf Kosten des Wohllauts ging, und Solti konnte dem verdutzten Strehler nur mit letzter Nervenkraft klarmachen, daß kein Mensch in einem solchen Riesensaal gleichzeitig gehetzt, anmutig *und* verständlich singen könne.

Herbert Graf hat vor vielen Jahren deshalb eine so große Regiekarriere gemacht, weil er sich stets genau nach Furtwänglers und Toscaninis Wünschen richtete. Er stellte zum Beispiel das Quartett der Frauen im *Falstaff* zur Linken von Toscanini auf, weil dieser sich mit der rechten Hand auf das Orchester konzentrieren wollte. Das war weder unzulässig noch neu, noch originell, aber sehr praktisch und dem musikalischen Ablauf förderlich, da die Inszenierung letzten Endes von Toscanini diktiert wurde.

Mir persönlich sind eigenwillige Regisseure lieber; doch

um allzuviele Streitereien zu vermeiden, bemühe ich mich, möglichst harmonische Teams zu verpflichten: Leute, die ohnehin miteinander befreundet sind und sich schon vor Probenbeginn die Zeit nehmen, miteinander über ihre Konzeption zu sprechen.

Darum ging ich so vorsichtig an den *Ring des Nibelungen* heran. Nach eingehenden Verhandlungen zwischen Solti und der Gruppe um Peter Stein verlief ihr erstes Treffen für mich, den Beobachter, recht drollig, aber durchaus positiv. Man stelle sich die Tischrunde in einem großen Versailler Restaurant vor: Stein und Grüber ganz lässig – und Solti, jeder Zoll ein Orchesterchef. »Ihr sogenannter Symbolismus ist doch längst von einem neuen Realismus überholt«, begann er. »Ich wünsche eine wirklichkeitsnahe Bühne. Für mich ist ein Baum ein Baum, und wenn einer für die Handlung nötig ist, muß er eben dastehen!«

Peter Stein gab ihm daraufhin eine Nachhilfestunde in Dramaturgie. »Ein Baum auf der Bühne ist aber nicht dasselbe wie ein Baum, der in Ihrem Garten wächst. Er beschwört viel mehr und ganz andere Assoziationen herauf als nur so ein Gewächs ...« Irgendwie einigten sie sich schließlich soweit, daß die Berliner Equipe für eine Woche in Soltis Nähe zog; er besitzt ein Haus in dem italienischen Dörfchen Roccamare.

So eine Vorbereitungszeit ist unbedingt nötig, denn bei einem Vorhaben dieser Größenordnung müssen die Hauptbeteiligten mindestens zwei Jahre lang miteinander auskommen. Das Publikum macht sich kaum einen Begriff von dem Arbeitsaufwand der Dramaturgen, Historiker, Soziologen, Bildredakteure und Zeichner, die das Material sammeln und sichten, das irgend etwas Wissenswertes für den neuen *Ring* enthalten könnte.

Man hat mir schon öfter geraten, zu meiner persönlichen Entlastung einen Musikdirektor heranzuziehen. Grob gesagt, aber wahr: Ein Musikdirektor ist meistens das Ärgernis Nummer Eins. Er mischt sich in alles ein, in den Spielplan, in die Besetzung; er klammert sich aus Leibeskräften an seine »Befugnisse«, selbst wenn das in Frage stehende Werk ihm gar nicht liegt. Wenn eine Schallplattenfirma *Così fan tutte* mit ihm aufnehmen will, wird er darauf bestehen, die Oper vorher ein paarmal zu dirigieren, um sie sich anzueignen.

Nein, ich fühle mich – selbst Musiker – doch bedeutend wohler ohne Musikdirektor, wenn ich auch in den ersten Hamburger Jahren mit Leopold Ludwig als GMD reibungslos zusammengearbeitet habe. Außerdem stelle ich dem Publikum gern die verschiedensten Dirigenten vor, die mit ihren voneinander abweichenden Auffassungen auch das Orchester immer neu anregen.

Der vor kurzem aus seinem Amt geschiedene Direktor der Mailänder Scala, Paolo Grassi, der vom Sprechtheater herkam und früher das Piccolo Teatro leitete, brauchte einen musikalischen Berater und fand ihn in Claudio Abbado. Dabei war Grassi selbst eine Ausnahmeerscheinung: nicht nur als großer Theatermann und Literaturkenner (er hat Brecht und Büchner ins Italienische übersetzt), sondern auch, weil er zwanzig Jahre lang den genialen Tyrannen Giorgio Strehler an seiner Seite ertragen hat. Daraus kann man nur folgern, daß Paolo Grassi kein gewöhnlicher Sterblicher ist. Er muß ein Übermensch, ein Heiliger, ein Engel sein.

Um aber ganz offen zu sein, will ich gestehen, daß ich Georg Solti einmal den Musikdirektorsposten der Opéra angeboten habe. Er hat sofort abgewinkt. »Wozu denn das? Du bist hier genau am rechten Platz und weißt, was du zu tun hast. Wir würden einander nur das Leben schwer machen, und du würdest dich verpflichtet fühlen, mich wegen jeder Kleinigkeit in Chicago anzurufen . . .«

Man muß wohl selbst »gelernter« Musiker sein, um als Intendant auf einen Musikdirektor verzichten zu können.

19
Der Schöpfer-Komplex

Als ich Mauricio Kagel im Mai 1970 vorschlug, meinen Hamburger Intendantenposten zu übernehmen, schrieb er mir:

Ihr Brief hat mich zutiefst gerührt. Einerseits das große Vertrauen, das Sie mir schenken, andererseits die Kühnheit des Einfalls: Welch wohltuender coup d'état!

All denjenigen, die nicht begreifen wollten, wie aufrichtig Sie es mit der Erneuerung von Repertoire und Darstellung des Musiktheaters meinen, sollten jetzt eigentlich erfahren, wen Sie insgeheim als Ihren Nachfolger haben wollten.

Aber: wie kann ich diese Verantwortung übernehmen, wenn ich weiß, daß die Musik, welche in mir noch in rauhen Mengen gärt, für so viele Jahre nicht mehr herausquellen dürfte? Hier liegt das ganze Dilemma. Nur Mahler fand die Kraft, in den Sommermonaten zu schreiben.

Ich glaube kaum, diese Fähigkeiten zu haben. Im Gegenteil. Um das hohe Niveau zu halten, das Sie mit Ihrem Theater erreicht haben, müßte ich noch besessener und rücksichtsloser aufräumen.

Die Gewissensbisse, die Melancholie um den verlorenen Komponiertisch, die gedankliche Konstruktion, die ich spin-

nen müßte, um den Einhalt meiner Kreativität zu rechtfertigen, dies alles würde sich in einer ungesunden Beziehung zum Apparat niederschlagen. Und das wäre äußerst ungerecht gegenüber den vielen Menschen, die täglich bereit sind, ihr Bestes der Staatsoper zu geben.

Nein zu sagen, fällt mir um so schwerer, da ich wie Sie überzeugt bin, daß das Außenseitertum, welches das Theater braucht – und das Sie sich wünschen – in meinem Falle vorhanden wäre.

Nochmals Dank. Sehr herzlich, Mauricio Kagel.

Er hat recht: Am selben Tage, wo man das höchste Verwaltungsamt einer Oper antritt, muß man den Schlußstrich unter jegliche eigenschöpferische Tätigkeit ziehen.

Und doch ... Vor gar nicht so langer Zeit hat in der Pariser Oper eine der herrlichsten *Troubadour*-Aufführungen stattgefunden, die man sich denken kann. Solche Abende haben Seltenheitswert: nicht die kleinste Panne bei Szenenwechseln und Beleuchtungseffekten, ein wunderbar inspirierter Dirigent, ein mitgerissen musizierendes Orchester und ein minutiös singender Chor, dazu Solisten, die mit nachtwandlerischer Sicherheit die schwierigsten Hürden nahmen. Zuerst lauschte ich fast ungläubig, mit angehaltenem Atem; dann ließ ich mich vertrauensvoll, gelöst, glücklich in meinen Sessel zurücksinken. So ein Abend tröstet über alles hinweg, was man vielleicht an stillem Ehrgeiz aufgegeben hat, denn – und darauf wollte ich hinaus – jede gelungene Aufführung freut mich, »als wär's ein Stück von mir«.

Endlich erlebte ich den *Troubadour*, von dem ich immer geträumt hatte. Ich weiß, daß mein Verdienst daran nur gering war. Der große Schöpfergeist war und blieb Verdi, und nach ihm kamen die Interpreten, der Regisseur, Bühnen-, Kostüm- und Maskenbildner ... Es sind Hunderte von Rädchen, die ineinandergreifen, und doch bilde ich mir, wenn alles so perfekt abläuft, unwillkürlich ein, ohne mich wäre das alles nicht zustande gekommen. Einerseits fürchte ich, dieses Gefühl beruhe auf Selbsttäuschung, Anmaßung – andererseits kann ich es mir einfach nicht verkneifen, Vaterstolz, Schöpferbegeisterung zu empfinden.

Ich hätte immer gern Regie geführt, habe mir aber zum Gesetz gemacht, dieser Versuchung nie zu erliegen. Zwei Gründe sprechen dagegen. Erstens soll man nicht alles anfangen, sonst bleibt man ein ewiger Anfänger, und zweitens widerstrebt es mir, wie Zettel im *Sommernachtstraum,* »den Löwen auch zu spielen«. Ich habe kaum jemals eine meiner Kompositionen an ein Theater oder an den Rundfunk gegeben, solange ich selbst dort ein Amt innehatte. Ich fand und finde es peinlich, wenn man sich selbst als Autor oder Regisseur anheuert.

Für mich ist es das erste Theatergebot, daß jeder an seinem Platz bleibe. Ein Regisseur sollte nicht zugleich Intendant sein, das ergibt unvermeidliche Spannungen und ein Interessendurcheinander. Solange man auf der Bühne beschäftigt ist, kann man der Geschäftsführung des Hauses nicht die nötige Zeit widmen; diese Aufgabe ist einem Regisseur sowieso unsympathisch. Die Flucht ins Angenehmere schafft aber für einen Intendanten nur schiefe Situationen.

Ein Regisseur muß das Recht haben, sich für jedes Werk die optimale Besetzung auszusuchen. Das kann er sich aber nur erlauben, wenn er freier Mitarbeiter ist und keine übertriebenen Rücksichten auf das hauseigene Ensemble nehmen muß. Ein Beispiel dafür gab Günther Rennert, mein Hamburger Vorgänger, der mir viele Inszenierungen allerersten Ranges hinterließ. Die meisten Regieanweisungen übernahmen wir unverändert, aber nur selten die Besetzung.

Und dann gibt es noch einen sehr wichtigen Grund, die Verschmelzung zweier Aufgabenbereiche gar nicht erst zu versuchen. Ein bekannter Regisseur läßt sich nur allzu leicht von auswärtigen Angeboten verlocken. Und schon gerät er in den Höllenstrudel, der ihn von London nach San Francisco und von Paris nach New York reißt. Sein Intendantensessel zu Hause bleibt monatelang leer; man erreicht ihn bestenfalls noch telefonisch. Um einen trivialen, aber treffenden Vergleich anzuführen: Der Mann handelt wie ein Meisterkoch, der sein Restaurant im Stich läßt, um seine Künste bei Fachtagungen in aller Welt vorzuführen. Binnen eines halben Jahres wird sein eigenes Lokal an Ruf verlieren oder gar Pleite gehen.

Kurzum, ein Intendant kann nicht außerhalb seines eigenen Theaters Karriere machen und gleichzeitig dessen Renommee wahren. Seine Verantwortung gegenüber dem Werk, dem Publikum, den Künstlern und allen übrigen Mitarbeitern verbietet ihm jegliche Nebentätigkeit. Ich bin täglich zwölf Stunden in der Oper anzutreffen und habe mir lange nicht einmal ein freies Wochenende erlaubt. Jetzt brauche ich diese zwei Ruhetage unbedingt, aber sie sind noch immer das Maximum. Das Personal sollte mich mindestens einmal pro Abend hinter den Kulissen auftauchen sehen. Leider ist das nicht immer möglich.

Täglich erstatten mir der Regieassistent und der Inspizient Rapport; in Hamburg kam sogar noch eine Meldung des Orchesterchefs dazu. Im Grunde halte ich aber nicht viel von solchen Berichterstattungen; ich muß immer erst mit eigenen Augen sehen, was los ist, ehe ich irgend etwas entscheide.

Trotz allem kann ich nicht leugnen, daß im Laufe der Zeit ein paar höchst reizvolle Verlockungen auf mich zugekommen sind, Regie zu führen oder auch einen Film zu drehen, denn ich besitze einige Erfahrungen mit Opernverfilmungen. Aber ich habe jedesmal rasch eingesehen, daß ich mich nicht so verzetteln darf, wenn ich den einmal übernommenen Pflichten weiterhin gerecht werden will.

Man hält mir oft Gustav Mahler als Gegenbeispiel vor. Aber zu seiner Zeit war die Lage eines Operndirektors noch ganz anders. Die Leute reisten nicht dauernd von Ort zu Ort, und Wien hatte ein wunderbares ständiges Ensemble. Das ermöglichte Mahler ohne weiteres, vierzig Abende jährlich zu dirigieren, ohne deshalb die Verwaltung zu vernachlässigen. Heute verursacht der internationale Künstleraustausch einen solchen Wirbel, daß man schon jahrelang im voraus planen muß. Die Stellung des Intendanten kann schwerlich als Ehrenamt bezeichnet werden, das man irgendwann einmal zum Lohn für treue Dienste erhält.

Dies nur nebenbei. Gustav Mahler war unbestreitbar der bedeutendste Operndirektor, der je gelebt hat. Er entzieht sich jedem Vergleich, ähnlich wie Walter Felsenstein, den es nun auch nicht mehr gibt.

Felsenstein war Direktor der Ost-Berliner Komischen Oper, deren Aufführungen er mit äußerster Genauigkeit zum größten Teil selbst inszenierte. Er hat aus Janáčeks *Schlauem Füchslein* und Offenbachs *Blaubart* wahre Wunderwerke gemacht und sich zwischendurch noch zweimal je drei Monate Zeit genommen, in Hamburg *La Traviata* und *Rigoletto* einzustudieren. Aber er hatte auch die nötigen Privilegien. In Ost-Berlin war er der Allmächtige, der nicht nur über ein festes Ensemble verfügte, sondern sich jeden Sänger dazuholen durfte, der ihm gefiel – der Staat gab ihm seinen Segen. Er schöpfte in jeder Hinsicht aus dem vollen; nicht zuletzt dank des riesigen Stimmenreservoirs im Ostblock und des großen Besucherandrangs, den die Volkseigenen Betriebe gewährleisteten. Publikumsprobleme gab es für ihn nicht. Jede Neuinszenierung der Komischen Oper hatte im voraus für mindestens ein Vierteljahr volle Häuser.

Ohne den Zwang zu überstürzter Produktion, gestützt auf ein diszipliniertes Ensemble und ein reichhaltiges Repertoire, konnte Felsenstein dreimal soviel Zeit aufwenden wie andere, um ein Stück bis ins letzte auszufeilen. Die Ergebnisse rechtfertigen diese Methode. Wir haben das große Glück, seine unvergeßliche Inszenierung von *Hoffmanns Erzählungen,* die er im Rahmen des »Theaters der Nationen« nach Paris mitbrachte, als Film zu besitzen.

Die Vergleiche mit früheren Zeiten hinken immer mehr, je weiter man zurückgeht. Ich will gar nicht von Georg Philipp Telemann reden, der einer der ersten Hamburger Operndirektoren war – da ist uns ein Mann namens Pollini zeitlich noch ein Stück näher. Dieser außerordentliche Mensch war gegen Ende des vorigen Jahrhunderts Direktor der Hamburger Oper. Er verstand es, ohne irgendwelche Subventionen zu erhalten, noch Dividenden herauszuwirtschaften. Er stand an der Spitze von sieben Theatern, zum Teil sogar gleichzeitig, darunter, wenn ich mich recht erinnere, den Opern von St. Petersburg und Neapel; ferner organisierte er Tourneen mit seinen Produktionen und schickte Sänger wie Caruso oder die Melba in alle Himmelsrichtungen.

Übrigens habe ich mal die Kopie eines Vertrages mit Caruso gesehen. Er bekam pro Abend 10 000 Goldmark – schon damals eine enorme Summe und heute ganz undenkbar. Daß Pollini außerdem noch Benefizvorstellungen arrangieren *und* Geld für seine Aktionäre herausschlagen konnte, beweist, daß gegen Ende des vorigen Jahrhunderts ganz andere Verhältnisse herrschten.

Aber kommen wir auf das zurück, was ich – vielleicht etwas umständlich und daher mißverständlich – den »Schöpferkomplex« nenne, den auch ein Operndirektor haben kann. Als ich Günther Rennerts Nachfolge in Hamburg antrat, habe ich die Früchte seiner zehnjährigen Arbeit geerntet und konnte auf diesem soliden Fundament gleich eine Welturaufführung ins Auge fassen. Es war *Der Prinz von Homburg*, den ich bei Hans Werner Henze bestellt hatte, als ich noch beim Rundfunk war.

Rennerts Hinterlassenschaft erlaubte mir auch sonst, meine Kräfte neuen Werken zu widmen und in vierzehn Jahren dreiundzwanzig Uraufführungen herauszubringen – von denen die meisten natürlich in Vergessenheit geraten werden, soweit es nicht schon geschehen ist. Doch kann ich mich wenigstens rühmen, ab und zu einigen Mut bewiesen zu haben, etwa mit dem schon erwähnten *Kyldex I* von Pierre Henry und Nicolas Schöffer, in dem gar keine Sänger auftraten, sondern nur geheimnisvoll bewegte Skulpturen. Im Grunde handelte es sich um eine Multi-Media-Show, die aber über alles hinausging, was es bis dahin auf diesem Gebiet gegeben hatte, denn bei uns war sogar das Publikum miteinbezogen. Es bekam rote, grüne, gelbe und blaue Signalkellen, mit denen die Zuschauer anzeigen konnten: Wir wollen diese Sequenz noch einmal hören, oder: Wir wollen diskutieren, oder: Wir wollen, daß Sie eine Pause machen, oder: Wir wollen es doppelt so schnell hören oder doppelt so langsam ... Der Kontakt war sofort da.

Schöffer hatte schon vorher das kinetische Bühnenbild zu *Hilfe, Hilfe, die Globolinks* von Menotti für uns entworfen. Kennengelernt hatte ich ihn rein zufällig in Düsseldorf, wo ich mich wegen einer Ballettfassung meines *Konzerts für Jazzband und Sinfonie-Orchester* aufhielt. Am Tag vor meiner Abreise kam ich an der Kunsthalle vorbei und las »Ausstellung Nicolas Schöffer« .. .Der Name sagte mir nichts, aber ich ging hinein und war von seinen raumdynamischen Skulpturen sofort beeindruckt. Zugleich bildete sich in mir die Überzeugung, daß der Bühnenbildner der *Globolinks* kein anderer als dieser Schöffer sein könnte; denn Menottis Oper erforderte eine extrem originelle Ausstattung. Es handelt sich da nämlich um eine Art Kindergeschichte, die in den Vereinigten Staaten spielt. Eine Schülergruppe vertritt sich während einer Buspanne die Beine und stößt bei ihrem kleinen Spaziergang unversehens auf die Globolinks – Wesen von einem anderen Planeten. Es gibt nur ein einziges Mittel, die bedrohlichen Eindringlinge zurückzuscheuchen: Musik! Die können sie nämlich nicht vertragen.

Diese Fabel schrie nach einer ungewöhnlichen und neuartigen Szenerie, und deshalb setzte ich mich, kaum nach Hamburg zurückgekehrt, mit Schöffer in Verbindung, der denn auch großes Interesse bekundete. Ich verabredete also ein baldiges Treffen zwischen dem Bildhauer, dem Komponisten Menotti und dem Choreographen Alwin Nikolais.

Schon die ersten zehn Minuten waren katastrophal. Die Herren fuhren dermaßen erbittert aufeinander los, daß ich sie beinahe mit Gewalt trennen mußte. Menotti und Nikolais verzogen sich in ein Zimmer, Schöffer und ich in ein anderes, und dann pendelte ich zwischen beiden Parteien hin und her, um Nikolais zu versichern, daß Schöffers Bühnenbilder seine Choreographie nicht behindern würden, und Schöffer gut zuzureden, daß seine geplanten Skulpturen dem Spiel nicht zu sehr in die Quere kommen dürften. Es gelang mir schließlich, alle zu beruhigen, und Menotti richtete sich häuslich in meinem Büro ein, wo er mehrere Nächte am Klavier verbrachte, denn obwohl die Proben bereits begonnen hatten, war er noch nicht mit seiner Partitur fertig ... Die Sänger bekamen jeden Tag eine oder zwei Seiten nachgeliefert, die unsere Kopisten Menotti allmorgendlich aus den Händen rissen und in Windeseile abschrieben. Die vollständige Partitur stand den Mitwirkenden erst drei Tage vor der Premiere zur Verfügung.

Wenn ich mich bei dieser Geschichte ein wenig länger aufgehalten habe, so nur, um zu zeigen, wo, wann und warum ein Intendant auch einmal eine kreative Rolle spielen kann.

Die Schwierigkeiten, ein zeitgenössisches Werk uraufzuführen, liegen hauptsächlich darin, daß man sich auf keine Vorbilder stützen kann. Die Konfliktstoffe innerhalb des Ensembles häufen sich durch die Anwesenheit der künstlerischen Urheber, mit denen man sich nicht nur auf musikalischem, sondern auch auf dramatischem und bildnerischem Gebiet auseinanderzusetzen hat.

Mauricio Kagel strebte mit seinem *Staatstheater* auf ganz anderen Wegen das gleiche Ziel an wie Nicolas Schöffer, nämlich, die üblichen Perspektiven zu erweitern.

Die Idee, Mauricio Kagel eine Oper in Auftrag zu geben, ging auf eine heftige Auseinandersetzung zurück, die ich vor über zehn Jahren mit Pierre Boulez hatte. Boulez dirigierte damals den *Parsifal* in Bayreuth und tat in einem *Spiegel*-Interview den Ausspruch, man sollte alle Opern in die Luft sprengen. Auf die Frage des Journalisten: »Auch die Hamburger Oper?« erwiderte er: »Ja, auch die Hamburger, denn Liebermann komponiert über Mittelsmänner, das heißt, er wählt immer Opern aus, die von ihm sein könnten.«

Ich blieb Boulez die Antwort nicht schuldig, und das Ganze wirbelte einigen Staub auf. Der Rundfunk organisierte eine öffentliche Aussprache zwischen uns beiden, und der Streit riß die musikalischen Kreise mit. Da ich mein Publikum mit allen möglichen Neuheiten konfrontiert hatte, gleich welcher Richtung und welcher Schule, warf mir Pierre Boulez »Eklektizismus« vor. Ich beschuldigte ihn dagegen der Intoleranz (die, nebenbei bemerkt, ein Vorrecht des Genies ist). Nun *ist* Boulez zweifellos ein Genie und kann sich daher einige Unduldsamkeit leisten; wenigstens glaube ich es und wäre ganz davon überzeugt, wenn er nur mehr schriebe . . .

Mauricio Kagel fühlte sich damals mitbetroffen und schrieb Boulez einen offenen Brief, in dem er hart mit ihm ins Gericht ging. Boulez antwortete nicht; ich aber rief gleich nach Kenntnisnahme bei Kagel an und schlug ihm vor, seine Theorien in die Tat umzusetzen und eine Oper zu schreiben.

So entstand Mauricio Kagels 1971 uraufgeführtes *Staatstheater*, vielleicht das wichtigste Stück, das wir in den vierzehn Jahren meiner Intendanz herausgebracht haben. Kagel, der sein Werk die »fulminante Parodie« einer Oper nennt, scheint mir hier vor allem ein politisches Stück geschrieben zu haben. In diesem *Staatstheater*, in dem die Choristen Soli singen und die Solisten den Chor, während die Instrumentalisten des Orchesters solistisch eingesetzt werden, geht es um den Versuch einer Befreiung im weitesten Sinne des Wortes, das heißt, um die Darstellung gesellschaftlicher Druckmittel auf ein Kollektiv und um seine Befreiung davon, indem man dem einzelnen zu einem Solistenstatus verhilft. Das, glaube ich, ist der philosophische Grund, der hinter Kagels *Staatstheater* steht. Alles übrige sind Zutaten. Hier liegt das Grundproblem: in der Individualisierung des unterdrückten Kollektivs. Ich glaube, daß kein Publikum zu jenem Zeitpunkt reif gewesen wäre, dieses Stück mit Verständnis aufzunehmen, außer dem hamburgischen, das von uns durch eine Reihe von Uraufführungen zeitgenössischer Opern darauf vorbereitet worden war. Ob Kagel allerdings viele Nachfolger haben wird, ist schwer zu sagen. Nicht viele haben sein Talent und seinen Mut. Es gibt auch nicht viele Chöre, die in der Lage sind, so viele Solisten zu stellen. Und auch nicht sehr viele Theater, die sich die Zeit nehmen, den Chor so lange für die nötigen Proben freizustellen – ganz abgesehen davon, ob sich noch ein Chordirektor findet, der ein solches Unternehmen mitmacht.

Um die Opernkunst am Leben zu erhalten, muß man Risiken in Kauf nehmen, die je nach Sachlage sehr unterschiedlich sein können. Bei meiner Ankunft in Paris wollte ich zunächst auf Nummer Sicher gehen und suchte mir deshalb nur international anerkannte Künstler aus. Doch merkte ich bald, daß diese Rechnung nicht aufging. Die absolute Sicherheit läßt alle Kunst verkümmern.

Da sich Spielplan-Abenteuer vorläufig von selbst verboten, suchte ich sie auf dem Gebiet der Regie. Es war schon riskant genug, *Hoffmanns Erzählungen* einem jungen Mann wie Patrice Chéreau anzuvertrauen, der praktisch noch nie etwas mit der Oper zu tun gehabt hatte. Ebenso gewagt war es, den *Faust* von Gounod, die Säule des französischen Repertoires, in Jorge Lavellis Hände zu geben. Und den Gipfel der Keckheit erklomm ich mit dem Engagement Peter Steins und Klaus Michael Grübers für den *Ring des Nibelungen*, eine Arbeit, die leider aus finanziellen Gründen vorläufig nicht zu Ende geführt werden kann.

Ich habe unbändige Lust, Orson Welles für eine Inszenierung zu gewinnen, und *Carmen* habe ich Roger Planchon angeboten. Er hat Skrupel, ja Angst, an das Projekt heranzugehen, und ich teile diese Skepsis – ich stehe ja selber an jedem Premierenabend Todesängste aus. Aber wo bliebe der Spaß am Theater, wenn man keine hätte?

Und wenn ich schon kein Schöpfer bin, so bin ich doch ein Förderer und Anreger. Meistens wird, wenn das Gespräch darauf kommt, auch der Name Diaghilew genannt. Natürlich haben die von mir angeregten Werke immer nur eine viel bescheidenere Rolle spielen können, denn Diaghilew hatte das Glück, in einer Zeit zu leben, die künstlerisch so fruchtbar war wie selten eine – zu Anfang unseres Jahrhunderts wimmelte es in Paris von Genies. Heute gibt es nicht nur weniger, sie sind auch weiter über die Erde verstreut.

Und vor allem war Diaghilew selbst ein Genie. Es genügt nicht, zur gleichen Zeit und am gleichen Ort zu leben wie Chagall, Picasso, Dufy, Braque, Matisse und Ansermet, man muß auch eine Verbindung mit und zwischen ihnen zustande bringen. Was für eine instinktive Geschmackssicherheit gehört dazu, noch unbekannten Komponisten wie Prokofieff oder Strawinsky eine Chance zu geben. Welches Gespür dafür, daß Nijinski und Balanchine das klassische Ballett revolutionieren würden! Nur eine

Persönlichkeit mit unerschütterlichem Glauben und einem Fingerspitzengefühl ohnegleichen konnte ihr Bahnbrecher sein. Wer außer Diaghilew hätte um 1906 geahnt, daß Strawinskys *Feuerwerk* schon den Keim von *Petruschka* und *Le Sacre du Printemps* in sich trug!

Mit den dreiundzwanzig Welturaufführungen in Hamburg haben wir sicherlich einige Lösungsmöglichkeiten und neue Ideen zum Musiktheater beigesteuert. Aber bei unsterblichen Leistungen, wie sie an den Namen Diaghilew gebunden bleiben, habe ich leider nicht Pate gestanden.

Damit jemand in die Kunstgeschichte eingeht, muß er mit der Geburt eines Meisterwerkes, sei es als Interpret oder Impresario, zumindest verbunden sein. Wer dazu nicht Gelegenheit oder Talent hat, wird vergessen. So ist es auch mit meinen oftgenannten dreiundzwanzig Uraufführungen: Gewiß haben sie eine neue Art des Theaters angeregt und die Hamburger Oper mit einem Schlag ins internationale Blickfeld gerückt, aber ihr zuweilen grelles Funkensprühen ist rasch erloschen. Ich glaube selbst nicht, daß irgendeines dieser Werke etwas Entscheidendes und Dauerndes bewirkt hat.

Der Name Diaghilew dagegen steht auch für Ravels *Daphnis und Chloë*, für den *Feuervogel* von Strawinsky und für Debussys *Jeux*.

20
Entdeckerfreuden

Das Gebiet, auf dem ein Opernintendant am erfolgreichsten schöpferisch wirken kann, ist die Entdeckung junger Stimmen. Diese Talentsuche, der das Formen und Entwikkeln der Stimme folgen muß, gehört zu seinen wichtigsten Aufgaben.

Eines meiner liebsten »Kinder« ist Tatjana Troyanos. Ich hörte sie zuerst in einer winzigen Musical-Rolle im New York City Center und spürte sofort, daß viel mehr in ihr steckte. Mich faszinierte ihr Wesen, ihre ganz persönliche Art der »Verrücktheit«, ihr verzehrender Ehrgeiz und ihre Arbeitswut.

Auch in Hamburg, wohin ich sie alsbald engagierte, bekam sie zunächst nur bescheidene Rollen, nach und nach aber immer größere. Sie arbeitete wie wild, ohne nach rechts oder links zu blicken, und machte unheimliche Fortschritte. Als sie gerade anfing, den Cherubino in *Figaros Hochzeit* zu singen, bekam ich einen Telefonanruf von Gabriel Dussurget, dem damaligen Leiter der Festspiele von Aix-en-Provence: er suchte händeringend einen Ersatz für seinen erkrankten »Komponisten« in *Ariadne auf Naxos*. Ich sagte, ich wüßte schon eine geeignete Sängerin, aber sie hätte die Partie noch nie auf der Bühne dargestellt. Wenn er es trotzdem mit ihr wagen wollte . . .? Dussurget wollte.

Tatjana flog also nach Aix, und errang einen Bombenerfolg. Ich hatte übrigens gewußt, was ich tat: Das Erzbischöfliche Theater von Aix-en-Provence ist klein und intim, die Orchestrierung der *Ariadne* eher kammermusikalisch – so war alles beisammen, was einer Anfängerin Mut einflößen konnte. Außerdem stieg der Erfolg Tatjana nicht zu Kopf. Sie kehrte nach Hamburg zurück und sang wieder ihre kleineren Partien, als ob nichts gewesen wäre.

Ein Jahr später meldete sich Bernard Gavoty vom *Figaro* bei mir. Er suchte in letzter Minute eine Sängerin, die bei dem großen Festakt in der Opéra aus Anlaß der bevorstehenden Hundertjahrfeier seiner Zeitung einspringen könnte, und bat mich um die junge Unbekannte, die voriges Jahr in Aix geglänzt hatte. Ich schickte ihm also Tatjana Troyanos. An jenem Gala-Abend nun waren Karajan und Karl Böhm im Publikum, und alle beide engagierten Tatjana vom Fleck weg. Der Startschuß zur internationalen Karriere war gefallen; schon am nächsten Tag unterschrieb sie einen Vertrag mit der Deutschen Grammophongesellschaft, und jetzt gibt es Troyanos-Schallplatten und Gastspiele in aller Welt. In Paris hat sie soeben wieder den Octavian im *Rosenkavalier* gesungen. Das harte Leben, das sie hinter sich hat, besonders eine schwierige Kindheit, lassen sie manchmal ein wenig »überdreht« erscheinen, aber auf der Bühne ist sie von einer bannenden Intensität. Mit einem Wort, Tatjana hat sich zu einem »liebenswerten Scheusal« entwickelt.

Von meinen anderen »Kindern« nenne ich mit besonderem Stolz drei große Bässe: Hans Sotin habe ich in Krefeld entdeckt, Kurt Moll kam aus Wuppertal, und Tom Krauses gigantischen finnischen Landsmann Martti Talvela sehe ich noch heute vor mir, wie er zum erstenmal in mein Büro trat, einem wandelnden Baumstamm aus seinen nordischen Wäldern vergleichbar. Leider verlor ich ihn später an Berlin. Kein Theater außer Hamburg kann sich rühmen, diese drei auf einmal auf die Bühne gebracht zu haben – 1964 in *Rheingold*. Aber bis sie ihr heutiges Niveau erreicht hatten, habe ich sie jahrelang »ausbrüten«, ihre Ungeduld zügeln und ihren Ehrgeiz in die richtigen Bahnen lenken müssen.

Die drei Voraussetzungen zur erfolgreichen Talentsuche sind Besonnenheit, Glück und Instinkt. Jedesmal, wenn ich nach New York komme, arrangieren Impresarios Vorsingen für mich. Bei einer dieser Prüfungen hörte ich vor Jahren einen Tenor, der unglücklicherweise total indisponiert war. Er konnte kaum ein paar Takte andeuten, aber ich verpflichtete ihn sofort – mit Begeisterung – und zu einer Monatsgage von 1500 DM. Er sollte in der Hamburger Neuinszenierung der *Bohéme* den Rodolfo singen. Trotz seiner vorübergehenden Stimmlosigkeit hatten mich sein Charme, seine Präsenz, seine Ausstrahlung für ihn eingenommen; ich war überzeugt, einen künftigen Weltstar entdeckt zu haben. Sein Name war Placido Domingo!

Der Rodolfo machte ihn, wie vorausgesehen, über Nacht zum Publikumsliebling, und nun gab es für ihn kein Halten mehr. Er sang den Don Carlos, den Alvaro in der *Macht des Schicksals*, das ganze große italienische Rollenfach. Leider wuchsen unsere finanziellen Schwierigkeiten im gleichen Verhältnis zu seinem Ruhm, und ich hatte bald nicht mehr die Mittel, ihn zu halten. Die 1500 DM Monatsgage waren bereits zur Abendgage geworden, und dann kam die Zeit, da der Betrag, für den er zu haben war, sich unaufhaltsam verdoppelte und verdreifachte.

Das ist in meinem Beruf unvermeidlich: Wenn man jemanden entdeckt und berühmt macht, muß man eines Tages dafür büßen. Darum halten viele Opernintendanten ihre kostbaren Funde eifersüchtig geheim, wohl wissend, daß sie ihnen auf und davon gehen, sobald die übrige Welt auf sie aufmerksam wird. Auch Placido Domingo kam bald nur noch auf kurze Freundschaftsbesuche nach Hamburg. »Ich würde ja gern bleiben«, sagte er, »aber wenn ich bei der Eröffnung der Mailänder Scala singen soll . . .« Das nächste Mal hieß es: »Ich habe mir immer geschworen, Star der Metropolitan Opera zu sein, ehe ich meinen dreißigsten Geburtstag feiere. Nun, hier ist das Angebot von der Met.« Es wäre grausam gewesen, ihn nicht endgültig aus unserem Vertrag zu entlassen. Ich gab ihm also die Bahn frei, und nach seinem Debüt an der Met wurde er der Superstar, als den ihn die Welt jetzt kennt.

Zum Glück bleiben trotz des internationalen Wettbewerbs, der die Stargagen in schwindelnde Höhen treibt, viele Bande der Freundschaft und des Vertrauens bestehen. Um solche Freundschaften aufzubauen, muß man den Künstlern freilich von Anfang an das Gefühl geben, daß man immer für sie da ist, sie umwirbt, versteht, verteidigt – manchmal auch gegen sie selbst – und ihnen vorbehaltlos die große Chance läßt, sobald sie dafür reif sind. Wenn man auf diese Weise gemeinsam Erfahrungen gesammelt hat, bleibt die herzliche Zuneigung für immer bestehen, auch wenn man einander nur noch selten sieht.

Meine Ratschläge sind von den Künstlern fast immer richtig aufgefaßt worden, denn sie wußten, daß kein Eigennutz dahintersteckte. Wenn ich einem berühmten Sänger empfehle, bestimmte Stellen doch noch einmal mit einem Gesangsprofessor durchzuarbeiten, um die Atemführung zu verbessern, hat das noch keiner in die falsche Kehle bekommen. Sicher rede auch ich manchmal dummes Zeug, aber man kennt mich nach Jahrzehnten gut genug, um mir wenigstens meine Aufrichtigkeit zugute zu halten. Und wenn einer meiner Freunde bockbeinig wird und meine weisen Tips durchaus nicht befolgen will, kommt es sogar vor, daß er mich mit dieser Starrköpfigkeit überzeugt.

Placido Domingo brannte schon lange darauf, Verdis Othello zu singen: ein sehr verständlicher Ehrgeiz, nur schien er mir etwas verfrüht. Ich versuchte, ihn davon abzubringen, indem ich ihm vorhielt, daß die stimmlichen Kraftakte dieser Partie ihn womöglich in Zukunft für das lyrische Fach, in dem er jetzt brillierte, untauglich machen würden. Immer wieder habe ich ihm gesagt, es sei doch wahrhaftig keine Schande, den Mohren von Venedig erst mit vierzig zu verkörpern. Nichts zu machen: Placido wollte sich durchaus ins Abenteuer stürzen. Seiner Überzeugung nach war er technisch längst soweit, den Othello zu singen, ohne deshalb auf den Rodolfo, den Alfred in *La Traviata* und all die anderen leichteren Helden verzichten zu müssen. Solti, der *Carmen* mit ihm vorbereitete, sagte ihm dasselbe wie ich: Ob der Othello denn jetzt schon für sein Seelenheil notwendig und vor allem vernünftig wäre? Ob er sich nicht dan Hals damit brechen könnte? Aber unser Placido blieb unbeirrbar. Also gut, ich sagte nichts mehr. Und 1975 sang er ihn dann auch – wo? In Hamburg, unter dem jungen amerikanischen Dirigenten James Levine.

Dieses stürmische Vorwärtsdrängen ist zwar sehr begreiflich, verführt aber leider gerade die intelligentesten Sänger häufig zu Dummheiten, die herrliche Stimme und steile Karriere in Gefahr zu bringen. Manch eine Mezzosopranistin, die als Amneris wundervoll war, schaffte sie bald nicht mehr, nachdem sie einmal den Fehler begangen hatte sich an die Salome zu wagen – oder eine unvergleichliche Adalgisa verdarb sich für immer mit dem unangebrachten Ehrgeiz, die Partie ihrer Gegenspielerin, der Norma, zu singen.

Natürlich verstehe ich sehr gut, was all diese jungen Sänger antreibt. Sie wollen um jeden Preis ihr Repertoire erweitern, besonders wenn ihr dramatisches Temperament nicht im Einklang mit ihrer Stimmlage ist; das verdammte »Fach« hemmt dann die freie Entfaltung ihrer schauspielerischen Fähigkeiten. Aber ich lasse nicht ab, sie zur Vorsicht zu mahnen. Wenn so ein junger Tenor ankommt und mir beglückt, mit nur ganz leichtem Anflug von Lampenfieber erzählt, er habe ein Angebot für den Radames bekommen, dann antworte ich fast automatisch, dies scheine mir ein bißchen zu früh, und er solle seiner Stimme zuliebe noch ein paar Jahre warten.

Warum ist wohl Carlo Cossutta heute einer der gesuchtesten Tenöre? Zum Teil, glaube ich, weil ich ihn in Hamburg immer in Reserve gehalten habe, damit er bei Franco Corellis legendären Schwächeanfällen einspringen konnte. Da Corelli obendrein die ärgerliche Angewohnheit hatte, immer erst im letzten Moment abzusagen, saß Cossutta, solange Corelli in Hamburg war, an jedem seiner Auftrittsabende geschminkt, kostümiert und sprungbereit in der Garderobe. Einmal nun, als Corelli eine halbe Stunde vor der Vorstellung wieder zu mir ins Büro kam, um seine große Nummer »abzuziehen«, sagte ich ihm ganz gelassen, er könne ruhig ins Hotel zurückkehren und sich hinlegen; wir hätten ja in weiser Voraussicht für Ersatz gesorgt.

Zufällig handelte es sich gerade um eine Galavorstellung, und Cossutta errang einen wahren Triumph. Wenige Tage später drohte sich alles zu wiederholen, diesmal bei

Verdis *Requiem* unter der Leitung von Giulini und mit glanzvoller Besetzung – einer der seltenen Abende, die man zeitlebens nicht vergißt. Da ich befürchtete, Corelli würde wieder in letzter Minute absagen, teilte ich ihm vierundzwanzig Stunden vorher mit, ich bestünde auf buchstabengetreuer Vertragserfüllung: Entweder garantiere er mir, morgen zu singen, oder ich würde schon jetzt seinen Stellvertreter fest verpflichten, und er, Corelli, setze mir künftig keinen Fuß mehr in die Hamburger Oper. Corelli, bis ins Mark beleidigt, suchte mich umgehend in Begleitung eines Rechtsanwalts auf und erklärte: »Auch ich verlange, daß mein Vertrag respektiert wird! Dieser Herr Cossutta wird nicht im *Requiem* singen, sondern ich!«

Dieses Anekdötchen machte wie ein Lauffeuer in allen Opernhäusern die Runde und verschaffte Cossutta weltweite Publicity: das war also der Tenor, vor dem Corelli Angst hatte! ... Als Schlußpointe muß ich hinzufügen, daß an jenem Abend weder Corelli noch Cossutta die Tenorpartie im *Requiem* sang, sondern Charles Craig, der von einer Stunde zur andern einsprang. Die beiden anderen waren nachweislich erkrankt ...

Übrigens habe ich mich später wegen meiner Haltung gegenüber Corelli etwas geschämt. Da ich auch aus New York von seinen häufigen Absagen und den dadurch verursachten Tragikomödien wußte, hielt ich ihn für einen Hysteriker, der es darauf anlegte, Intendanzen und Publikum mit seinen Starallüren zu verärgern. Dann aber sagte mir ein befreundeter Facharzt, der fast alle Sänger der Hamburger Oper betreute, Corelli litte nicht an Starlaunen, sondern an einer echten psychosomatischen Krankheitserscheinung. Kurz vor dem Aufbruch zur Oper sei er noch in Hochform und singe wie ein Gott, aber kaum in seiner

Garderobe angekommen, werde er von einer unerklärlichen akuten Halsentzündung befallen; tatsächlich seien Rachen und Kehlkopf rot und geschwollen, und Corelli fühle sich so elend, daß er absagen müsse. Sobald er aber in sein Hotel zurückgekehrt sei, gehe es ihm wieder gut.

Kehren wir nun zu meinen Entdeckungen zurück. Als ich Frederica von Stade bei einem Vorsingen in New York hörte, traf es mich wie in Blitzschlag, und ich überlegte keine Sekunde. Noch kannte sie niemand, obwohl ihr Charme und ihr Talent doch unübersehbar waren. Ihre Weltkarriere begann bei der Premiere von *Figaros Hochzeit* in Versailles, und es gehörte schon einiges dazu, sich neben so berühmten Sängern wie Gundula Janowitz, Mirella Freni und Gabriel Bacquier zu behaupten.

Diese Vorsingreisen können auch für einen Intendanten zur Qual werden, aber man muß sich immer sagen, daß die Kandidaten in einer viel unangenehmeren Lage sind; das Lampenfieber raubt ihnen noch die Hälfte von dem, was sie eventuell zu bieten hätten – denn schließlich erginge es ihnen ja auch vor dem Publikum nicht besser. Wer vor ihm bestehen will, muß beizeiten lernen, seine Ängste zu beherrschen.

Doch auch wenn ich merke, daß der Kandidat eindeutig, und nicht nur wegen des Lampenfiebers, schlecht ist, erlaube ich mir nie, ihn zu unterbrechen. Ich lasse endlose Gesänge über mich ergehen, sogar die große Philipp-Szene aus *Don Carlos* oder den Holländer-Monolog. Beide Stücke dauern fast eine Viertelstunde, und jeder Zuhörer fragt sich in stiller Verzweiflung, ob das denn nie endet ... Aber selbst in solchen Fällen stoppe ich den Sänger nicht. Es wäre allzu grausam und würde die Peinlichkeit, die solchen Prüfungen sowieso anhaftet, nur unnötig vertiefen.

Es ist eine schrecklich verantwortungsvolle Aufgabe, mit einem Wort über die Zukunft eines Sängers zu entscheiden. In einem solchen Augenblick gilt mein Urteil leider so viel, daß ein Nein zu künstlerischen und menschlichen Katastrophen führen kann. Obendrein, und das macht die Sache noch trauriger, sind die jungen Opernanwärter oft erschütternd schlecht beraten. Nicht selten versucht sich ein Bariton, der einen guten Figaro abgeben würde, an einem Jago, der ihm natürlich kläglich mißlingen muß . . .

Im Grunde sind diese Prüfungen ein Überbleibsel der großherrlichen Gepflogenheiten des 19. Jahrhunderts. Der Prüfer – Intendant oder Chefdirigent des Hauses – hat viel zuviel Macht über die Unseligen, die auf ein Engagement hoffen und schlechter singen als sonst, weil die Examensangst ihnen schon vorher schlaflose Nächte bereitet hat. Deshalb hasse ich diese irrtumsträchtige Einrichtung im Grunde, aber leider weiß ich auch nicht, wie man sie humaner machen soll – oder ganz auf sie verzichten könnte.

21
Diplomatie ohne falsche Noten

Da die Oper kein hermetisch verschlossener Glaskasten ist, sondern eine öffentliche Institution, kommt sie auch um eine Konfrontation mit der politischen Macht – und Ohnmacht – nicht herum. Es sind sogar äußerst empfindliche Nervenstränge, die Theater und Politik miteinander verbinden, und ich kenne manchen Opernintendanten unserer Tage und unserer Hemisphäre, der gezwungen ist, gegen sein Gewissen sich der Macht zu beugen. In früheren Zeiten gab es vor allem jene mehr oder minder diskreten und direkten Einmischungen etwa wegen einer hübschen, aber unbegabten Tänzerin ... Heute würde keine Staatsoberhaupt oder Minister mehr daran denken, sich mit solchen »Protektionskindern« zu kompromittieren.

Das bedeutet jedoch noch lange nicht, daß wir von allen politischen Zeitströmungen verschont bleiben. So hatte Paolo Grassi große Schwierigkeiten bei der Mailänder Uraufführung von Luigi Nonos *Al gran sole carico d'amore*. Das Werk wurde vom Verwaltungsrat der Scala als Angriff auf die Christdemokraten aufgefaßt, und man forderte ein Aufführungsverbot während der Wahlkampfzeit. Grassi tat recht daran, sich um keinen Einspruch zu kümmern und die Regie dem Sowjetrussen Juri Ljubimow anzuvertrauen, der bei dieser Gelegenheit zum erstenmal in den Westen reisen durfte. Er hatte einen überwältigenden Erfolg, und ich hoffe, daß die Scala uns das Stück nach Paris schickt.

Ich selbst habe in Hamburg ähnliche Schwierigkeiten mit *Aufstieg und Fall der Stadt Mahagonny* erlebt. Wir hatten die Oper aufs Programm der Spielzeit 1961/62 gesetzt und ohne Einspruch von irgendeiner Seite mit den Proben begonnen. Aber als ich mir eine kurze Ruhepause daheim in Zürich gönnte, wurde ich aus Hamburg angerufen: Ob es angesichts des Berliner Mauerbaus das Richtige sei, ein Stück des offiziellen DDR-Dichters Brecht bei uns aufzuführen? Die Lage sei äußerst gespannt. In Hamburg drängten sich vor dem Rathaus Hunderttausende, die gegen die DDR-Regierung demonstrierten ... Ich ließ mich nicht beirren und ordnete an, die Proben trotz allem weiterzuführen. Im fernen Zürich schien es einfach absurd, irgendeine Verbindung zwischen der »Mauer« und einer 1930 komponierten Oper herzustellen.

Bei meiner Rückkehr nach Hamburg merkte ich allerdings, wie sich die Atmosphäre verändert hatte. Viele gute Freunde rieten mir, *Mahagonny* abzusetzen oder wenigstens zu verschieben. Ich verschanzte mich hinter meiner Neutralität als Schweizer und behauptete, die augenblicklichen politischen Probleme gingen mich nichts an; für mich zähle nur der künstlerische Wert eines Werks und seiner Aufführung. Aber da sich die warnenden Stimmen mehrten, fragte ich den Bürgermeister Max Brauer nach seiner Meinung. Dieser ungewöhnlich couragierte, durch nichts zu beeinflussende Mann überließ die Entscheidung mir und sicherte mir seine Solidarität zu, wie immer ich mich verhalten würde.

Schließlich aber war es der Regisseur, der von dem Vorhaben zurücktrat, weil die Nervosität im Hause, besonders des Chors, ständig stieg. Ich mußte also die Proben aussetzen und öffentlich bekanntgeben, diese Maßnahme sei nicht von politischen Stellen diktiert, sondern von der momentanen Unlust der Künstler und des Publikums, das Werk unvoreingenommen anzunehmen. Es dauerte nicht länger als ein Jahr, bis die Gemüter sich so weit beruhigt hatten, daß *Mahagonny* mit den großartigen Bühnenbildern von Caspar Neher aufgeführt werden konnten. Der enthusiastische Beifall, mit dem das Werk begrüßt wurde, hat es seither auch bei allen späteren Aufführungen begleitet.

Damit scheint mit erwiesen – Brecht möge mir verzeihen! –, daß politische Umwälzungen kaum je von der Bühne ausgehen. Das Theater ist bestenfalls ein Spiegel gesellschaftlicher Mißstände und regt zu kritischer Betrachtung an; praktische Abhilfe jedoch schafft es nicht. Brecht hat die Welt so wenig geändert wie vor ihm Strindberg oder Ibsen. Möglich, daß ihre scharfen Anklagen einige sowieso revolutionär Gesinnte angefeuert haben, sich zu bewaffnen und auf die Barrikaden zu steigen, aber die allgemeine Öffentlichkeit ist vom Theater noch nie ernstlich aufgerüttelt worden, geschweige denn von der Oper ...

Ein paar historische und neuere Ausnahmen bestätigen nur die Regel. Als Schillers *Don Carlos* während des Krieges in der Schweiz aufgeführt wurde, gab es nach Marquis Posas berühmtem Appell an den König: »Sire, geben Sie Gedankenfreiheit!« jedesmal minutenlangen tosenden Szenenapplaus. Und ich erinnere mich an den Abend des sowjetischen Einmarsches 1968 in Prag. Bei uns in Hamburg wurde gerade eine Oper des Jugoslawen Milko Kelemen nach dem *Belagerungszustand* von Albert Camus aufgeführt. Das Publikum zog natürlich Parallelen zwischen den beiden Situationen und folgte dem Bühnengeschehen mit deutlich vertiefter Anteilnahme und Ergriffenheit.

Aber solche großen Augenblicke ereignen sich im Theater nur selten. Sogar wenn man ein Werk *wegen* seiner politischen Bedeutung wählt, brauchen Musik und Sänger nur zu gefallen, und der Abend wird mit der »kulinarischen Befriedigung« genossen, die Brecht so verachtete. Das Ästhetische siegt unweigerlich über abstrakte Reflexionen. So war es letztlich auch beim *Belagerungszustand,* und so war es bei *Figaro läßt sich scheiden* von Giselher Klebe: Das Publikum zerfiel zwar in zwei Parteien, eine wütend ablehnende und eine begeisterte – aber am Ende gingen alle gleichermaßen brav nach Hause.

In meiner Jugend habe auch ich geglaubt, das Theater könne, als »moralische Anstalt« wirkend, die Welt verändern, aber diese Illusion ist mir schon lange abhanden gekommen. Das hinderte freilich die politischen Machthaber von jeher nicht, so zu tun, als ob sie nicht daran glaubten oder – falls sie besonders stupide oder totalitär sind – tatsächlich daran zu glauben. Um Mozart rankt sich da eine erbauliche Geschichte.

Nach dem halben Erfolg seines *Figaro* (1786) bekam Mozart vom Wiener Hof drei Jahre lang keinen Auftrag mehr. Die geringe Aufführungszahl und die scheinbare Gleichgültigkeit erklären sich aus der aufsässigen, prärevolutionären Handlung, die dem österreichischen Adel äußerst mißfiel. Aus demselben Grund hatte Kaiser Joseph II. ja schon die Aufführung der gleichnamigen respektlosen Komödie von Beaumarchais verboten. Offenbar hatte sich die Aristokratie darin nur zu deutlich wiedererkannt – den Pseudoliberalismus des Grafen, der zwischen dem erklärten Willen, das Herrenrecht der ersten Nacht abzuschaffen, und seinem Gelüst auf Susanna hin- und hergerissen wird, um nur einen der ironischen Seitenhiebe gegen die privilegierte Klasse zu nennen.

Die Reaktionäre von Schönbrunn hatten nach Mozarts Oper nichts Eiligeres zu tun, als an den Zarenhof zu schreiben und sich den dortigen Hofcompositeur auszuborgen. Es handelte sich um Cimarosa, einen sehr guten, gefügigen und daher wohlgelittenen Musiker, der denn auch alsbald das maßgeschneiderte Gegenstück zu *Figaros Hochzeit* lieferte, das man bei ihm bestellt hatte. Es war *Die heimliche Ehe* – eine reizende Oper mit einem leutseligen Grafen, der den lasterhaften Almaviva vergessen lassen sollte.

Den zähen Groll der Wiener Aristokratie gegen Mozart kann man erst ganz ermessen, wenn man die Programme der Wiener Hofoper aus dem Archiv holt: Jedesmal, wenn die Macht Metternichs im Spiel war, wurde Mozarts Oper von der Cimarosas verdrängt, um in den Perioden der Liberalisierung wieder auf dem Spielplan zu erscheinen.

Es gibt keine harmlose, das heißt ganz zweckfreie Kunst, und besonders die Musik dient oft als vortreffliches Mittel, diplomatische Fäden zu knüpfen. Das ist der Hauptgrund für Auslandstourneen, die viel Geld kosten und von den Regierungen kaum ohne bestimmte Hintergedanken finanziert würden. Die Wiederaufnahme kultureller Beziehungen zwischen zwei Ländern kündigt meist auch eine politische Entspannung an, und das Auftreten eines großen Ensembles bereitet die öffentliche Meinung auf einen anderen, einen wichtigeren Staatsbesuch vor.

Die Hamburger Oper hat zu meiner Zeit siebenundzwanzig Gastspiele dieser Art absolviert. Besonders deutlich wurde die politische Wirkung in Oslo, als die diplomatischen Beziehungen zwischen Norwegen und der Bundesrepublik noch nicht wiederhergestellt waren. Bonn wurde in Oslo nur durch einen Geschäftsträger vertreten, dem kein Mensch die geringste Beachtung schenkte. Das brachte ihn auf die Idee, ein Gastspiel der Hamburger Oper zu erbitten, um auf diesem Wege endlich Zugang zu den einflußreichen Kreisen von Oslo zu finden.

Hamburg kam unter Leitung von Herbert Paris mit *Così fan tutte,* dem idealen Reisestück, weil es nur ein Kammerorchester, sechs Sänger und einen ganz kleinen Chor braucht. Sein erster Besuch galt dem deutschen Geschäftsträger, der so sehr hoffte, daß Mozart ihm helfen würde, das Eis zu brechen und die geladenen Gäste nach der Premiere zu seinem groß vorbereiteten Empfang zu locken.

Freund Herbert Paris unternahm also eine Besuchsrunde durch Oslos musikalische, intellektuelle und politische Welt. Alle sagten zunächst mit Vergnügen zu, in die Oper zu kommen, aber dann hatten sie plötzlich leider alle schon etwas anderes vor ... Herbert Paris bereitete also den armen Geschäftsträger seelisch darauf vor, daß kaum jemand seiner Einladung zu folgen gewillt sei.

Doch am Abend der Aufführung, die ein großer Erfolg wurde, spürte man schon in der Pause, wie das Eis zu schmelzen begann, und am Schluß applaudierte das ganze Publikum lange Zeit, stehend, in begeistertem Gleichtakt. Und, o Wunder – eine halbe Stunde später drängte sich Oslos gesamte Hautevolee um den deutschen Geschäftsträger, der verzweifelt war, daß er nicht einmal eine Flasche Bier anzubieten hatte. Die großen Lieferwagen der Oper rasten durch die nächtliche Stadt, um alles aufzukaufen, was in den wenigen noch offenen Restaurants zu haben war, und der Geschäftsträger strahlte: *Così fan tutte* hatte neue, bessere Beziehungen zwischen der Bundesrepublik und Norwegen eingeleitet.

Noch beeindruckender zeigte sich der Sinn solcher Gastspiele, als die Hamburger Oper in die deutsch-israelischen Beziehungen eingeschaltet wurde.

Lange vor der Israel-Tournee, die erst stattfand, als ich nicht mehr in Hamburg war, hatten wir ein paar Versuchsballons steigen lassen.

Meine israelischen Freunde rieten besorgt davon ab, mit einem deutschen Ensemble nach Tel Aviv zu reisen. »Unsere Überlebenden, die noch ihre eintätowierte KZ-Nummer am Handgelenk haben, hätten kein Verständnis dafür«, sagten sie, und da man auch in Bonn heftige Reaktionen befürchtete, wurde das Projekt von Jahr zu Jahr verschoben.

Das Klima entspannte sich erst nach dem Sechstagekrieg, bei dessen Ausbruch die deutsche Bundesregierung sich klar für Israel entschieden hatte. Willy Brandts Kniefall vor dem jüdischen Mahnmal in Polen tat ein übriges. Eine Israel-Tournee konnte nun ins Auge gefaßt werden, um so mehr, als wir im Juni 1967 unsere Zwischenprüfung glänzend bestanden hatten, und zwar mit einem triumphalen Gastspiel in New York, der Stadt mit dem größten jüdischen Einwohneranteil der Welt.

Zunächst hatten wir nur an der Weltausstellung in Montreal teilnehmen sollen, aber auf meinen Vorschlag ging es von dort nach New York weiter. Ich spielte damit ein wenig Vabanque, weil die New Yorker Juden noch sehr antideutsch eingestellt waren. Auch das Deutsche Konsulat äußerte sich skeptisch über den Empfang, den man uns dort möglicherweise bereiten würde.

Glücklicherweise bewirkte gerade um diese Zeit die eben

erwähnte Haltung Bonns während des Sechstagekrieges einen totalen Umschwung der öffentlichen Meinung. Trotzdem war das Programm, das wir mitbrachten, ein beträchtliches Wagnis: sechs moderne Werke – die *Lulu, The Rake's Progress, Mathis der Maler* und Janáčeks *Jenufa*, aber auch *The Visitation* von Gunther Schuller und Giselher Klebes *Jakobowsky und der Oberst* – dazu eine Konzertfassung des *Freischütz*, der in den Vereinigten Staaten so gut wie unbekannt war. Wer hätte gedacht, daß wir mit dieser anspruchsvollen Auswahl geradezu ein Delirium entfesseln würden! Nach dem schnellen Ausverkauf der Vorstellungen bot man für die Karten Schwarzmarktpreise, und die Handelskammern und Hamburger Industriellen profitierten vom dem Erfolg und luden ihre amerikanischen Geschäftspartner in die Oper ein. Nach der Vorstellung gab es oft üppige Diners, an denen auch die Künstler teilnahmen, dank denen manch lohnendes Geschäft zustande gekommen war. Einen besseren Auftakt konnte man sich für die geplante Israel-Tournee nicht wünschen.

Ich hatte schon lange davon geträumt, *Moses und Aron* in der Naturkulisse des Heiligen Landes aufzuführen. Als Solti die Schönberg-Oper in London dirigierte, war ich Komiteemitglied des Israel-Festivals und beschwor den British Council, das Ensemble der Covent Garden Opera mit *Moses und Aron* nach Israel zu schicken. Der Plan zerschlug sich wegen Geldmangels, und als er endlich von der Hamburger Oper 1973 ausgeführt wurde, war ich nicht mehr dabei. Mein Nachfolger, August Everding, hat mir aber erzählt, daß die Aufnahme überwältigend herzlich gewesen sei.

Ich kenne den Staat Israel gut, denn ich habe dort einen Film mit dem großen amerikanischen Kameramann Richard Leacock gedreht. Wir wollten einige der gerade noch lebendigen, aber zum Aussterben verurteilten alten Bräuche und Einrichtungen im Bilde festhalten. So filmten wir eine jemenitische Hochzeit, eine Rabbinerschule, eine religiöse Zeremonie, die nur von Kindern zelebriert wurde, den Gottesdienst in einer chassidischen Synagoge und vieles mehr. Überall beobachteten wir Traditionen, die morgen vielleicht schon vergessen sind.

Damit rühre ich an einen tragischen Zwiespalt. Einerseits kann und darf man die rigorose Emanzipation der Jugend nicht verdammen, andererseits aber fürchte ich, daß sie bedenkliche Folgen für Israels Zukunft haben könnte.

Die jungen Israelis interessieren sich wenig für die Kämpfe, die ihre Väter für die Neuerschaffung des Staates geführt haben. Sie wollen leben wie ihre Altersgenossen anderswo, aber indem sie sich immer ungeduldiger von der überlieferten Religion lösen, lockern sie auch eines der wichtigsten Bänder, die ihre Gemeinschaft zusammenhalten. Ministerpräsident Ben Gurion sagte mir im Laufe unseres Film-Interviews: »Wir müssen auf religiösem Gebiet sehr konservativ und streng sein. Wundern Sie sich bitte nicht, daß am Sabbat nirgends gearbeitet wird und nicht einmal die öffentlichen Verkehrsmittel fahren dürfen. Ich weiß, wie hinderlich und lästig das in einer modernen Stadt wie Tel Aviv ist, aber diese starren Gebote gehören bei uns zum Überleben. Wir können unser Volk nur mit Hilfe der gemeinsamen Traditionen einigen.«

Zur Zeit hält Israel nur deshalb so bewundernswert stand, weil es von allen Seiten her bedroht wird. Sollte dieser Druck je weichen, so wüßte ich kaum, wie Israel als einheitlicher Staat weiterbestehen könnte – mit seinem Sprachenwirrwarr und den aus verschiedensten Ländern zusammengewürfelten Völkergruppen.

Außer dem Alten Testament und der arabischen Gefahr haben sie nicht viel Gemeinsames. Polnische, nordafrikanische, russische, kanadische, südamerikanische Juden – um nur diese aufzuzählen – stammen aus jeweils ganz anderen Sprach- und Kulturräumen und haben die größte Mühe, sich untereinander zu verständigen. Nur das Hebräische, die Sprache der Bibel, ist für die orthodoxen Alten allenfalls noch ein Kommunikationsmittel; Iwrith, die neuhebräische Umgangs- und Behördensprache, ist nur den Jüngeren, die sie in der Schule lernen, wirklich geläufig. Man stellt sich das nie so richtig vor: In einem Land, das kaum mehr Einwohner hat als Paris, drängen sich gebürtige Bessarabier, Ungarn, Spanier und mehr als ein Dutzend andere Völkerschaften, jede in ihrem eigenen beschränkten Wohngebiet. Wir kamen bei unserer Filmtour sogar durch ein indochinesisches Dorf ...

Optimisten mögen jetzt einwenden, schließlich habe auch die kleine Schweiz, trotz ihrer vier Sprachen, zwei Konfessionen und zweiundzwanzig Kantone, eine erfreuliche Zähigkeit bewiesen: Der Vergleich hinkt. Israel ist kein Bundesstaat, sondern ein Konglomerat von Einwanderern, die täglich zu Tausenden aus allen möglichen Erdenwinkeln ins »gelobte«, aber ihnen doch ganz fremde Land kommen.

Ich gestehe, daß ich um dieses Land Angst habe, dessen einigendes Band nur aus der Bibel und der Gefahr besteht. Im übrigen beschränkt sich der gemeinsame Besitz der Israelis auf die scheußliche neue Großstadt Tel Aviv, das schöne Jerusalem, Zitrusplantagen und die von Arabern umzingelte Wüste.

Wie finde ich nach dieser etwas düsteren Betrachtung den Übergang zum Künstlerleben in Israel? Denn das gibt es dort auch. Ich übergehe die Oper von Tel Aviv, die nicht genug Geld hat, um ordentlich zu funktionieren. Wo täglich Scharen von Neuankömmlingen versorgt werden müssen und der Löwenanteil des Staatshaushaltes für Verteidigung draufgeht, bleibt natürlich nicht viel für die Opernkunst.

Dafür hat aber ein amerikanischer Mäzen einen Konzertsaal mit dreitausend Plätzen für das Israelische Philharmonische Orchester gestiftet, das jeweils zehnmal hintereinander dasselbe Programm spielt. Mit anderen Worten: jedes Programm wird von dreißigtausend Menschen, das ist ein Prozent der Gesamtbevölkerung des Landes, besucht. Um den gleichen Prozentsatz zu erreichen, müßte das Pariser Orchester jedesmal über fünfhunderttausend Hörer haben! Das kennzeichnet das leidenschaftliche Musikinteresse, das in Israel herrscht.

Eines Tages war ich mit dem Filmteam in einem Kibbuz mit tausend Einwohnern deutscher Herkunft. Früher hatten sie alle möglichen Berufe vom Akademiker bis zum Handwerker ausgeübt; jetzt waren sie Orangenpflanzer. Für den Abend hatte sich das Israelische Kammerorchester angesagt, um in einem Schuppen, der sonst als Warenlager diente, zu musizieren. In der Mitte des Raumes war aus Orangenkisten eine Art Podium errichtet worden. Um acht Uhr abends war der ganze Kibbuz versammelt, je fünfhundert Leute auf jeder Seite der improvisierten Bühne. Als der Dirigent Gary Bertini (von dem ich noch nie zuvor gehört hatte) den Taktstock zum *Dritten Brandenburgischen Konzert* von Bach hob, lief eine Bewegung durchs Publikum – in ein paar Sekunden waren Sand und Orangen vergessen, und sie waren wieder im alten Berlin. Hinterher gab es *Peter und der Wolf*, auf Iwrith erzählt, von dem die Hälfte der Zuhörer natürlich nichts verstand; sie mußten sich, genau wie wir, an Prokofieffs Musik halten.

Was das Orchester betraf, so beeindruckte mich Gary Bertini dermaßen, daß ich ihm spontan einen Posten in Hamburg anbot. Er lehnte ab, weil seine Familie in den Konzentrationslagern ermordet worden war und er sich nicht imstande fühlte, mit Deutschen gemeinsame Sache zu machen. Gegen so berechtigte Ressentiments war nichts zu sagen, und ich sah Bertini erst Jahre später in England wieder. Er überwand dann seinen inneren Widerstand so weit, daß er in Hamburg die Oper *Billy Budd* von Britten dirigierte und nach und nach fester Mitarbeiter unseres künstlerischen Stabes wurde.

Meine wenigen direkten und persönlichen Beziehungen zu Politikern waren meist nicht besonders glücklich. So erinnere ich mich an den Schah-Besuch in Hamburg. Wir drückten Reza Pahlewi mit leicht gequältem Lächeln die Hand, während draußen Tausende mit lauten Schmährufen gegen ihn demonstrierten.

Ein andermal, ebenfalls in Hamburg, hätte ich beinahe ganz schlimm ins Fettnäpfchen getreten. Da waren einige afrikanische Minister zu einem Ballettabend geladen, und der Protokollchef informierte mich ein paar Stunden vorher, der Verteidigungsminister wünsche die Tänzerinnen persönlich kennenzulernen. Ich lehnte mit der trockenen Bemerkung ab, in Hamburg sei kein Mangel an Bordellen. Trotzdem wiederholte der Minister selbst seinen Wunsch, kurz bevor sich der Vorhang hob. Meine Antwort muß unmißverständlich schroff gewesen sein, denn er erklärte nun, daß er nicht immer Verteidigungsminister gewesen sei, sondern der Organisator der berühmten »Ballets Africains«, und er wolle die Damen nur sozusagen als alter Kollege begrüßen. Leicht beschämt führte ich ihn in der Pause auf die Bühne, wo er jede Tänzerin einzeln zu ihrer Leistung beglückwünschte, ohne eine zu entführen.

Eine *Elektra*-Aufführung anläßlich des Besuchs von Walter Scheel in Paris ist mir wie ein Alpdruck im Gedächtnis geblieben. Gleich am Anfang geriet Karl Böhm in Weißglut – er, der an fünf Minuten Begrüßungsapplaus gewöhnt ist, ehe er den Taktstock hebt, sah sich an diesem Abend beim Betreten des Orchestergrabens einem vollen Saal ihm zugekehrter Rücken gegenüber. Alles blickte nur zur Präsidentenloge, und der frenetische Beifall galt einzig dem deutschen Bundespräsidenten und Giscard d'Estaing. Der Rest des Abends verlief dementsprechend: Ich habe noch nie ein so illustres Publikum gesehen, das sich so bodenlos gelangweilt hat.

Ein einziges Mal fühlte ich mich als Komponist komisch getroffen, und zwar durch eine ministerielle Äußerung. Das geschah in Berlin. Herbert von Karajan führte dort mein *Capriccio für Sopran, Violine und Orchester* auf, dem ich den Untertitel »Concerto matrimoniale« gegeben habe, weil es für Irmgard Seefried und ihren Mann, den ebenso berühmtem Geiger Wolfgang Schneiderhan, geschrieben ist. Der Berliner Kultursenator Tiburtius besuchte das Konzert und kam anschließend zu einem Höflichkeitsbesuch ins Künstlerzimmer. Dort haben wir uns vor Lachen ausgeschüttet, als er sich von Frau Seefried mit den Worten verabschiedete: »Hoffentlich hören wir Sie bald wieder in Berlin in einem Ihrer würdigen Stück.«

22

Übernationale Verbindungen der Oper

Die Zusammenarbeit der Mailänder Scala und der Pariser Opéra ist beschlossene Sache. Der Vertrag ist unterzeichnet, und die detaillierten Planungen reichen bis ins Jahr 1980.

Ich bin darüber so glücklich, daß es mir fast scheint, als stünde ich jetzt erst am Beginn meiner Theaterlaufbahn. Welche Weihe für die Opéra, sich mit einem so altehrwürdigen Haus zu verbinden! Doch wir brauchen deswegen keine Minderwertigkeitskomplexe zu haben, denn die Mailänder sind offenbar auch recht stolz auf diese Heirat. Kurz, alle Beteiligten jubeln, und ich am allermeisten, weil ich einen weiten Weg zurückgelegt habe . . .«

Um genauer zu erklären, wie es zu dieser »Kollaboration« gekommen ist, muß ich teilweise auf schon Gesagtes zurückgreifen.

Oberster Grundsatz: Das Theater braucht Neuinszenierungen, um am Leben zu bleiben. Es braucht etwa acht Premieren pro Saison. Ein Opernhaus, das sich auf seinen Lorbeeren ausruht, verkommt. Aber mir stehen zur Vorbereitung neuer Stücke nur fünfundvierzig Arbeitsstunden wöchentlich, auf fünf Tage verteilt, zur Verfügung. In nicht zu ferner Zukunft wird die Arbeitswoche wohl auf viereinhalb Tage reduziert werden. Dieses internationale Phänomen droht alle großen Bühnen zu lähmen, weil ihre Werkstätten mit dem wünschenswerten Kreationsrhythmus nicht mehr Schritt halten können. Zur Zeit bringen wir noch alle sechs Wochen eine Premiere heraus; bald wird es nur eine im Vierteljahr geben.

Dabei handelt es sich längst nicht mehr um eine Lohnfrage. Selbst wenn wir den Lohn für jede Überstunde verdoppelten und verdreifachten (vorausgesetzt, wir hätten die Mittel dazu), würden wir beim Personal auf Ablehnung stoßen.

Es bedarf dringend einer Neuordung, die der Realität angepaßt ist. In einem Theater wie dem unsrigen ist eine Nachtschicht unentbehrlich, damit die Bühne gleich nach der Vorstellung freigeräumt und für die Proben des nächsten Tages eingerichtet wird. Wir könnten dann jährlich neunzig Abende mehr spielen als jetzt. Aber die Gewerkschaften weigern sich mit der Begründung, Nachtarbeit gefährde das Familienleben und die Gesundheit der Arbeiter. Ich sitze in der Klemme: Einerseits respektiere ich solche Argumente, andererseits wird die Situation hoffnungslos, wenn man unsere Gegengründe unbeachtet läßt. Schließlich gibt es in allen Großbetrieben Nachtschichten – warum sollten sie ausgerechnet beim Theater so besonders ungesund sein?

Früher oder später greift diese Einstellung auf das gesamte Personal und die Ateliers über. Das bedeutet weniger Bühnenbilder, weniger Kostüme. Diese Arbeiten mit allem, was dazugehört, können nicht ausschließlich maschinell ausgeführt werden; sie hängen vom Talent und von der Handfertigkeit der Menschen ab.

Es wird von Jahr zu Jahr schwerer, Leute für diese Spezialistenarbeit zu bekommen. Ich bin an sich kein Feind der verkürzten Arbeitszeit, aber ich sehe keinen Weg, sie mit den Mindestansprüchen für eine Neuproduktion in Einklang zu bringen. Wenn auch die Wirtschaftskrise und die Arbeitslosigkeit momentan Abhilfe schaffen, ist das ja doch keine Dauerlösung.

Dies waren schon vor einer Reihe von Jahren die Gründe, die mich bewogen haben, eine Fusion der Opernhäuser von Hamburg und Berlin anzuregen. Hamburg hätte sich dann auf drei Opern- und eine Ballettpremiere beschränken können, Berlin desgleichen, und per Austausch hätte jede Stadt doch ihre acht Premieren pro Jahr gehabt. Finanziell wäre nichts dabei herausgesprungen, denn die Einsparungen auf beiden Seiten würden durch Transport-, Versicherungs- und Änderungskosten wieder aufgehoben, aber dafür wären alle Beteiligten sicher vor Erstarrung bewahrt geblieben. Aus bürokratischen Gründen und kleinlichen Eifersüchteleien lehnte Berlin unser Angebot jedoch ab.

Die erste Vereinbarung zwischen Paris und Mailand wurde Mitte 1975 unterzeichnet. Die Arbeitseinsparung betrifft hauptsächlich das technische Personal, da Dekorationen und Kostüme abwechselnd in Frankreich und Italien hergestellt, aber auf beiden Bühnen benutzt werden. Nehmen wir an, der Pariser *Don Giovanni* gehöre zu den acht Austausch-Produktionen. Dann würde er jeweils ein halbes Jahr in Paris und ein halbes Jahr in Mailand mit demselben Dirigenten und denselben Solisten aufgeführt, die dadurch auch viel weniger Probenzeit brauchten. Nur Orchester und Chöre blieben immer im eigenen Haus.

Der Vorteil ist klar, man muß sich nur in allen Punkten vollkommen und unmißverständlich einigen: über die Wahl des Werkes, den Dirigenten, den Regisseur und die Besetzung. Wir müssen uns auch hüten, in einen gewissen

Formalismus zu verfallen, denn man neigt natürlich dazu, bewährte Erfolgsopern auf die Reise zu schicken, weil sie »sicherer« sind als Neuheiten.

Bedenken wir lieber, welche Möglichkeiten sich einem zeitgenössischen Autor eröffnen, dessen Werk hintereinander in zwei oder mehreren großen Opernhäusern gehört werden kann! Mit welcher Freude würde ich den Parisern Luigi Nonos letzte Oper in der Mailänder Inszenierung von Ljubimow vorstellen! Der ehemalige Intendant der Scala, Paolo Grassi, hatte auch ein neues Werk von Luciano Berio in Aussicht. Es wäre herrlich aufregend, einen Dutilleux gegen einen Berio und einen Messiaen gegen einen Nono austauschen zu können ...

Abgesehen von diesen Wunschträumen würde unsere Zusammenarbeit auch eine gemeinsame Finanzpolitik begünstigen und besonders die Forderungen der Künstler in Grenzen halten.

Ich berühre da einen allergischen Punkt, der aber etwas Aufmerksamkeit verdient. Jeder weiß, daß berühmte Sänger teuer sind, aber kein Außenseiter weiß richtig über das Gagensystem Bescheid. Es gibt eine Art »Börse«, in der von den Intendanten je nach Angebot und Nachfrage die ungefähren Gagen international festgesetzt werden. Die eine steigt mit dem Erfolg, die andere sinkt, wenn Alter oder Überbeanspruchung die Leistungen eines Sängers zu beeinträchtigen beginnen.

Und wie werden die Sänger normalerweise bezahlt? Sie bekommen pro Vorstellung eine bestimmte Summe; jede Probenwoche gilt dabei soviel wie eine Vorstellung. Ein Sänger, der vier Wochen lang probt und dann in acht Aufführungen gesungen hat, bekommt elfmal die Grundgage, nicht zwölfmal, denn nach altem Brauch werden die letzte

Probenwoche und die Premiere zusammengezogen. Diese Methode wäre von kindlicher Einfachheit, wenn die Steuergesetze nicht in jedem Land anders wären. In Frankreich zum Beispiel werden die Steuern gleich einbehalten, aber in den Vereinigten Staaten müssen die Künstler sie selbst zahlen, und dabei sind manche Superstars derart in Rückstand geraten, daß sie sich einfach nicht mehr in die USA zurücktrauen.

Viele Normalverdiener empören sich gegen die »irren« Stargagen. Dabei gibt es nur etwa zwanzig Opernsänger auf der ganzen Welt, die nach heutigem Kurs 5000 bis 6000 Dollar pro Abend bekommen. Ein ganz schöner Batzen, gewiß – aber man darf dabei einige wichtige Tatsachen nicht unerwähnt lassen.

Ein Sänger gelangt nicht von heute auf morgen zu Weltruhm, sondern – wenn überhaupt – nach vielen, schweren, oft enttäuschungs- und entbehrungsvollen Jahren. Und wenn er endlich den Gipfel erreicht hat, weiß er nie, wie lange er sich dort halten kann. Die Konkurrenz schläft nicht; Unfälle, Krankheiten und Mißgeschicke aller Art können seine Karriere von einem Tag zum anderen beenden. Im äußersten Glücksfall dauert sie etwa zwanzig Jahre. Außerdem wird ein kluger Sänger bedacht sein, nicht ununterbrochen auf der Bühne zu stehen; mehr als hundert Auftritte jährlich sind vom Übel. Ferner braucht er einen Korrepetitor, eine Sekretärin, einen Manager und andere Leute, die er bezahlen muß – alles das vermindert seine Einkünfte ganz erheblich.

Natürlich regelt sich sein Preis nach den Marktgesetzen, und die werden heuzutage ganz entscheidend von der Schallplattenindustrie und den Fernsehanstalten mitbestimmt. Im Grunde kommt ein Star das Theater billiger zu stehen als viele normal bezahlte Sänger. Wenn beispielsweise Frau X als Gast pro Abend 5000 Dollar erhält, dann schlagen wir durch Erhöhung der Eintrittspreise 10 000 Dollar auf unser Einnahmesoll drauf, verdienen also mit Frau X jeden Abend 5000 Dollar. Das geht aber nur, wenn Frau X der Spitzenkategorie angehört.

Dabei sind diese phantastisch hoch erscheinenden Spitzengagen lächerlich gering, verglichen mit denen in anderen Branchen. Es sind ja, wie gesagt, höchstens zwanzig Sänger in der Welt, die diese Gage bekommen, und viel mehr als sechs Monate können sie pro Jahr den Theatern nicht zur Verfügung stehen, wenn sie daneben noch ein paar Schallplatten produzieren. Hinzu kommt, daß diese Künstler keine Altersversorgung haben, keine Krankenkasse – daß sie das alles aus ihren Einnahmen selbst bezahlen müssen, die sie vielleicht zwanzig Jahre beziehen können. Dann gehen auch noch die Spesen ab, Transport- und Hotelkosten für ihre Familienangehörigen. Das Vorstandsmitglied einer deutschen oder schweizerischen Großbank würde ein solches Gehaltsangebot als Zumutung betrachten!

In Hamburg haben wir übrigens zur Finanzierung solcher Sondergastspiele und Extraaufwendungen eine Stiftung zur Förderung der Staatsoper gegründet, und wir haben es erreicht, daß die dieser Stiftung zufließenden Beträge von der Steuer absetzbar sind. Dieser Fonds hat es mir immer wieder ermöglicht, die Lücke zwischen den Budgetmitteln und den tatsächlichen Aufwendungen zu schließen, und ich konnte so Spitzenkräfte engagieren, deren Gagen meinen offiziellen Etat überstiegen. Diese Stiftung hat unendlich viel zum Glanz des Hauses beigetragen und uns zum Beispiel auch die Durchführung der Festlichkeiten aus Anlaß des achtzigsten Geburtstages von Strawinsky ermöglicht – ganz abgesehen von den vielen Sängern der Weltelite, die wir auf diese Weise in Hamburg hören konnten.

Bilanz: Opernstars sind keinesfalls reicher als Filmstars, sie sind nur empfindlicher und anfälliger. Sie verdienen nicht mehr als ein Generaldirektor oder eine chirurgische Koryphäe. Ob ihre Kunst für die Allgemeinheit ebenso wichtig ist, mag jeder für sich selbst beurteilen ...

Im Grunde folgt die Fusion der Scala und der Opéra der industriellen Entwicklung, nur mit einem Jahrhundert Verspätung. Auf dem Gebiet der Schallplatte teilen sich zum Beispiel Philips und Siemens die Deutsche Grammophongesellschaft. Warum haben wir Opernproduzenten es ihnen nicht schon längst nachgemacht? Auch wir stellen ein Produkt her, das wir verkaufen müssen, bisher leider nur mit dem Unterschied, daß wir die Produktionskosten nicht wieder hereinbekommen. Mit vernünftiger Arbeitsteilung könnten wir die Kosten senken. Das Publikum hätte keinen Schaden davon, im Gegenteil: die Qualität bliebe dieselbe, und die Auswahl würde sogar größer. Und die Spitzenstars hätten auch noch etwas zu gewinnen – ebensoviel Bühnenauftritte wie gewohnt, aber weniger Proben und somit Kraft- und Zeitersparnis für zusätzliche Schallplattenaufnahmen!

Am Schluß dieser Erwägungen steht, daß die enge Verbindung der Mailänder Scala und der Pariser Opéra ein Erfolg zu werden verspricht. Schon die Sprachverwandtschaft erleichtert unsere Beziehungen; jeder an der Scala spricht französisch. Kultur und Geschmack entstammen denselben Wurzeln, was sich über die Politik bis zur Freude am Theater, an Farben, Kostümierung und Maskenspiel bemerkbar macht. Und das »romanische« Publikum legt viel mehr Wert auf schöne Stimmen als das »germanische«. Je nördlicher eine Aufführung, desto mehr interessieren sich die Zuschauer für die Regieleistung und lassen mittelmäßige, ja schlechte Stimmen unbeanstandet durchgehen. Der wunderbare *Zauberflöten*-Film von Ingmar Bergman illustriert diese Behauptung im wahrsten Sinne des Wortes. Schlecht musiziert und teilweise schlecht gesungen, bringt einen dieser Mozart doch bis zu Tränen des Entzückens, so herrlich poetisch ist er inszeniert. Aber über eine französische oder italienische Bühne ginge dergleichen nicht unfallfrei: Eine so miserabel singende Königin der Nacht würde erbarmungslos ausgepfiffen werden.

Das Abenteuer, in das sich unsere beiden Häuser stürzen wollen, beruht auf ihrer gemeinsamen Grundhaltung. Wenn wir jetzt davor stehen, eine ganz neue Situation zu schaffen, gilt es, jeglichen nationalen und persönlichen Ehrgeiz hintenanzustellen. Denn ein solches Abenteuer hat nur dann einen Sinn, wenn es einzig der Förderung unserer Kunst dient.

23
Mittelmäßige Massenmedien

Nur zögernd wage ich mich an dieses Kapitel, weil ich schon im voraus das Zähneknirschen einiger Leser höre. Wer heutzutage an die Oper denkt, denkt meist auch an die sogenannten Medien, die im Gegensatz zu früher alles unters Volk und in die Wohnstube bringen: Rundfunk, Fernsehen und Schallplatte.

Nichts gegen das Radio, solange es sich mit Direktübertragungen von Konzerten und Opern begnügt. Was die Schallplatte betrifft, so habe ich meine entschiedene Skepsis schon oft und deutlich zum Ausdruck gebracht. Und gegen Fernsehübertragungen habe ich auch einiges; davon später.

Beginnen wir mit meinem Hauptfeind, der Opernplatte.

Die Aufnahmeräume der großen Schallplattenfirmen sind das Königreich der Manipulation und des Betrugs. Die wohlklingenden Erzeugnisse sind das Resultat geschickter Zusammenstückelei: alle drei Takte wird geschnitten und geklebt ... Nicht selten singt eine Primadonna fünfzehnmal hintereinander einen »Spitzenton«; den bestgelungenen setzt man dann an die entsprechende Stelle – falls man nicht gleich ein Double dafür nimmt. Soviel ich weiß, hat die junge Elisabeth Schwarzkopf einmal für die alternde Kirsten Flagstad eine einzige hohe Note in *Tristan und Isolde* beigesteuert!

So leicht hat man es auf der Bühne nicht, wo man, statt gemütlich ins Mikrofon zu singen, auch noch spielen, sich körperlich anstrengen und einem kritischen Publikum die Stirn bieten muß.

Die Partie des Hans Sachs in den *Meistersingern* verdeutlicht diesen Unterschied. Ich habe in meinem Leben nicht viele Baritonsänger kennengelernt, die ohne Schwierigkeiten bis zum Schluß durchhielten. Gerade im letzten Akt liegen die beiden anspruchsvollsten Nummern der ohnehin kräftezehrenden Rolle, und die zweite dieser »Ansprachen« geht meist daneben, weil die Stimmbänder des armen Hans Sachs einfach überstrapaziert sind. Und dann, wenn er mit aller Gewalt würdig zu enden versucht, passiert es, daß irgendein Idiot pfeift oder buht, weil er zu Hause eine perfekte *Meistersinger*-Aufnahme besitzt, die Oper aber noch nie auf der Bühne gehört hat.

Karajan, der dieses Problem sehr deutlich sieht, hat in Salzburg eine geschickte Lösung versucht, indem er die ersten beiden Akte um elf Uhr vormittags spielen ließ und den dritten erst um sieben Uhr abends. So hatten die Sänger, besonders der Sachs, vier Stunden Zeit, um sich vor der letzten, größten Kraftprobe auszuruhen.

Die andere Gefahr der Schallplatte, überhaupt jeder mechanischen Wiedergabe, ist die, daß die künstliche Perfektion bis ins letzte Kuhdorf vordringt, falsche Maßstäbe setzt und so eine tödlich überlegene Konkurrenz für das lebendige Theater wird. Wenn ein Opernliebhaber sich daran gewöhnt hat, die Callas als Tosca zu hören, tut er keinen Schritt mehr aus dem Haus, um eine weniger großartige oder weniger berühmte Sängerin zu erleben; ein Kleinstädter, dessen Theater sich *Figaros Hochzeit* zutraut, wird es sich sehr überlegen, ob er hingehen soll oder nicht, wenn er die Gesamtaufnahme unter Böhm besitzt. Ebenso ist es mit Fernsehübertragungen. Wenn der angekündigte Opernfilm eine Glanzbesetzung hat, nimmt er den Musikfreunden die Lust, sich ins eigene Stadttheater zu begeben und sich deswegen mit Babysitter-, Verkehrs- und Parkplatzproblemen herumzuschlagen.

Selbst das Radio gilt vielen schon als Ersatz für den Opernbesuch. Zwar haben mir die zahllosen begeisterten Hörerstimmen nach unserer Pariser *Faust*-Übertragung geschmeichelt, mir aber auch einiges Entsetzen eingejagt: Die so verwöhnten Hörer in der Provinz geben sich bald nicht mehr mit kleineren Bühnen zufrieden, deren personelle, finanzielle und technische Situation mit der unsrigen natürlich keinen Vergleich aushält. Man muß sich über die Gefahren dieser Entwicklung klar sein, obwohl sie nicht mehr aufzuhalten sein wird. Zweifellos ist es eine Art von an sich löblicher »Demokratisierung«, wenn es Millionen Menschen in aller Welt ermöglicht wird, *Figaros Hochzeit* am heimischen Gerät zu genießen, aber den Schaden haben die Provinztheater und die regionale Kulturpolitik.

Dabei muß ich gestehen, daß ich selbst dreizehn Opernfilme für das Fernsehen gedreht habe, alle im Playback-Verfahren. Es ist eine wichtige und merkwürdige soziologische Erfahrung, wenn man statt zwei- bis dreihunderttausend Zuschauern in mehreren Jahren einige Millionen auf einen Schlag erreicht. *Figaros Hochzeit, Wozzeck* und *Die Zauberflöte* sollen laut Testergebnissen von über hundert Millionen Fernsehzuschauern eingeschaltet worden sein. Wenn der Film gut ist, hat also die große Mehrheit der Opernliebhaber, die weder das Geld noch die Möglichkeit haben, sich den Besuch eines großen Theaters zu leisten, ohne Extrakosten ihr Miterlebnis, zwar in verkleinertem Bildschirmformat, aber musikalisch unanfechtbar. Die Sendung kann das echte Theater zwar nie ersetzen, aber doch eine Idee davon vermitteln. Viele Leute werden durch das Fernsehen überhaupt erst mit der Welt der Oper bekanntgemacht – zweifellos einer der positiven, erzieherischen Aspekte.

Man darf den Musikfilm nicht mit der gefilmten Oper verwechseln. Im Musikfilm, wie ihn die Sowjets mit einem Werk über Mussorgsky, die Amerikaner mit *Hoffmanns Erzählungen* und Bergman mit der *Zauberflöte* realisiert haben, liegt der Akzent meist mehr auf dem Bild als auf der Musik. Der Filmemacher erlaubt sich von vornherein »Verfremdungen«: Schnitte, Szenenwechsel und so weiter.

Bei der gefilmten Oper hingegen steht die Musik- und Aufführungstreue im Vordergrund. Das wichtigste Requisit der Studioaufnahme ist die vierte Wand, die Kameraschwenks erlaubt, ohne plötzlich in ein gähnend leeres Loch zu fallen, das in der Realität der Zuschauerraum wäre.

Das Playback-Verfahren, das in jedem Fall anzuwenden ist, stellt den Filmer sowohl vor ein technisches als auch vor ein dramaturgisches Problem. Das Technische besteht in der genauen Übereinstimmung von Ton und Lippenbewegung. In Hamburg standen immer ein paar Korrepetitoren neben der Kamera, um sie sofort anzuhalten, wenn es mit der Synchronisation nicht ganz klappte.

Das dramaturgische Problem ist mir selbst erst aufgegangen, nachdem ich ein halbes Dutzend Opern gefilmt hatte: das Playback verfälscht den Gesichtsausdruck der Sänger. Man nimmt dem Sänger ein hohes H oder C einfach nicht ab, wenn er dabei ein völlig gelöstes, glattes Darstellergesicht macht. Nachdem ich dies erkannt hatte, bat ich meine Interpreten immer, auch bei den reinen Bildaufnahmen nicht nur zu »markieren«, sondern wirklich zu singen.

Im Studio hat man noch mehr Möglichkeiten, eine Theatervorstellung fürs Fernsehen aufzubereiten. Die Dekorationen und die Inszenierung entsprechen zwar denen der Bühne, aber der Raum wird erweitert, um der Kamera mehr Beweglichkeit zu verleihen. So kann man den Guckkastenrahmen verlassen und vierdimensional drehen. In *Figaros Hochzeit,* zum Beispiel, kann man nur den singenden Cherubino oder nur die lauschende Gräfin zeigen und, wenn man will, auch den gar nicht auf der Bühne anwesenden, sondern draußen am Schlüsselloch horchenden Figaro. Alles ist möglich, mit Ausnahme der »Totale«, denn dazu müßte die Kamera so weit von der Szene abrücken, daß der Zuschauer am kleinen Bildschirm überhaupt keine Einzelheiten mehr erkennen könnte.

Der *Don Giovanni* wurde vom französischen Fernsehen auf die ältere und primitivere Art, nämlich direkt übertragen. Der Standpunkt des Aufnahmeleiters war dabei freilich nicht starr neutral; er hatte vier Kameras zur Verfügung, deren jede, wie das Auge eines Fußballspiel-Zuschauers im Stadion, immer die gerade interessanteste Ecke anpeilte – eine für die Totale, je eine rechts und links, und eine für Nahaufnahmen. Wir hatten das Fernsehteam schon vorher bei mehreren Vorstellungen zusehen lassen, damit es sich mit der Inszenierung vertraut machen und einen genauen Bild- und Beleuchtungsplan aufstellen konnte.

Die Beleuchtung verursacht das meiste Kopfzerbrechen, da Filmaufnahmen doppelt soviel Lichtstärke brauchen wie normale Theateraufführungen. Überdies hatte der Regisseur diesen *Don Giovanni* als nächtliches Drama angelegt;

wenn die Fernsehleute versucht hätten, mit unserer üblichen Bühnenbeleuchtung auszukommen, so wäre der TV-Bildschirm mehr als drei Stunden stockdunkel geblieben (wie es einmal bei einer Festspielübertragung des *Tristan* aus Orange passierte ist). Sie haben also die Lichtstärke verdoppelt, und die Zuschauer in der Oper mußten an jenem Abend den Nachteil hinnehmen, eine »denaturierte« Aufführung zu sehen.

Nach solchen Erfahrungen ist es besser, die Fernsehaufnahme ohne Publikum zu machen, sozusagen eine geschlossene Sondervorstellung für das Kamerateam zu geben. Bei der Direktübertragung kommt eben stets nur eine Bastard-Lösung heraus. Wir hätten wenigstens bei der Wahl der Schminktechnik und der Perücken gleich an die Millionen vor dem Bildschirm denken müssen, die nun jeden dicken Strich und jede Klebstelle genau vor Augen hatten . . .

Im Prinzip gibt es keine ganz zufriedenstellende Methode, Opern zu verfilmen. Wenn ich zum Beispiel *Elektra* drehen dürfte, wie sie mir vorschwebt, würde ich mit den Tonaufnahmen von Karl Böhm nach Mykenae reisen, um die griechische Sonne, die harten Schatten, das antike Königstor der Atriden, Elektra in ihrer Heimat, von hellenischen Bauern umgeben, ins Bild zu bringen . . . Doch auch eine solche Konfrontation der Oper mit der Natur hätte ihre künstlerischen und ästhetischen Tücken.

Die heutigen Fernsehapparate sind klangtechnisch noch ungefähr auf dem Niveau des Grammophons zwischen den beiden Weltkriegen. Da der kleine Bildschirm viel mehr vom Auge als vom Ohr verlangt, versuchen die Fabrikanten stets die Bildqualität – auf Kosten des Tons – zu steigern. Wir haben die Industrie in Deutschland unablässig auf die Notwendigkeit besserer Lautsprecher hingewiesen, aber sie bemüht sich vorerst hauptsächlich um größere Bildschirme und bessere Farbwiedergabe. Es handelt sich durchaus nicht um ein unlösbares Problem, sondern einfach um eine Gewichtsverlagerung in der technischen Forschung.

Ein anderes Problem geht noch tiefer. Während das Fernsehen in erster Linie an der Übermittlung der Wirklichkeit interessiert ist, hat es die Oper mit Kunst als einem Phänomen äußerster Stilisierung zu tun. Wie soll man da eine Übereinstimmung zustande bringen?

Von allen Opernfilmen, an denen ich beteiligt war, ist mir der *Wozzeck* am liebsten, hauptsächlich wegen der überzeugenden Echtheit der Interpreten und des Schauplatzes. Wir drehten in einem einsamen süddeutschen Schloß – doch wenn eine Oper auf so eine Natur- und Freilichtbühne verlegt wird, drängen sich sofort neue Fragen auf: Warum *singt* Toni Blankenheim, da er sich als Wozzeck doch sonst ganz realistisch gibt, und in welchem Gebüsch mag sich das Orchester versteckt haben, das man dazu spielen hört?

Wäre es unter diesen Gesichtspunkten nicht auch richtiger, die *Elektra* des Sophokles oder den Text von Hofmannsthal ohne die Musik von Richard Strauss in klassischer Umgebung zu filmen, statt drei Damen zur Musik eines unsichtbaren Orchesters von hundertzwei Mann hysterisch singen zu lassen? Fällt man damit nicht in die kitschig-überholte Hollywoodmanier zurück, jede dramatische Zuspitzung mit einem Aufbrausen der Musik zu untermalen?

Die Kameralinse ist nun einmal so unbestechlich, daß eine gefilmte Mauer wirklich aus Stein sein muß und nicht aus Pappe oder Sperrholz sein darf. Als wir *Figaros Hochzeit* im Hamburger Atelier drehten, enthüllte jede Nahaufnahme eines Darstellers auch etliche Details der Kulisse hinter und neben ihm, was zuweilen peinlich wurde. Wenn ich Gelegenheit hätte, das Ganze noch einmal zu machen, würde ich den Film im Schloß und Park von Versailles drehen, ungeachtet des oben Gesagten.

Und bei alledem bleibt noch immer die große Frage, was man bei Film und Fernsehen während der Ouvertüre machen soll. Soll man abwechselnd den Dirigenten und die Musiker beleuchten, die gerade »dran« sind, die geblähten Backen der Hornisten oder den gerundeten Mund des Flötisten zeigen, oder verzichtet man während der reinen Musik besser ganz auf Illustration? Letzteres wäre unfilmisch, aber »mozartischer«, und darum habe ich bei der Ouvertüre der *Zauberflöte* diese Lösung gewählt und nichts gezeigt als eine glitzernde und schimmernde Flöte – während Bergman bei jedem Vierteltakt der Musik einen Kameraschnitt auf ein Zuschauergesicht anbietet –, ich hörte aber tags darauf, daß weniger musikbegeisterte Fernseher schon nach ein paar Takten auf einen anderen Kanal umgeschaltet hatten!

Soweit die ästhetischen Überlegungen. Ich kann das Thema nicht abschließen, ohne auch einige ökonomische Bemerkungen hinzuzufügen.

Wenn man einen Qualitätsfilm auf dem internationalen Markt verkaufen will, muß man natürlich zuerst bedeutend mehr Kapital hineinstecken als in eine Tagesschau-Reportage. Zur Zeit filmen die großen Tanz- und Gesangsstars zunächst gratis, verlangen aber einen Prozentsatz der Einnahmen. Das bedeutet eine genaue Kalkulation, wie viele Stars diese oder jene Produktion zu tragen vermag und was nach Aufteilung der Rechte von den Bruttoeinnahmen übrigbleibt. Ein gelungener Film, der vielerorts genutzt und wiederholt werden kann, amortisiert sich langsam, aber sicher.

Ich habe darüber Diskussionen mit Herbert von Karajan geführt, der sich bereit erklärte, den *Faust* in Paris zu dirigieren, jedoch nur unter der Bedingung, gleichzeitig einen Film, eine Platten- und eine Kassettenaufnahme zu machen. Außerdem verlangte er sämtliche Nutzungsrechte, auch solche, die erst in künftigen Jahren auf dem Medienmarkt aktuell werden könnten. Der Betriebsrat der Opéra war indessen nicht bereit, sich auf einen unkontrollierbaren Handel einzulassen. Sehr verständlich, daß man sich die Früchte derart harter Arbeit nicht für alle Zukunft pauschal abkaufen lassen wollte. Für mich gab dies den Anstoß, mir etwas Neues auszudenken.

Der Hamburger Produzent Gyula Trebitsch, für den ich meine dreizehn Opernfilme gedreht habe, tat eines Tages den tiefsinnigen Ausspruch: »Das einzige Positive an einem Film ist sein Negativ.« Mit anderen Worten: Nur auf die Originalkopie kommt es an. Wie wäre es, sagte ich mir, wenn man dem Personal einen Prozentanteil an den Negativen bewilligte? Es würde dann von jeglicher Verwendung des Films mitprofitieren, einschließlich solcher, an die man heute noch gar nicht denkt.

Ich hatte größte Lust, eine Modellproduktion mit einem Ballettfilm im großen Innenhof des Louvre zu starten. Die Idee gefiel auch den Produzenten: keine besonderen technischen Probleme bei vorweg aufgenommener Musik, reichlich Platz für Kameras und Scheinwerfer, kurz, eine Art der Darbietung, die bei sämtlichen Fernsehanstalten der Welt Interesse finden würde.

Die Sache hatte nur einen kleinen Haken, den Schutz der Rechte für Orchester und Ballett. Ich machte deshalb meinen beiden Geldgebern den Vorschlag, sich die Urheberrechte mit dem künstlerischen Ensemble zu teilen. Die ersten Reaktionen waren unterschiedlich – lebhaftes Interesse hier, einige Zurückhaltung dort. Juristen wurden herangezogen, und beide Seiten machten sich daran, das Projekt ernstlich in Betracht zu ziehen.

Als wir soweit gekommen waren, war es aber leider zu spät für die Beschaffung der Farbkameras und Übertragungswagen, die monatelang im voraus bestellt werden müssen. Ich weiß daher nicht, ob und wie bald es zu den Ballettaufnahmen im Hof des Louvre kommen wird, hoffe aber, daß wir beim jetzigen Stand der Dinge mit den Verhandlungen nicht wieder ganz von vorn anfangen müssen. (Inzwischen ist eine Teilvereinbarung über die Verwendung von Produktionen abgeschlossen worden.)

24
Das große Amerika-Abenteuer

Kann man das Amerika-Gastspiel der Hamburgischen Staatsoper von 1967 mit dem Amerika-Gastspiel der Pariser Opéra im Herbst 1976 vergleichen. Im Grunde hat es wenig Sinn, denn Ensembles auf Tournee sind immer großartig. Ihr Bewußtsein, ein Land zu vertreten, schweißt sie zu einem Team zusammen, das unbedingt siegen will – das ist bei den Opernleuten nicht anders als bei den Teilnehmern an Olympischen Spielen. Da entwickelt sich plötzlich ein Korpsgeist und ein Wille zur Zusammenarbeit – die wie von selbst funktionieren. Wenn ich in Paris eine Probe um eine halbe Stunde verschieben wollte, gäbe es eine Staatsaffäre, drüben in Amerika war das überhaupt kein Problem.

Ich war außerordentlich beeindruckt vom hohen Standard des gewöhnlichen amerikanischen Bühnenarbeiters. Er läßt sich zwar seine Arbeitszeit teuer bezahlen, aber was er leistet, ist phänomenal. Der einfachste amerikanische Bühnenarbeiter ist ein richtiger »Professional«. Bei uns in Europa ist das leider nicht mehr so unbedingt der Fall. Wir finden den Professionalismus bei den Verantwortlichen, also bei den Bühnenmeistern, den Chefelektrikern und beim technischen Direktor. Aber in Amerika ist jeder Bühnenarbeiter, jeder Beleuchter, jeder Schnürboden-Techniker ein

Fachmann. Wir sind mit dreiundvierzig Containern gereist, das bedeutet etwa zweihundertfünfzig Tonnen Material. Natürlich hatten wir genau kalkuliert, wieviel Zeit wir zum Auf- und Abbau der Dekorationen und zur Neueinrichtung eines Stücks brauchen würden. Bereits vor der Eröffnung mit *Figaros Hochzeit* in New York hatten wir sechs Nächte eingespart – und viele tausend Dollar. Unsere Kalkulation hatte sich auf unsere europäischen Erfahrungen gestützt. Noch dazu sind die Amerikaner immer guter Laune. Man kommt auf die Bühne, und sie sagen doch wahrhaftig »Good morning!«

Das hat natürlich auch damit zu tun, daß das Verhältnis zwischen Arbeitgebern und Arbeitnehmern in Amerika nicht so politisch belastet ist. In Paris befinde ich mich in ständigem Kampf mit den Gewerkschaften, wobei es sich oft genug um böswillige, fast hysterische Aktionen handelt. In Frankreich sind diese Spannungen beinahe immer ein Spiegelbild der politischen und sozialen Fragen im ganzen Lande.

Man braucht sich also nicht zu wundern, wenn in der Pariser Opéra die Herstellung eines persönlichen Verhältnisses zwischen der Technik und der Direktion schwierig ist. Wenn ich in Hamburg auf die Bühne kam, war ich unter Freunden, und jeder leistete seinen Beitrag, so gut er konnte. Sicher waren dort nicht alle glücklich, und nicht jeder fuhr einen Mercedes. Es gab auch in Hamburg schwierige Situationen. Trotzdem war man befreundet, und ein Teil der Qualität der Hamburger Arbeit lag eben in der kameradschaftlichen Atmosphäre – in der Teilnahme der Bühnenarbeiter am künstlerischen Schaffen. Sie hielten einem Sänger den Daumen und freuten sich, wenn es gutging. Diese Atmosphäre konzentrierter Kreativität eines Teams, in das jeder Beteiligte seinen Ehrgeiz einbrachte, gehört zu meinen schönsten Erinnerungen.

Das ist in Paris völlig ausgeschlossen. Schon weil die Distanz zwischen einem französischen Bühnenarbeiter und einem Chorsänger absolut unüberbrückbar ist. Diese Distanz geht durch die ganze Struktur. Die Elektriker und die Bühnenhandwerker gehören verschiedenen Gewerkschaften an, und das macht sie zu feindlichen Brüdern. Diese Distanzen werden nicht etwa von oben, sondern von unten erzwungen. Allerdings muß man zugeben, daß die Untenstehenden schon allzuoft betrogen worden sind. Sie sind mißtrauisch, und in ihrer politischen Konzeption ist für eine reibungslose Zusammenarbeit mit der Direktion kein Platz. Der Abbau der Probleme ist schließlich gar nicht wünschenswert, da hinter meiner Position die Regierung steht, während die ihre durch die Gewerkschaften bestimmt wird.

In Amerika sind die Unterschiede ganz anders gelagert, und sie sind nicht direkt politisch motiviert. Der amerikanische Arbeiter will vor allem Geld verdienen. Kriegt er sein Geld, leistet er erstklassige Arbeit, kriegt er keins, tritt er in Streik. Das Streikproblem in Amerika hängt, wie jedem Operndirektor nur allzu bekannt ist, mit der Dauer der Arbeitsverträge zusammen. Die amerikanischen Ensembles können es sich nicht leisten, Zwölf- oder auch Zehn-Monats-Verträge zu geben, weil jeder Abend, an dem man spielt, das Defizit nur erhöht. Das Paradoxe an unserer Situation ist ja, daß wir nur Geld verdienen, wenn wir schließen. Sowie wir spielen, haben wir schon verloren.

Hätte ich in Paris die gleichen Schwierigkeiten, wenn ich Franzose wäre? Eigentlich glaube ich nicht, daß der Umstand, daß ich Ausländer bin, irgend etwas damit zu tun hat. Vielleicht hätte es eine Zeitlang keine Schwierigkeiten gegeben, wenn ich Mitglied der Kommunistischen Partei wäre. Oder sie wären zumindest anderer Art gewesen.

Um aber auf die Erfahrungen der Amerika-Tourneen zurückzukommen: Die Reise mit dem Hamburger Ensemble wurde ausschließlich mit Werken aus dem 20. Jahrhundert unternommen, einem Repertoire, das von der Met nicht gespielt wurde. Uns lag daran, die Qualität moderner Opern und ihrer Inszenierungen, wie etwa die von Bergs *Lulu,* unter Beweis zu stellen. Der Ruf unseres »gewagten« Repertoires war uns vorausgeeilt, und ich glaube, es gelang uns zu zeigen, daß zeitgenössische Opernkomponisten mit ihren Werken einen Platz im Repertoire der größten Opernbühnen verdienen.

Die Tournee mit der Opéra ging von einem ganz anderen Gesichtspunkt aus. Wir wählten drei Stücke aus, die auch auf dem Spielplan der Met standen. Hier ging es mir darum zu beweisen, daß die Pariser Opéra zu den großen internationalen Häusern gehört und bemüht ist, konventionelle Werke unkonventionell zu interpretieren. Ich wollte Opern, die seit Jahrzehnten zum Stammrepertoire in aller Welt gehören, in einer neuen Sicht zeigen. Wie etwa *Faust* in einer am 19. Jahrhundert Kritik übenden Konzeption, oder *Othello* ganz kalkweiß, nahezu ohne Dekorationen, und schließlich *Figaro*, nicht im bayerisch-österreichischen Rokoko spielend, sondern früher, mit einer gewissen Härte, die ja zweifellos hinter diesem Stück steht, und die meist durch Zuckerguß verdeckt wird. Mozart kann diese Oper nicht komponiert haben, ohne zu wissen, daß es ein revolutionäres Stück war, weswegen man es ja sogar verboten hatte. Doch ich hatte noch einen anderen Grund, den *Figaro* zu wählen. Es gibt eine Bezugsperson zwischen der Oper und dem amerikanischen Unabhängigkeitskrieg, und das war der Herr von Beaumarchais, der ja aktiv an diesem Krieg teilgenommen hat. Und deswegen eröffneten wir das französische Operngastspiel anläßlich der Zweihundertjahrfeier der Vereinigten Staaten mit dem *Figaro*, obschon die Met im Grunde genommen für das Werk zu groß ist und die Rezitative ein bißchen untergehen. Daß die Aufführung ein so überwältigender Erfolg wurde, hatte natürlich auch mit der Qualität der Inszenierung zu tun, die ich für eine der schönsten halte, die Strehler je gemacht hat, ganz zu schweigen von Soltis Mitwirkung als Dirigent und der einzigartigen Besetzung der weiblichen Hauptpartien mit Margaret Price, Mirella Freni und Frederica von Stade, also unserer kompletten Versailles-Equipe.

Einen besonders interessanten Abend möchte ich aber doch noch erwähnen, wo eines jener Ereignisse eintrat, deretwegen es sich lohnt, Operndirektor zu sein. Am Tage der Washingtoner *Othello*-Premiere rief mich Solti morgens aus Chicago an, er läge mit einer Grippe im Bett und könne am Abend nicht in Washington dirigieren. Wo sollte man so schnell einen Ersatz finden? Wohl war es nicht schwer, einen anderen *Othello*-Dirigenten zu finden, aber einen Ersatz für Solti? Schließlich hatten wir seinetwegen auf jede Eintrittskarte zehn Dollar draufgeschlagen. Das Haus war ausverkauft, und ich sah mich schon vor dem Vorhang, wie ich ankündigte: Sir George hat leider eine Grippe, deswegen dirigiert heute Herr Meyer. Doch ich fand Hilfe beim Kennedy Center, und es gelang uns, Lorin Maazel zu überreden, der am Nachmittag aus Cleveland herbeiflog. Maazel zog es vor, die Vorstellung ohne jede Probe zu dirigieren – er vertraute seiner Technik, der glänzenden, ungemein präzisen Vorbereitung durch Solti, dem eingespielten Apparat und seiner gründlichen Kenntnis des *Othello*, den er natürlich schon oft dirigiert hatte. Er machte mit dem Orchester, was er wollte, und alle arbeiteten engagiert und konzentriert mit. Und so kam ein ganz großer *Othello* zustande. Das Publikum geriet außer sich vor Begeisterung, und der Abend wurde wirklich einer der größten Triumphe unseres Gastspiels.

Die Tournee lief wie geplant. Nichts ging schief, vier Wochen lang führten wir unser Programm reibungslos durch. Das einzig Erstaunliche war, daß die französische Presse von dieser Reise kaum Notiz nahm. Schließlich waren wir das französische Geburtstagsgeschenk zur Zweihundertjahrfeier der Vereinigten Staaten, das man sich immerhin 8 Millionen Francs hatte kosten lassen! Doch außer in *Le Monde* war in den französischen Zeitungen kaum etwas darüber zu lesen. Wieder mußte ich an Hamburg denken: Die deutsche Presse hatte 1967 jeden Tag über unsere Reise nach Montreal und New York berichtet und das uns begleitende Fernsehteam täglich seine Berichte für die Tagesschau nach Deutschland geschickt.

25
Wege zum Ruhm

In der Musikwelt herrscht zur Zeit eine wahre Star-Inflation. Der »Marktwert« und die Popularität eines Herbert von Karajan übertreffen bei weitem das, was Ludwig van Beethoven zeitlebens zuteil wurde. Und wenn heute die *Turangalîla-Sinfonie* von Olivier Messiaen gespielt wird, gelten die Ovationen dem japanischen Dirigenten Seiji Ozawa und nicht dem Komponisten, der Ozawa Gelegenheit zu einer sehr effektvollen Schau gibt.

Dieser Starrummel hat mit Hans von Bülow angefangen (dem ersten Ehemann der Franz-Liszt-Tochter Cosima, die nach der Scheidung Richard Wagner heiratete); er war der erste international bekannte Dirigent. Vor ihm, das heißt, in der ersten Hälfte des neunzehnten Jahrhunderts, hatte der Tonschöpfer noch den ihm gebührenden Ehrenplatz. Heute spricht man von der »Neunten von Karajan« und übergeht Beethoven mit Stillschweigen.

Unsere Gesellschaft lechzt nach Idolen. Ihre Namen sind jederzeit austauschbar: die Callas, der Schah von Persien, Brigitte Bardot, Karajan, Leonard Bernstein oder Jackie Kennedy. Ihr Kult wird ebenso in den mondänen Salons wie in den Pförtnerlogen und sonstwo zelebriert und von einer Presse aufgeheizt, die weder mit Bildreportagen aus St. Moritz, Cannes und Miami kargt noch mit pikanten Details über das Privatleben der Tagesgrößen. So kennt der sprichwörtliche »Mann von der Straße« den neuesten Sportwagen von Karajan, hat aber keine Ahnung, wie er etwa Wagner dirigiert.

Die junge Generation sucht sich besonders gern »Leitbilder der Aggression« und findet sie in Künstlern wie Pierre Boulez oder Mauricio Kagel. Boulez ist und bleibt ein »angry young man«, und seine schneidenden Bemerkungen imponieren den jungen Leuten. Dennoch lebt er recht angenehm im warmen Nest der Gesellschaft, die er am liebsten zerstören würde. Die Schizophrenie, die ihn einerseits zu dem Ausspruch veranlaßte, alle Opernhäuser sollten in die Luft gesprengt werden, ihn andererseits aber nicht hindert, in Bayreuth zu dirigieren, sichert ihm weiterhin Zulauf aus beiden Lagern.

Wie und womit hat man bei der High-Society solchen Erfolg? Zutaten sind attraktives Aussehen, einflußreiche Beziehungen, rührige Manager, Allgegenwärtigkeit, wenn möglich, ein Hauch von Verruchtheit und eine demagogische Ader. Aber vor allem muß man denn doch wohl Talent haben. Die Publicity-Spezialisten verschwenden ihr Geld nicht an Blindgänger; ihre Werbekosten müssen sich auszahlen und ihre Angebote deshalb zugkräftig sein.

In dieser Galerie nimmt Leonard Bernstein eine Sonderstellung ein. Soviel Grazie, Ausstrahlung und Charme wie bei ihm findet man selten, aber er hat auch wie ein Wilder gearbeitet, um das zu werden, was er heute ist. Und Maria Callas wäre niemals *die* Callas geworden, wenn sie nicht von Anfang an gewußt hätte, was sie wollte.

Zweifellos bedarf es einer ungewöhnlichen Geisteshaltung, um seine Stellung in einer Gesellschaft zu halten, wo Ehrgeiz und Ruhmsucht manchmal die Liebe zur Musik ersticken. Nehmen wir das Beispiel von Carlo Maria Giulini: Er wirkt nicht weniger publikumsattraktiv als Karajan und würde, wenn er dem Druck der Manager nachgäbe, eines der Publikumsidole werden, die von Ort zu Ort hetzen, immer unterm Blitzlichtgewitter der Pressefotografen. Aber Giulini schätzt das nicht. Er versteckt sich, arbeitet sechs Monate hindurch intensiv und verbringt den Rest des Jahres in größter Zurückgezogenheit.

Der tosende Beifall des Publikums am Ende seiner Konzerte beeindruckt ihn nicht; Giulini ist als scharfer Selbstkritiker niemals mit sich zufrieden. Er gehört in die Kategorie der Klemperer, Furtwängler und Toscanini, die nie etwas auf billige Genugtuung gegeben haben.

Im Gegensatz zu den Stars ist der Operndirektor ein Mensch, der sich im Schatten der anderen betätigt, dessen Schlafzimmergeheimnisse niemanden interessieren und dessen Ankunft in der Oper nicht dreitausend Besucher in Jubel ausbrechen läßt. Lully, Telemann, Händel wie Cherubini und Mahler haben diesen Beruf ausgeübt, sich aber auf andere Weise einen Namen gemacht.

Im Grunde genommen ist ein Theaterleiter ein Mensch, der der Vergessenheit anheimfällt, und wahrscheinlich zu Recht. Wer interessiert sich denn heute schon noch für Stanislawsky, Reinhardt und Diaghilew? Wer kennt heute noch die Leiter des Züricher Schauspielhauses, das während der Hitlerzeit der Siegelbewahrer des deutschen dramatischen Schaffens war?

Aus mir ist, nachdem ich aufs Komponieren und Dirigieren verzichtet habe, ein »Anreger«, ein »Förderer« geworden. Als ich die Hamburgische Staatsoper übernahm, habe ich mir überlegt: Wie führt ein Komponist ein Opernhaus?

Und als ich nach Paris kam, war das Problem wieder ganz anders, nämlich ein Haus aufzubauen, das gar nicht mehr existierte. Und dieser Aufbau beginnt sich langsam bemerkbar zu machen. Wir sind jetzt etwa so weit wie ein zwölfjähriges Kind. In zwei bis drei Jahren sind wir zwanzig und flügge. Dann haben wir unser Repertoire, und erst dann kann ich daran denken, Uraufführungen neuer Werke zu machen. Das ist eine Konzeption, die Paris bis heute noch nicht richtig verstanden hat. Man will nicht begreifen, daß man nach drei Jahren nicht die ganze Weltliteratur parat haben kann, sondern viele Jahre dazu braucht.

Immer kommt es für einen Theaterleiter darauf an, sich voll mit seiner Arbeit zu identifizieren. Nicht nur im Theater, sondern zum Beispiel auch bei Rundfunk- und Schallplattenaufnahmen. Als ich noch Toningenieur war, litt ich Höllenqualen, wenn der Interpret kurz vor Schluß einen Fehler beging, und ich freute mich mit ihm, wenn alles klappte. Das ist nicht so selbstlos, wie es klingt; vielleicht ist es sogar eine besonders subtile Form des Egoismus. Ich profitiere ja von der Arbeit der andern, um mir eine Befriedigung zu verschaffen, die eigentlich nur ihnen zukäme.

Allerdings bin ich aus gleichen Gründen oft sehr übel dran. An Premierenabenden sterbe ich fast vor Lampenfieber, der Angstschweiß durchdringt meinen Smoking, ich verkrieche mich in die hinterste Ecke meiner Loge, um unbeobachtet zittern zu können, und atme erst auf, wenn ich rauschenden Schlußbeifall und Bravorufe höre. Ich bin halbtot – aber ich habe mir geschworen, meine Kündigung einzureichen, sobald ich bei einer Premiere keinem Herzanfall mehr nahe bin.

Diese Leidenschaft dauert nun schon über vierzig Jahre und ist nie erloschen. Die hundertste Vorstellung des *Trou-*

badours oder von *Figaros Hochzeit* entzückt mich wie beim allerersten Mal. In Haydns *Schöpfung* läßt mich ein C-Dur, auf das ich die ganze Zeit gewartet habe, immer noch zusammenzucken, und wenn der Beiselwirt im dritten Akt des *Rosenkavaliers* die Ankunft der Marschallin meldet, gehen mir regelmäßig bei dem erschütternden hohen B die Augen über.

Zu meinem Privatvergnügen habe ich mir auch ein paar kleine Hörübungen angewöhnt. Da ich jede große Partitur unzählige Male gehört habe, bin ich jetzt so weit, sie genauer zu analysieren. So mache ich es mir manchen Abend zur Aufgabe, nur auf ein einziges Instrument zu achten – die Kontrabässe im *Figaro*, die Violinen im *Rheingold* oder die erste Flöte in *Così fan tutte*. Wenn ich meinen Platz einnehme, sage ich mir: »Heute hörst du mal nichts als die Celli oder die Klarinette«, und man ahnt kaum, was für einen Spaß das machen kann.

Dank diesem unersättlichen Forscherdrang habe ich schon in Hamburg fast keine unserer dreihundertfünfundzwanzig jährlichen Aufführungen versäumt. Dieses ständige Dabeisein ist für mich nicht nur eine berufliche Pflicht, sondern eine Freude. Und als ein paar Abonnenten mir schrieben: »Ihr Raucherhusten stört uns. Hören Sie bitte mit dem Rauchen oder mit dem Erscheinen im Zuschauerraum auf!«, da habe ich mir wirklich das Rauchen abgewöhnt, um weiter Mozart applaudieren zu dürfen. Mit diesem letzten Treuebeweis habe ich meine Begeisterung auf die ganze Belegschaft übertragen, von der letzten Hilfskraft bis zum ersten Tenor.

Doch leider ist mein Verhältnis zur Oper nicht mehr ganz ungetrübt. Ich fühle mich zu sehr an den Erfolg oder Mißerfolg der Vorstellung gebunden, um sie mit naiver

Unbefangenheit genießen zu können. Ich fühle mit Grace Bumbry, wenn sie sich in die anspruchsvolle Partie der Ariane in Paul Dukas' gleichnamiger Oper hineinwirft; ein flackernder Scheinwerfer regt mich ebenso auf wie ein Patzer des Dirigenten . . .

Nun, das alles ist nicht weiter schlimm. Gerade die kleinen Unzulänglichkeiten sind es ja, die Opernliebe zur Leidenschaft werden lassen. Die Oper wurde geboren, weil der Mensch von alters her Momente erlebt, in denen seine Gefühle sich viel natürlicher in Gesang als in dürren Worten ausdrücken lassen. Jede andere Äußerung bleibt gehemmt und unangemessen. Manchmal drängt die Musik sogar zum Schrei. Elektra steigert sich in ihrer Triumph-Ekstase zu wahrem Jubelgeheul; Richard Strauss verschmähte bei diesem äußersten Ausbruch jegliche Konzession an »schönen« Stimmklang. Seitdem sind noch andere Techniken eingesetzt worden, wie zum Beispiel der gesprochene Chor bei meinem Lehrer Wladimir Vogel oder die elektronischen Geräuscheffekte, die Luigi Nono in seinen Opern verwendet. Jedes weiterführende Experiment beweist die Lebenskraft der Opernkunst. Die meisten zeitgenössischen Komponisten beschäftigen sich angelegentlich mit den Problemen der »multi media«. Sie haben längst erkannt, daß die Musikbühne ein Arbeitsfeld ist, auf dem die erstaunlichsten Erfahrungen möglich sind.

Die Oper hat vieles, was zum Überleben nötig ist – nur kein Geld. Der Mangel an geeignetem Personal, die veralteten technischen Einrichtungen, die Unmöglichkeit, daß sie sich je rentiert, machen aus unserer Kunst ein ewig hilfsbedürftiges Wesen. Die Pariser Opéra stammt aus einem Jahrhundert, in dem die Bourgeoisie über Arbeiter und Komödianten die Nase rümpfte und die Garderoben der Ballerinen als heimliche Liebesnester für höhere Staatsbeamte in Verruf kamen. Dafür gibt es heute noch keine Duschräume und nur eine einzige Toilette hinter der Bühne! Es ist ein jammervoller Anblick, wenn gegen Ende der *Elektra* die Atriden und ihr Gesinde vor dem Türchen, hinter dem Orest gerade Pipi macht, Schlange stehen müssen ...

Die Opernleitung ist mein Lebensinhalt geworden. Ich betrete jeden Morgen um zehn mein Büro und verlasse das Haus erst nach der Abendvorstellung. Mein Beruf hat mir wertvolle Freundschaften und etwa fünfzig unvergeßliche Opernerlebnisse eingebracht. Das ist schon sehr viel; aber ich bin sicher, daß meine schönsten Erinnerungen noch vor mir liegen.

Ich sollte also ein glücklicher Mensch sein, denn ich habe, um mit Stendhal zu reden, »das Glück, aus meiner Passion einen Beruf gemacht zu haben«.

Personen- und Werkregister